教育现象学视域下的教育情怀

王萍 等 / 著

社会科学文献出版社
SOCIAL SCIENCES ACADEMIC PRESS (CHINA)

　　本书是国家社科基金（教育学）一般课题"教育现象学视阈下师范生教育情怀培养研究"的成果。

目　录

前　言

初识教育情怀

2019 年，受河南省教育厅委托，由我组建团队研究河南省高水平教师（包括中原名师、河南省中小学幼儿园名师、河南省中小学幼儿园骨干教师三个层次）的培育标准及评价办法。在研究的过程中，我们对当时 108 位中原名师进行了全样本访谈。访谈中曾问大家一个问题："您与其他教师的区别是什么？"很多老师不约而同地说到一个词：教育情怀！他们觉得自己比其他老师更有教育情怀，所以更加投入地工作，更加投入地与学生相处，自觉自愿地献身教育事业。由此，"教育情怀"这个词第一次出现在我的视野当中。我们在对访谈资料进行文本梳理的时候，这个词多次出现，也进一步引起了我的兴趣。对于"教育情怀是什么"这一问题的回答，则呈现一个有趣的现象。虽然这些中原名师都说自己比其他老师"更有教育情怀"，但他们对"教育情怀"的理解却是不同的。

"教育情怀是一定要爱自己的学科、爱自己的职业、爱课堂、爱学生，面对每天周而复始的工作，都充满热情地去做，而且还要创造性地做好！就像昨天晚上看清明上河园的东京梦华演出一样，工作人员每天演一场，但每天都像首场演出那样投入地完成，这就是一种情怀。"（中原名师徐艳霞）

"我已从教 32 年，说实在话，跟我同龄的一起上班的老师，我比他们要辛苦得多。但我愿意跟着大家一起围绕课堂教学'没事找事做'，我觉得这源于教育情怀，有了教育情怀，才有一种责任与坚持，才能守住本心。"（中原名师李艳平）

不同的说法还能列举出很多很多。虽然这些对教育情怀的表述是不一样的，却也有共通的地方，即他们所讲的教育情怀是情境性的、个性化的，与他们个人所在的学校、所经历的教育情境、个人的背景密切相关。也就是说，他们对教育情怀的理解背后隐藏着一个又一个鲜活生动的故事。那么教育情怀到底是什么？又有什么样的故事呢？我对此有了浓厚的研究兴趣。

初探教育情怀

作为一个高校的研究者，我习惯于通过查找已有文献开始对问题的研究，所以我到中国知网去查找教育情怀到底是什么，有哪些期刊论文在研究教育情怀。查找之后发现关于教育情怀的研究并不是特别多，不过已经出现了一些从学理上研究教育情怀的期刊论文，还有更多的期刊论文写的是某一位优秀的教师，比如陶行知，比如于漪，在他们的故事中蕴含着教育情怀。也就是说，在已有的研究中，人们倾向于认为教育情怀是个体性的、情境性的、体验性的、内隐性的，它普遍存在于优秀教师的身上，但是通过研究若干个体找到其共性，相对显得比较困难。当然，已有的理论研究对教育情怀也有界定，如有学者认为教育情怀是"教育者对教育事业产生的专业心境和情感依附"[1]，也有学者指出，教育情怀是"教师内心执念于教书育人的精神叙事，是教师执念追求教育的生命意义和坚守育人职业的内在动力与精神支撑"[2]。我把这些概念界定拿给中原名师，请他们来看，这样描述的教育情怀是否和他们理解的教育情怀一致。他们普遍觉得这样的概念过于抽象，好像是教育情怀，但好像又失去了教育情怀应有的情境性和内在的意蕴。基于此，我想我们是不是可以基于优秀教师的体验自下而上地研究教育情怀？如果教育情怀是普遍存在于优秀教师身上的一种特质，那么我们对教育情怀开展研究，找到优秀教师身上教育情怀的生成路径，是不是可以在职前师范生的培养当中加入教育情怀的培养内容呢？

教育部 2017 年印发的《普通高等学校师范类专业认证实施办法（暂

---

① 刘炎欣、罗昱：《教育情怀的哲学思考与内蕴阐释》，《教育探索》2019 年第 1 期。

② 韩延伦、刘若谷：《教育情怀：教师德性自觉与职业坚守》，《教育研究》2018 年第 5 期。

行）》要求师范生"一践行三学会","一践行"即"践行师德"。"践行师德"又涉及师德规范、教育情怀两方面内容。《关于实施卓越教师培养计划2.0的意见》等文件更是直接将教育情怀作为卓越教师培养的改革任务和重要举措。在职前教师教育中培养师范生的教育情怀是必要的。但如果我们不探明教育情怀的生成路径，只是停留在口号上，或者只是从理论上对师范生进行教育情怀的培养显然是不够的，其效果也是不佳的。那么，采用什么样的方法开展教育情怀研究呢？针对教育情怀的体验性、内隐性、情境性和个体差异性等特点，教育现象学方法可能是一种适切的方法。教育现象学秉持"回到实事本身"的基本原则，通过搜集一个一个的体验故事，呈现事物本身应有的样子进而把握事物的本质。

基于这些思考，2020 年春季，我们因新冠疫情居家办公和线上上课，我利用这段时间在家里撰写了国家社科基金（教育学）一般项目的申报书"教育现象学视阈下师范生教育情怀培养研究"。非常幸运，项目顺利获批，这让我走上了进一步研究教育情怀的道路。

研究教育情怀

从教育现象学视域出发，教育将回归"成人与儿童如何相处的学问"，教育情怀是教师与学生相处过程中所产生的道德情感。以此为基点，我们从理论意蕴、实践观照、培养路径、行动研究、培养策略五个方面，对教育情怀培养展开研究。

教育现象学视域下，教育情怀是教师对学生成长的迷恋，是教师与学生相处的智慧，是教师献身教育的承诺；有了教育情怀，教师会有更好的专业发展；遇到有教育情怀的教师，学生会得到更好的成长；拥有一群有教育情怀的教师，学校教育就有回归教育本真的可能。教育情怀的理论向度从布伯（Martin Buber）的我与你、诺丁斯（Nel Noddings）的关怀教育理论、哈特曼（Eduard von Hartmann）的道德意识现象学、舍勒（Max Scheler）的情感现象学中探寻。历史溯源则对教育情怀进行词源追溯和实践轨迹梳理，从古代仁人志士的家国情怀到教育学人的教育情怀，一脉相承的优秀传统文化得以赓续。

教育情怀因其内隐性、情境性、个体差异性而呈现多种实践样态，不同实践样态从不同角度、方位、立场"显现"教育情怀，通过对不同实践样态的描述、基于现象学的提问和反思，可以把握教育情怀的生成机制和主题意义。因此，教育现象学的实践观照通过深度访谈，获取高水平教师对教育情怀及教育情怀故事描述的一手资料，辅以教育家传记等经典作品，从不同侧面呈现教育情怀的现实样态，分析其生成机制，探索可能的主题意义。我们通过对 16 位中原名师的深度访谈，描述出 3 种路径：体验偶发、经验传递、理论自觉。其中，理论自觉可能是一种最有效的办法，但是很遗憾，在 16 位中原名师当中，仅有一位是因为在职前教师教育中听到了教育情怀，理解、认同了教育情怀，并且让其内化于心，到了工作岗位，自觉地外显于行。

教育现象学视域下，教育情怀的培养需要遵循生成机制，唤醒教师对学生成长的迷恋，引领教师对教育情怀的自我构建、自觉提升。课程教学是培养教育情怀的重要路径，但课程教学需要建构新的内容体系、采用适合的方式方法（如案例分析、焦点讨论、情景模拟等），以保证实效。体验奠基是教师个体教育情怀生成的路径，经验汇集是教师群体教育情怀的生成路径，理论升华是由个体和群体的教育情怀走向普适性教育情怀的路径。

培养教育情怀

理论研究是行动的先导，理论的成效需要在实践中检验和落实。我们对师范生教育情怀的培养，主要依托教师教育模块课程"教师职业道德与专业发展"展开。

在课程的顶层设计上，我们假设：教师职业道德是教师专业发展的组成部分也是其内生动力，职业道德与专业发展水平成正相关；教师职业道德包括底线性的教师职业行为准则、合格性的教师职业道德规范和高标准的教师教育情怀；教师职业道德培养是一个知情意行持续的过程，需要在理论认知的基础上，遵循体验—分享—共识—行动的体验教育逻辑，这也与教育现象学的视域高度契合。

基于该假设，我们在阐释教师职业道德和教师专业发展基本理论的基础上，引导师范生讨论、体验教师职业道德（尤其是教育情怀）与教师专业发展的内在逻辑关系，并以思维导图的方式呈现。围绕教师职业道德规范的六大维度——爱国守法、爱岗敬业、关爱学生、教书育人、为人师表、终身学习，遴选 6 位高水平的中小学教师或校长，如全国"时代楷模"张玉滚、全国教书育人楷模吴拥军、教学名师郑美玲等，让他们走进师范生课堂"现身说法"，讲自己的教育教学故事，全面呈现他们的教育情怀。这些一线名师授课之后，师范生根据自己的理解来搜集类似的优秀教师故事，可以是网上的，也可以是个人接触的教师，进一步加深个人体验，随后我们则组织小组讨论、班级分享，重点讨论三个问题：这种情怀特质是如何体现的？作为师范生，我们可以学习什么？未来成为教师，我们应该怎么做？这样的讨论也是师范生对教师职业道德和教育情怀达成个体认同及集体共识的过程。

对于师范生教育情怀的评价我们采用写实记录加个人自评的方式进行。写实记录内容主要包括师范生搜集的典型案例、课堂发言、小组分享、课程反思等，个人自评则依托于本研究开发的教育情怀自评量表。师范生利用问卷星可以通过自陈性判断加上体验故事描述对教育情怀进行评判，后期我们又借助智谱清言软件开发了"教育情怀智能测评系统"。

我们以一个学期为周期，以 6 位一线名师的讲座为"师德课堂"，自2020 年 9 月起开展第一轮行动研究。"师德课堂"不仅有河南大学的师范生参与，2022 年寇爽校长的讲座更是吸引全省超过 5 万名师范生"共上一堂师德课"[①]。截至 2024 年 6 月，河南教育家云书院、河南教育家云书院视频号上"师德课堂"累计观看人数超过 350 万，视频号持续关注人数超过 52 万，关注者来自河南、江苏、浙江、北京等多个省市。"教师职业道德与专业发展"

---

① 姚松、杨欣悦、张倩：《师道传承，匠心"豫"人——全省师范生"共上一堂师德课"》，河南大学新闻网，https://news.henu.edu.cn/info/1084/118386.htm。

在 2022 年成为河南省一流本科课程（课程类别为线上线下混合式一流课程），2023 年成为河南省本科高校课程思政样板课程，2024 年被推荐参评国家级一流本科课程。

当然，依托一门课程，不可能立马培养出教育情怀，教育情怀的真正生成需要依赖教育实践。但是，我们的目标是在师范生的心中种下教育情怀的种子，形成一种理论自觉。有了这种理论自觉，教育情怀的养成也会成为他们的一种自觉追求。

从教育情怀到教育家精神

2023 年 9 月 9 日，习近平总书记提出了教育家精神，从"四有好教师"到"四个引路人"，从"大先生"到"教育家"，师德是主线，情怀是灵魂！教育家精神是对"家国天下"中华民族优秀文化传统的传承，也是教育强国背景下教师的应然追求！

我也开始思考：教育情怀和教育家精神是一种什么样的关系？它们有什么样的内在逻辑关联？我个人认为教育情怀是教育家精神的灵魂。教育情怀是教育家型教师的核心素养，家国情怀是教育家型教师的必备素养，人民情怀是教育家型教师的时代使命。在某种意义上，教育情怀是一个更加宽泛的概念，它是一种心境，是一种情感体验，是教师对学生、对教育的道德情感体验；教育家精神更加聚焦，更加聚形，落实在"心有大我、至诚报国的理想信念，言为士则、行为世范的道德情操，启智润心、因材施教的育人智慧，勤学笃行、求是创新的躬耕态度，乐教爱生、甘于奉献的仁爱之心，胸怀天下、以文化人的弘道追求"等六个方面。有了教育情怀，我们才有可能汇聚成教育家精神。因此，教师职业道德水平可以细分为 4 个层次：教师行为准则、教师职业道德规范、教育情怀和教育家精神。

2024 年 8 月印发的《中共中央 国务院关于弘扬教育家精神加强新时代高素质专业化教师队伍建设的意见》明确指出，"经过 3 至 5 年努力，教育家精神得到大力弘扬，高素质专业化教师队伍建设取得积极成效，教师立德修身、敬业立学、教书育人呈现新风貌，尊师重教社会氛围更加浓厚。到2035 年，教育家精神成为广大教师的自觉追求"。在文件指引下，我们应该把教育家精神的培养作为职前、职后教师教育的重要任务。我们对教育情怀培养路径的研究，有没有可能迁移到教育家精神培养上来呢？我想二者有相通之处。我们所研究的教育情怀的生成路径——体验偶发、经验传递、理论自觉等，同样适用于教育家精神的培养。要把习近平总书记关于教育家精神的相关论述，通过教育活动传递给师范生，让他们形成一种理论自觉；在此基础上，师范生通过实习实践等丰富的主体体验，形成一种思想自觉；走到工作岗位上，他们通过与学生的相处、对教育的体验再上升为一种行动自觉。当然，同伴、同行的经验传递也是教育家精神行动自觉的重要助力。教育家精神变成教师的自觉追求，全社会则会涌现更多优秀教师、卓越教师、教育家型教师，真正建成新时代高素质专业化教师队伍，助力教育强国的实现。当然，这还是未经深入研究的粗浅思考，希望今后有机会更加深入地研究教育家精神及其生成路径。

第一章 教育现象学及其视域

本书选取教育现象学为研究视域，首要的任务是交代清楚教育现象学是如何产生及发展的，教育现象学的逻辑起点是什么，在此基础上，阐明教育现象学的独特视域，作为本书研究的基本立场。

第一节 教育现象学的产生及其发展

教育现象学，在现象学运动的宏大背景下，产生于具有浓郁人文色彩的荷兰。教育现象学自诞生以来，既有发展的平缓期，也有发展的高潮期，并且其发展具有鲜明的地域特色，由此形成了相对分明的几个发展阶段。

一 教育现象学的萌芽

早在 20 世纪二三十年代，德国海德堡大学校长克里克（Krieck）就曾将现象学简单引入教育领域。克里克在其《教育科学纲要》（1927）、《民族的政治教育》（1932）等主要著作中，将教育学视为有关人存在的学问，反对规范的、评价的教育学观点，主张建立"自律的教育科学""纯粹的教育科学"。显然，"纯粹的"一词借鉴了胡塞尔超验现象学的观点。克里克认为，以前的教育只着眼于教育过程中的事实，只想弄清"教育是什么"，至于"为什么教"和"教什么"，那是人们的自由选择。但仅仅着眼于"教育是什么"，是远远不够的，"纯粹的教育科学"一定要弄清楚"为什么教"和"教什么"等问题。克里克认为这些问题的解决可以借用现象学本质分析的方法。"由于克里克借用胡塞尔的现象学的本质分析方法论教育科学，故梅塞尔（August Messer）曾将其教育学称为'现象学的教育学'。"[1] 克里克只是简单地在教育领域引入现象学，相关的资料比较少，也没有明确的教育现

---

[1] 王坤庆：《教育学史论纲》，湖北教育出版社，2000，第 186 页。

象学成果，此阶段只能被视为教育现象学产生前的准备阶段或孕育时期。

之所以将这一阶段称为教育现象学的孕育时期，是因为此时期正是现象学在德国迅速发展的高潮时期，作为当时的一种流行学说，现象学势必对其他学科产生一定的影响。克里克的论述就是现象学观点影响教育学的一个证明。克里克的尝试虽然浅，但也是有价值的，标志着现象学影响教育学的开端。

二 教育现象学的产生

教育现象学产生于荷兰，这不仅与荷兰是一个具有浓郁人文色彩的国度有关，更与荷兰悠久的现象学研究传统有关。

荷兰的正式名称是尼德兰（Netherlands），意思是"低洼之地"，这标示了其国家的地理环境，大部分国土为低洼地。这个国家以风车和木鞋著称，有着美丽的郁金香花海。更重要的是，其思想言论相对自由，不同的学术和宗教派别都可以被容纳。自由的氛围造就了一批大师，如画家凡·高（Vincent Willem Van Gogh）、伦勃朗·凡·莱因（Rembrandt Harmenszoon Van Rijn），哲学家斯宾诺莎（Baruch Spinoza）、伊拉斯谟（Desiderius Erasmus）等。荷兰也曾为一些知名学者提供庇护，成为流亡思想家们的避难之所，如洛克（John Locke）曾到荷兰避难，笛卡尔（Rence Descartes）曾避居荷兰二十多年。目前，荷兰有1000多座博物馆。历史的长期积累成就了荷兰浓郁的人文传统，这为具有浓郁人文色彩的教育现象学的产生提供了文化土壤。

早在1928年，胡塞尔本人曾到荷兰的阿姆斯特丹进行演讲，现象学被介绍进荷兰，并逐渐形成了几个现象学研究中心，如拜腾狄克（Buytendijk）创立的乌特勒支大学，吕彭（Luijpen）负责的设在艾恩德霍芬的奥古斯丁中心，以波尔森（Peursen）为代表的莱登，以波尔（Boer）为代表的阿姆斯特丹等。这些代表人物及研究中心的存在使现象学得以在荷兰扎根发芽并苗壮成长。乌特勒支大学是其中值得一提的地方，这里出现了一大批现象学者，主要代表人物有林肖腾（Linschoten）、科万特（Kwant）、奎佩尔斯（Kuypers）等。乌特勒支大学的成员们对现象学的兴趣影响了一批又一批学者投入现象学研究中，也使它成了荷兰影响最大的现象学研究中心，为教育现象学的产生作好了理论铺垫和准备。

20 世纪 50 年代，乌特勒支大学的一批学者开展了大量的教育现象学研究。这批学者以兰格威尔德（Langeveld）为首，还包括贝茨（Bates）、弗美尔（Vermeer）、佩尔昆（Perquin）、斯特拉塞尔（Strasser）等。兰格威尔德以《教育学的科学本性》① 奠定了其教育现象学创始人的地位，他还发表了一系列重要作品，阐明了教育现象学的思想，并进行了具体的教育现象学研究。后来，兰格威尔德的继承者比克曼（Beekman）极大地推动了教育现象学在乌特勒支大学的发展，并直接影响了他的学生布莱克尔（Bleeker）、米尔德（Mulderij）等，他们进行了教育现象学的系列研究，从而使教育现象学得到了发展和传播②。兰格威尔德将教育现象学的研究称为"家庭、厨房、街道"的研究，认为"家庭、厨房、街道"恰恰是实践的"真对象"，只有从"真对象"的实践中才可以探索出知识的奥秘、联系和最本真的东西。兰格威尔德最基本的教育理念在于提醒人们"教育学是一门实践科学，其研究不仅仅是为了知道事情是怎样的，而且是为了了解近期或长期实践之内人们应该怎样做"③。教育现象学者怀着这样的理念，关注家庭、厨房、街道等生活场所中所发生的事件，以期通过自己的研究引起人们对其教育意义或价值的重视④。比如兰格威尔德对于儿童生活的隐秘世界的研究，莱维林（Levering）对于儿童秘密的研究，布莱克尔和米尔德对于儿童游戏空间经历的研究等。这些研究开启了教育现象学研究的先河，也为教育现象学定下了研究"家庭、厨房、街道"等的格调。

需要指出的是，这一时期除了荷兰的教育现象学研究之外，博尔诺（Bollnow）在德国也开展了一些教育现象学的研究，如他于 1961 年发表的《生活空间》⑤ 等。

---

① Langeveld, M. J., *Beknopte Theoretische Pedagogiek*（Groningen：Wolters-Noordhoff，1974）.

② 〔加〕马克斯·范梅南：《生活体验研究——人文科学视野中的教育学》，宋广文等译，教育科学出版社，2003，"前言"第 1 页。

③ Van Manen, M., "Phenomenological Pedagogy and the Question of Meaning," in Vandenberg, D., ed., *Phenomenology and Educational Discourse*（Durban：Heinemann Higher and Further Education, 1996），pp. 39-64.

④ 王萍：《教育现象学方法及其应用》，博士学位论文，河南大学，2010。

⑤ Bollnow, O. F., "Lived-Space," *Philosophy Today* 5（1961）：31-39.

总的来说，教育现象学于 20 世纪 50 年代产生，但是，这一时期的教育现象学只是少数人的"事业"，并不为大多数人所熟知和理解。在 20 世纪 60 年代，甚至"现象学（相对于过去）已经成了一个廉价物，只是偶尔让人想起一些几乎不怎么使用的短语。在这个领域的出版物的数量很少，而且几乎没有学生对此感兴趣"①。教育现象学在其发源地的遭遇尚且如此，更谈不上教育现象学的国际发展。

三 教育现象学的迅速发展

20 世纪 70 年代，北美开始形成现象学研究传统，教育现象学也得以迅速发展。尤其是在奥克（T. Aoki）、范梅南（Max Van Manen）、肯尼斯（J. Kenneth）、卡森（T. Carson）等人的领导下，"阿尔伯塔大学的现象学已经被制度化，尤其是在中等教育系"②。在他们的推动下，教育现象学更是得到了国际化的发展，被更多人所关注和了解。其中范梅南对教育现象学的国际化发展起到了重要的推动作用。

表面看来，教育现象学在加拿大的发展是受到当时形成的现象学研究传统的影响，但追根溯源，教育现象学在加拿大的发展离不开荷兰、德国教育现象学研究的影响。范梅南生于教育现象学的故乡荷兰，他曾经专门拜访兰格威尔德，并和他详细探讨教育现象学的有关问题。在某种意义上，范梅南与兰格威尔德有一定的师承关系，二者的思想有很大的一致性。同时，范梅南也很注意从德国的相关研究中汲取营养。在众多的作品中，他发现了博尔诺的一些著作并将其翻译为英语，翻译的过程也是其思想受博尔诺观点影响的过程，这些作品或多或少对范梅南本人的研究产生了一定的影响。正是在这样一种传承和影响下，范梅南对教育现象学进行了系列研究，并于 1983 年首创了《现象学+教育学》（*Phenomenology+Pedagogy*）杂志，引来许多知名学者在该杂志发表论文，探讨教育学和现象学的相关学

---

① Barritt, L., Beekman, T., Mulderij, H., Bleeker, K., *A Handbook for Phenomenological Research in Education*（Michigan: The University of Michigan, School of Education, 1983），p. 5.

② 〔美〕威廉·F. 派纳、威廉·M. 雷诺兹、帕特里克·斯莱特里、彼得·M. 陶伯曼：《理解课程》，张华等译，教育科学出版社，2003，第 428 页。

术问题。阿尔伯塔大学教育学院的教授、研究生等进行的大量教育现象学研究，也得以在此杂志上发表。同时，《现象学+教育学》也译介了兰格威尔德、比克曼、博尔诺等人的作品，不仅扩大了教育现象学的影响力，使教育现象学被更多的人所认识和关注，也使加拿大阿尔伯塔大学成为新的教育现象学研究中心。范梅南的《教学机智——教育智慧的意蕴》（*The Tact of Teaching: The Meaning of Pedagogical Thoughtfulness*）、《生活体验研究——人文科学视野中的教育学》（*Researching Lived Experience: Human Science for an Action Sensitive Pedagogy*）、《儿童的秘密——秘密、隐私和自我的重新认识》（*Childhood's Secrets: Intimacy, Privacy, and the Self Reconsidered*）等作品被翻译为不同语言，传播到西班牙、日本、韩国、中国、新加坡等国家。通过范梅南等人的努力，教育现象学得以大范围传播和发展，并逐渐在世界教育界产生了影响。

我国从 2001 年开始译介范梅南的作品，如《教学机智——教育智慧的意蕴》《生活体验研究——人文科学视野中的教育学》等，通过这些著作的译介，广大一线教师及教育研究者开始关注教育现象学。2006 年第一届现象学教育学国际学术研讨会在首都师范大学召开，2007 年中央教育科学研究所专门成立了教育现象学与教师发展研究中心，这为教育现象学在我国的发展奠定了基础。我国已有首都师范大学以宁虹教授为首对教育现象学哲学层面的研究，北京大学以陈向明教授等为首对教育现象学方法的研究，华东师范大学、南京师范大学、湖南师范大学、山东师范大学、广西师范大学等也有部分学者关注教育现象学[①]。

第二节　教育现象学的逻辑起点[②]

教育现象学是一门自下而上生成的学问，已有研究就如同教育现象学工地上的一砖一瓦，已然出现且丰富多彩，它们对教育现象学理论体系的

---

① 王萍：《教育现象学方法及其应用》，博士学位论文，河南大学，2010。
② 王萍、翟福玲：《重回教育现象学的逻辑起点》，《河南科技学院学报》2020 年第 4 期。

建构无不发挥着重要的作用。这些研究既有对范梅南等人作品的译介，如《范梅南现象学教育学思想探析》①，又有结合现象学哲学进行的教育现象学研究，如《认识何以可能：现象学教育学研究的思索》②；既有理论研究，如《教育现象学——一门成人与儿童如何相处的学问》③，又有实践探索，如《表扬与批评的意义——教育现象学的视角》④。但理论体系的建构必须有逻辑起点，逻辑起点是理论体系叙述的"起点"，"是对理论体系的基本问题进行回答所必须使用的关键概念，直接影响到基本问题的回答"⑤。教育现象学的逻辑起点是什么？这样的逻辑起点是否有其现实观照？是否存在实践限度？对这些问题进行探索和回答，有利于把握教育现象学的本质。

一 "替代父母"：教育现象学的逻辑起点

黑格尔在其《逻辑学》一书中对逻辑起点提出三条质的规定性：第一，逻辑起点应是一门学科中最简单、最抽象的范畴；第二，逻辑起点应揭示对象的最本质规定，以此作为整个学科体系赖以建立的基础，理论体系的全部发展都包含在这个胚芽中；第三，逻辑起点应与它所反映的研究对象在历史上的起点相符合（逻辑起点应与历史起点相同）⑥。根据这样的规定，本书认为，"替代父母"是教育现象学的逻辑起点。

（一）"替代父母"让教育回归成人与孩子的相处

兰格威尔德认为"家庭、厨房、街道"才是实践的"真对象"，只有从"真对象"的实践中才可以探索出知识的奥秘、联系和最本真的东西，这正是"在即时的日常体验中寻找现象"。基于这样的基本认识，可以将教育还

---

① 朱光明：《范梅南现象学教育学思想探析》，《比较教育研究》2005 年第 4 期。

② 宁虹：《认识何以可能：现象学教育学研究的思索》，《教育研究》2011 年第 6 期。

③ 李树英、王萍：《教育现象学——一门成人与儿童如何相处的学问》，《江苏教育研究》2008 年第 9 期。

④ 朱光明：《表扬与批评的意义——教育现象学的视角》，博士学位论文，北京大学，2008。

⑤ 周越、徐继红：《逻辑起点的概念定义及相关观点诠释》，《内蒙古师范大学学报》（哲学社会科学版）2006 年第 5 期。

⑥ 何克抗：《关于教育技术学逻辑起点的论证与思考》，《电化教育研究》2005 年第 11 期。

原至"如果你在大街上问一个人什么是教育，他会说，'和孩子打交道，对吗？'"①，这是教育现象学研究的起点。那么，"和孩子打交道"时，成人是什么样的角色呢？兰格威尔德指出，教师是一种替代的良心，一种精神"管理者"②。兰格威尔德认为，实际上儿童从完全无助开始，家长出于对孩子的爱，将这种无助作为一种召唤，给予儿童关爱和保护，并站在儿童的立场上，承担起帮助儿童迈向道德独立的责任。作为教师，同样应该站在学生的立场上去考虑问题，帮助学生实现道德上的自立，形成独特人格③。范梅南继承推进了教育现象学研究，并使其在世界范围内广泛传播。范梅南将教育学清晰地回归至"一门成人与孩子如何相处的学问"，最简单、最日常的表述，恰恰是最本真、最抽象的真理。"替代父母"已然让教育回到原初，成为寻求教育学理解和获取教育智慧的源泉。

（二）"替代父母"重新建构教育关系

教育关系最初存在于孩子和父母之间，后来逐渐转移到其他的成人和孩子之间。教育是一种影响，无论是教师、父母、祖父母或其他成人，在与孩子相处的过程中，只要发生了相互影响，就有教育的存在。基于这样的理解，可以说"教育关系是一个成人和孩子间的意向性的关系"④，教育关系就是一种"替代父母"的关系，其本质是陪伴、关心与规范引领。"替代父母"把教师与学生的关系重新回归到成人与孩子的关系上。一方面，要求教师回归学生的生活世界，搁置已有观点，对学生的生活体验保持一种现象学的敏感性；另一方面，要求教师看见"具体的人"⑤，关注具体情境下具有独特体验的人，因材施教，"教师的含义就是他们必须不断地提醒自己留意与孩子之间的'替代父母'关系"⑥。"替代

① 〔美〕洛伦·S. 巴里特、〔美〕托恩·比克曼、〔荷〕汉斯·布利克、〔荷〕卡雷尔·马尔德：《教育的现象学研究手册》，刘洁译，教育科学出版社，2010，第8页。
② Langeveld, M. J., *Beknopte Theoretische Pedagogiek* (Groningen：Wolter-Noordhoff, 1969), p. 11.
③ 王萍、翟福玲：《重回教育现象学的逻辑起点》，《河南科技学院学报》2020年第4期。
④ 〔加〕马克斯·范梅南：《教学机智——教育智慧的意蕴》，李树英译，教育科学出版社，2001，第101页。
⑤ 王萍：《教育现象学视域中的人》，《教育理论与实践》2010年第13期。
⑥ 〔加〕马克斯·范梅南：《教学机智——教育智慧的意蕴》，李树英译，教育科学出版社，2001，第11页。

父母"让教师找到了与学生的相处之道，提供了构建新型师生关系的视角和思路①。

（三）"替代父母"是教育的起点和终点

"像父母一样，教师常常能建立起对学生的深厚感情和喜爱。他们觉得对他们管辖的儿童负有责任，他们对所教的孩子寄予希望"②，这是对"替代父母"的注解，可以将"替代父母"具象为教育爱、教育希望、教育责任和教育引领，其中教育爱、教育希望是教育的起点，教育责任和教育引领是教育的终点。

教师对学生的爱是教育关系发生的前提条件，教育爱反映出教师独特的使命和天职。从词源上看，"使命"（vocation）这个词就内含"召唤"（vocare）的意义。做教师就意味着生活中有了一种召唤——教育的召唤。只有当教师真正感受到教育作为一种召唤而产生活力和深受鼓舞的时候，教师与学生的生活才可能拥有教育学的意义③。教育希望指的是"那些给了我们对孩子的发展的各种可能性的耐心和忍耐，信念和信任"④。希望意味着无论经历多少次的失望和打击，仍然愿意选择信任学生，给予学生足够的时间和空间，沉着、平静地等待他们的成长。教师承担的重要职责就是用成人世界的经验，帮助学生成长为自己的样子。"替代父母"但不是父母，教师不能仅仅停留在爱和希望的层面，还要履行对学生的责任，按照社会规范引领学生成长，教会他们做人做事。教师要时刻从"替代父母"的角度思考自身的角色和责任，还原到生活本身，与学生开展真诚交流，同时要尽可能协助父母完成其主要的育人职责，教下一代学习如何生活，让他们学会为自己、他人以及世界的延续和幸福承担起应有的责任⑤。"替代父母"是最简单也是最抽象的

---

① 王萍、翟福玲：《重回教育现象学的逻辑起点》，《河南科技学院学报》2020年第4期。
② 〔加〕马克斯·范梅南：《教学机智——教育智慧的意蕴》，李树英译，教育科学出版社，2001，第8页。
③ 朱晓宏：《重新理解教师之爱——基于舍勒的情感现象学视域》，《教育研究》2009年第11期。
④ 〔加〕马克斯·范梅南：《教学机智——教育智慧的意蕴》，李树英译，教育科学出版社，2001，第91页。
⑤ 〔加〕马克斯·范梅南：《教学机智——教育智慧的意蕴》，李树英译，教育科学出版社，2001，第10页。

概念，让教育回到了起点，回到了原初，它是教育能够开始的地方，也是教育应该开始的地方，更是教育的旨归。"替代父母"构成了教育现象学的逻辑起点①。

二 体验故事：教育现象学逻辑起点的现实观照

"替代父母"作为教育现象学的逻辑起点，从理论上可以进行论证，回到现实是否可以得到验证呢？教育现象学以教育生活体验故事为研究对象，师生之间的体验故事可以作为"替代父母"的现实注脚，对教育爱、教育希望、教育责任和教育引领作出现实阐述。

（一）教育爱

教师虽然和学生没有血缘关系，也不能选择所教的学生，但是"替代父母"让教师和父母一样，其行为都具有意向性，在与学生相处时，始终把学生的成长放在首位，心始终向着学生，给予学生关爱。

故事1 办公桌上的花生叶

我们每周都要写周记，来记录一周中发生的印象深刻的事情。因为当时我夜里经常做梦，所以周记内容有一部分是我的梦境。有一天下课，李老师叫我到她的办公室去，刚走进办公室，就看到她的办公桌上放着一堆花生叶，李老师指了指桌上的花生叶说："你把这些花生叶拿回去吧，我看你周记里写到你经常做梦，用花生叶煮水，每周喝两次，过一阵做梦的次数就会减少。经常做梦会使你的睡眠质量变差，休息不好就没有充沛的精神学习……"听完李老师的话，一股暖流涌上心头，我拿着李老师专门为我准备的花生叶，眼睛湿润了。

细心的李老师像妈妈一样无微不至地关爱着学生，老师在批改作业的时候不是简单地批阅一个优、良、中、差，不是只关注学生的语句是否通顺，描写

---

① 王萍、翟福玲：《重回教育现象学的逻辑起点》，《河南科技学院学报》2020年第4期。

是否优美，而是发现学生的周记经常描写自己的梦境，担心经常做梦的"我"没有充沛的精力学习。所以，老师像细心的父母一样，专门为"我"准备好花生叶，叮嘱"我"煮水喝。只有像父母一样对学生充满关心和爱护，教师才会有这样的敏感性，不仅关心学生的学习，更关心学生的生活。教师关心的是"具体的人"，而不是"知识的容器"或"学习的机器"。这就是教师的伟大与神圣之处，虽不是父母，却胜似父母，原因就在于教育爱的存在。拥有教育爱的教师像父母一样，把学生当作正在成长变化过程中的人来爱，具有双重意向性，不仅珍惜学生的现在，还关心他们的未来。

（二）教育希望

范梅南认为："教育学是迷恋他人成长的学问。"[①]"迷恋"一词既有对他人的关注，也蕴含着满满的期望和希冀。儿童是不断成长发育中的个体，具有极大的可塑性，令教师非常着迷的就是不断看到学生的成长：不断获得新的知识，习得新的生活技能，言谈举止更加得体，回答问题时更有自信……学生的身上蕴藏着无限可能，教育希望就是激发可能性的灵丹妙药，如皮格马利翁效应一样，教育希望可以对学生产生激励作用，成就教育奇迹。

故事2　我相信你

高一结束后文理分科，和班内大多数女生不一样，我选择了理科。高二第一学期，我没能尽快适应分科后的学习模式和学习节奏，期末考试物理不及格，我感觉很沮丧，难道女生真的不适合学习理科？

一天放学后，物理老师让我到她的办公室，我怯怯地走进办公室，不敢抬头看老师，没想到老师铺开试卷，和颜悦色地给我讲解试卷上的错题，并且询问了我出错的原因和物理学习中的困难。最后她微笑着对我说："以后物理学习上有什么问题尽管问我，不要害怕。这张试卷并不是你的真实水平，我相信你可以做得更好。"听完老师的话，我深受

---

① 〔加〕马克斯·范梅南：《教学机智——教育智慧的意蕴》，李树英译，教育科学出版社，2001，第18页。

鼓舞，物理成绩不及格的阴霾一扫而光。此后，我努力补习物理，不懂的问题及时请教老师，觉得物理也没有我想象中的那么难，在第二学期期中考试中竟然取得了满分的成绩。

教育希望就是教师对学生发展的可能性给予的耐心和信任。它明确地传递给学生这样的信息：我不会放弃对你的希望的，我知道你可以造就你自己的生活①。故事中的物理老师在考试过后看到的不是目前物理成绩不及格的学生，而是身上蕴藏着无限可能的学生。面对学生物理成绩不及格，她没有一下子否定学生，而是主动询问出错原因，并给予学生有针对性的指导，她愿意选择相信学生，耐心等待学生的成长。耐心意味着教师给予学生足够的时间和空间，沉着、平静地等待他们的成长；信任意味着教师给予学生鼓励和信心，使其对自己的未来充满自信。教师对学生的信任会激发学生自己对未来的信心，感受到教师足够信任的学生才会对自己的未来和发展充满希望。学科学习是这样，能力发展也是如此。

故事3　我说你行你就行

刚到初中，班主任找我谈话，说让我当班长。我受宠若惊，以前从来没有老师关注过我，我也从来没有当过班干部，更不用说当班长了。我脱口而出："我不行，我当不了班长。"老师说："谁说你当不了？我说你行你就行！我的学生做什么事情都能做好，将来做什么事也都能做好！"老师的话让我一下子产生了信心，答应了做班长。此后，我尽心尽责地做好每一件事情，虽然有时候事情做得不是太好，但老师一直鼓励我。我逐渐做得越来越好，成绩也有了很大提升。后来上高中、上大学我也一直是班长。

这是一位老师讲述的故事，她说没想到当时老师会让她做班长，但正是

---

① 〔加〕马克斯·范梅南：《教学机智——教育智慧的意蕴》，李树英译，教育科学出版社，2001，第9页。

老师的鼓励让她产生了极大的自信，克服了许多困难，能力也越来越强。这样的一件事情也让她认识到，教师的鼓励对学生有多么重要。她做了老师之后，把同样的方法用在自己所教的学生身上，同样产生了很好的效果，收获了一个个奇迹。由此可见，教育希望在一定程度上具有普适性，适用于不同的老师、不同的学生、不同的场景，需要的仅仅是教师对学生诚挚的期望和心理上的支持。教育希望是教育奇迹发生的前提。不抛弃、不放弃，对所有学生都抱有希望，迷恋他们的成长，才能成就无数成长的可能。

（三）教育责任

与教育爱和教育希望相比，教育责任是一个相对沉重的话题，却又是"替代父母"而非父母的要义。学生的柔弱和无助呼唤着教师，使其主动承担起"替代父母"的责任，关注他们遇到的困难，并及时提供帮助。

故事4　默默哭泣的我

高二分班考试时，我成绩优异，因此进入了重点班学习。我很难适应那里快速的学习节奏和紧张的学习氛围，因此几乎次次考试都是倒数第一。在重点班的生活让我非常没有自信，整天过得都很压抑。

月考成绩出来了，毫无悬念地，我又是倒数第一。我很绝望，也很伤心，实在是忍不住了，又一次泪如泉涌。娄老师看到在默默哭泣的我，没有马上走过来安慰，而是假装没有看到。上课时，她当众表扬我说："张同学是新加入我们班的，但她是我们班的榜样。她每天上课都认真听讲，遇到问题就及时请教，希望大家向她学习。"这时班上响起了同学们的掌声，仿佛都在为我加油打气。那时，我心中的自信又重新建立了起来，从此更加努力学习，再也没有考过倒数第一了。

面对学生的柔弱和呼唤，教师有责任像父母一样给予及时的回应，帮助学生渡过难关。"默默哭泣的我"因为一次次考试失败而感到绝望，觉得在班里抬不起头，这个时候"我"多么渴望有人能拉自己一把。此时此刻，娄老师"听到了"来自"我"内心的召唤，在全班同学面前对"我"提出表扬，帮助"我"赢得了全班同学的尊重，重新树立起学习的自信。学生是不成熟的成长发育中的个体，学生的柔弱性呼唤教师的关心，这种被呼唤和被需要的体验是教师区别于普通人的本质所在。"教育意义上的权威是孩子们给予成人的责任"①，被学生给予而拥有教育意义上的权威的教师只有回归学生的生活世界，关注学生的生活体验，才能听到学生内心的召唤，并及时作出应有的教育学回应。

（四）教育引领

教师肩负着为孩子指引方向的责任。"来吧，我来指给你这个世界。我曾经也是个孩子，我现在知道了走向长大成人和创造自己世界的道路中的收获和种种陷阱"②。教师作为成人的代表，是经历过童年成长的人，是过来人，在与孩子相处的过程中不仅仅承担教育责任，还有榜样引领的作用，为学生指引发展方向，解决他们成长中的问题。

故事5 默默看书的我

小学一、二年级，我不爱说话，成绩也不突出，不受老师们的重视。升入三年级，我们班换了一位语文老师，不知道怎么的，老师注意到了总是默默看书的我，经常夸奖我学习努力、踏实。一次作文课上，她还专门读了我的作文，并对全班同学说："刘同学写出这样好的文章是她平时注重积累、爱看书的结果，这样发展下去很有可能成为很棒的作家。"我的优点第一次被老师肯定，自那以后，我认真地对待每一门功课，也照着老师说的，抽出时间看更多的书。

每个学生都渴望被关注，渴望被看到，教师的一句表扬和肯定的话就能让他们自信满满，继续保持自己的兴趣，教师的教育引领作用至关重要。

---

① 〔加〕马克斯·范梅南：《教学机智——教育智慧的意蕴》，李树英译，教育科学出版社，2001，第94页。
② 〔加〕马克斯·范梅南：《教学机智——教育智慧的意蕴》，李树英译，教育科学出版社，2001，第51页。

"默默看书的我"是班级中的"隐身人",不爱说话,成绩不突出,不受老师们重视。教师关注"具体的人",看到了生活世界中真实的人身上的独特之处和闪光点,这位学生虽然最后并没有成为优秀的作家,但是老师当初的发现与肯定让她一直保持着对读书的热爱、对文学的兴趣。就像没有两片完全相同的树叶一样,每个学生都是独特的,都有自己的天赋和潜能。这就要求教师在具体的教育场景、具体的时刻用心观察具体的人,善于发现学生身上的闪光点,并及时发挥教育引领作用。

故事6 邢与刑

> 我小学的老师姓邢,我总是记不住怎么写,有一次我在日记中把邢老师的"邢"写成了"刑"。老师把我叫到跟前微笑着对我说:"你想对我判刑啊?作为姓的'邢'右边是软耳,你写的是立刀。"我的脸一下子火辣辣的,知道自己错了。老师继续微笑着对我说:"我小时候也会写错的,觉得'刑'简单一些,更好写。但不同的字代表不同的意思,一定要记清楚、用准确。"从那以后,我再也没有把"邢"和"刑"弄混,写什么字都认真地看清偏旁部首。

老师能够用学生易于接受的方式指出学生的错误,引导学生改正错误,既能让学生认识到自己的错误,又保护了学生的自尊心,这就是教育引领的价值。老师站在孩子的面前,告诉他:过来吧,这样的错误只是成长过程中的正常经历而已。这样的态度更容易让学生直面错误,获得进步。在某种意义上,儿童需要成人的支持和保护,才能去冒险,获得独立;学生需要教师的方向指引,才能找到自己的生活方向。

"替代父母"作为教育现象学的逻辑起点,在真实具体的教育体验故事中实现了现实观照。教师需要不断提醒自己留意"替代父母"的身份,要做到关爱学生,对学生充满希望,保持对学生生活世界和体验的敏感性,及时回应学生内心的召唤,善于发现学生身上的闪光点并进行教育引领。"替代父母"作为教育现象学的逻辑起点,让我们重回人文的教育,感悟不一样的教育情怀。

三　理性反思：教育现象学逻辑起点的实践限度

重回教育现象学的逻辑起点，不仅要审视其合理性，找到现实观照，还要对其进行理性反思，认清其在实践过程中存在的局限之处。

（一）过于理想的交往状态

"替代父母"虽然为我们提供了一种处理师生间关系的新视角，但它对教师素质提出了更高的要求。它要求教师具有敏锐的洞察力，关注学生的生活世界和内心体验；具有反思性的智慧和对行动前、行动中以及行动本身进行反思的能力；具有善于抓住合适时机做出机智反应的能力。这就要求教师对每个学生有充分的了解，对课堂有十足的把握，还需要教师有对情境的自信和临场的天赋。"替代父母"不仅对教师的能力方面有极高的要求，对教师的道德品质也提出了很高的要求。师生关系不同于父母和孩子之间的血缘关系，它基于教师的职业责任和道德良知，需要教师对学生给予爱和关心，对学生未来充满希望，并善于发现学生潜力，引导学生发掘自身潜力。但当前我国教师培训和教师评价仍存在局限，多停留在技术层面，对教师教育机智和道德素养的关注不足，而且教师的时间和精力有限，难以对每一个学生都给予细致入微的关注和全面了解。因此，"替代父母"所呈现的教育关系有时会过于理想化而难以实现。

（二）本土化适切的紧张

"替代父母"体现浓郁的人文关怀，教师的心始终向着学生，拉近了教师和学生之间的距离，增进了师生感情。教师回归学生生活世界，关注学生生活体验和内在需要，这和我国教书育人传统相契合。但在现实中，大班额、超大班额，让教师无暇关注学生的生活体验和内在需求；注重成绩、追求升学率的现实，让教育少了温情、人文的一面。完全不顾现实，盲目坚持教育现象学"替代父母"关系，只会让其成为"空中楼阁"。我们只有将理想的师生关系与传统教育学进行有效整合，才能将其变成现实，更好地适应我国教育的发展。

（三）适用对象的局限性

"替代父母"要求教师像父母一样关心学生，保护学生，关注学生的学习以及生活的方方面面。这样"无微不至"的师生关系并不适用于所有年龄阶段的学生。幼儿园阶段的学生处于生长发育的起始阶段，无论是身体还是心理都非常脆弱，生活不能自理，时刻需要陪伴和呵护，这个阶段的教师在学校正是扮演了"替代父母"的角色，履行着保护学生的职责；小学阶段是学生良好生活习惯和学习习惯养成的关键期，但学生缺乏一定的自制力和分辨能力，此时也需要教师发挥"替代父母"作用，提供及时有效的支持和引导；而到了初中、高中以及大学阶段，随着学生年龄的增长，身体和心理发育日渐成熟，自主独立意识也越来越强烈，教师的"替代父母"功能会逐渐弱化。

重回教育现象学的逻辑起点，也提醒我们重回教育学的人文性，正如《反思教育：向"全球共同利益"的理念转变？》中所说，维护和增强个人在其他人和自然面前的尊严、能力和福祉，应是21世纪教育的根本宗旨[1]。重申人文主义方法，才能让人们过上阿马蒂亚·森（Amartya Sen）提出的发展观所描绘的有意义和有尊严的生活[2]。"替代父母"作为教育现象学的逻辑起点，主张回归儿童的生活世界，关注具体的人，主动为儿童提供教育规范和引领，这种视角超越了经济发展中的功利主义，为我们处理师生关系提供了合理的人文视角。

第三节　教育现象学的独特视域

教育现象学最早产生于荷兰，其从超验现象学、存在主义现象学、伦理现象学、解释现象学、语言现象学、实践现象学等六大哲学流派中汲取了丰富的哲学思想和方法资源，形成了自己的思想体系[3]。当代最有影响力的教

---

[1] 联合国教科文组织编《反思教育：向"全球共同利益"的理念转变？》，联合国教科文组织总部中文科译，教育科学出版社，2017，第28页。

[2] Sen, Amartya, *Commodities and Capabilities* (New York: Oxford University Press, 1999).

[3] 李树英、郑曼瑶：《并非遥不可及的学问：再论教育现象学》，《教育研究》2021年第4期。

育现象学派以加拿大阿尔伯塔大学范梅南为主要代表①。范梅南指出，教育现象学是一门探究教育生活现象及其体验的学问②，其以现象学为哲学基础，以现象学方法为方法论，在教育生活世界中追寻教育意义，并指向实践智慧的生成③。教育现象学所秉持的"回归教育生活""关注人的体验""追寻教育意义"等观念是对过度理论化、技术化、工具化、模式化、形式化等教育的异化现象的一种反叛，为教育的反思带来了思想资源和理论上的支撑与创新。我们从本体论、认识论、价值论三重向度来把握教育现象学，以全面理解其思想内核。

一 本体论追问：回到实事本身关注教育体验

基于胡塞尔"回到实事本身""关注生活世界"的哲学理念，教育现象学将"教育生活体验"作为研究的出发点和归宿④。"回到实事本身"强调研究者必须悬置各种关于事情本身的经验意见，真正回到对事物本身的原初体验，做到"还原"，同时把握事物的本质。其中，"悬置"与"还原"是"回到实事本身"的两条基本路径，"悬置"是将所有基于经验或先验的假设和因素都置于一种待考察、待验证的悬而未决状态⑤。"还原"是将意向体验和其对象的事实特征还原到作为它们基础的本质规定性上去⑥，即将经验性还原为本质性，将事实性还原为可能性。教育现象学遵从"回到实事本身"的原则，要求研究者回到教育现象本身研究教育问题，同时必须摆脱一切理论和预设的概念，即将它们先"括弧"（bracket）起来、"悬置"起来⑦，以教育本来的样态领会教育，以教育"是其所是"的态度对待教育，

①　宁虹、钟亚妮：《现象学教育学探析》，《教育研究》2002 年第 8 期。
②　李树英：《教育现象学：一门新型的教育学——访教育现象学国际大师马克斯·范梅南教授》，《开放教育研究》2005 年第 3 期。
③　王萍：《教育现象学：方法及应用》，教育科学出版社，2012。
④　李树英、郑曼瑶：《并非遥不可及的学问：再论教育现象学》，《教育研究》2021 年第 4 期。
⑤　王萍：《教育现象学方法及其应用》，博士学位论文，河南大学，2010。
⑥　〔德〕埃德蒙德·胡塞尔：《现象学的方法》，倪梁康译，上海译文出版社，2005，第 20 页。
⑦　李树英：《教育现象学：一门新型的教育学——访教育现象学国际大师马克斯·范梅南教授》，《开放教育研究》2005 年第 3 期。

而不是以工具化的眼光对待教育，从而达至对教育本质的深刻认识。"关注生活世界"则要求研究者重回人与人相处的生活世界。基于此，教育现象学将教育的原点复归到了"成人与孩子如何相处"，主张教育研究要直接回到教育现象（体验）本身，关注成人和孩子发生教育关系时最初的体验，并对它们进行有益的反思①。比如，关注教育生活中的一个眼神、一次握手或拥抱等。只有当我们直面这种教育体验时，才能看到人，看到学生存在的意义，才有可能形成一种对教育的具体情况的敏感和机智。只有回到教育的原初性，才能更好地理解教育的本质。同时，这也意味着在研究教育问题时，研究者需要对学生的生活世界和生活体验保持一种现象学的敏感。

二 认识论取向：坚持教育的实践性原则

教育现象学以一种实践的态度看待教育研究，是一门具有实践特性的学问②。一方面，教育现象学关注具体的教育教学情境。如前所述，教育现象学的创始人兰格威尔德将教育现象学的研究称为"家庭、厨房、街道"的研究，认为"家庭、厨房、街道"恰恰是实践的"真对象"，只有从真对象的实践中才可以探索出知识的奥秘、联系和最本质的东西③。范梅南也将研究的视角引入具体的生活世界和真实的教育场景之中，认为"教育学实际上是一门有关成人与儿童如何相处的学问"。教育现象学所具有的这种实践特性，意味着研究者必须切身参与到丰富的生活中去，参与到生活关系和共同情境中去④，与那些存在于情境中的人一起经历这种情境，获得更为深刻的体验。正如毛泽东在《实践论》中所言："你要有知识，你就得参加变革现实的实践。你要知道梨子的滋味，你就得变革梨子，亲口吃一吃……"⑤ 同样，你要知道与孩子相处的教育生活，你就得变革自己，亲身融入教育生活、融入

---

① 李树英、王萍：《教育现象学的两个基本问题》，《华东师范大学学报》（教育科学版）2009年第3期。
② 王萍：《教育现象学的本真追问》，《教育科学》2010年第4期。
③ 王萍：《教育现象学视域中的教师教育》，《教育科学》2008年第6期。
④ 〔加〕马克斯·范梅南：《生活体验研究——人文科学视野中的教育学》，宋广文等译，教育科学出版社，2003，第40页。
⑤ 《毛泽东选集》（第1卷），人民出版社，1991，第287页。

教育情境、融入学生的体验。另一方面，教育现象学强调教育机智、教育敏感性、教育反思的参与。研究者即便亲身参与实践，也只是获得正确认识的必要条件，而不是充分条件。教育实践应该是充满智慧的。面对复杂的、具体的、不确定的教育情境，研究者要积极地探究生活经验的所有形态和方面①，保持对日常教育实践的关注、好奇和敏感，不断对自己的行动进行反思，在反思与反思性实践中形成教育的敏感与机智，以做出符合当下情境的、最恰当的行为。此外，从学科属性来看，教育现象学归属为教育学，教育学是实践之学，因此教育现象学也必然带有实践特性。

三 价值论关怀：秉承人文主义教育观

人文主义是以人为本的价值观，充分肯定人的价值和尊严。教育现象学秉承了人文主义思想，具有鲜明的人文色彩。首先，教育现象学将具体的人，而非抽象的教育对象，置于其研究视野中。教育现象学关注教育者和受教育者的"存在"，即关注具体的人在具体情境、具体时刻的个性化体验②。范梅南多次强调，要关注这个孩子当下的体验，并作出对这个孩子来说最为合适的反应。因此，教育现象学中具体的人具体到了每一个生活场景、每一个时刻、每一个故事中的孩子，是有血有肉的教育生活世界中的真实的人③。其次，教育现象学依托"替代父母关系"④ 建立师生关系。"替代父母关系"蕴含着教师对学生的教育爱、教育希望、教育责任与教育引领⑤，这要求在师生交往中，教育者既要像父母一样呵护学生，信任学生，聆听学生需求的召唤，更要"超越"父母的角色，履行对学生的教育责任，对学生的召唤作出教育性反思与回应。事实上，这种关系强调了教育的规范性。教育本质上

---

① 〔加〕马克斯·范梅南：《生活体验研究——人文科学视野中的教育学》，宋广文等译，教育科学出版社，2003，第40页。
② 李树英、郑曼瑶：《并非遥不可及的学问：再论教育现象学》，《教育研究》2021年第4期。
③ 王萍：《教育现象学视域中的人》，《教育理论与实践》2010年第13期。
④ 〔加〕马克斯·范梅南：《教学机智——教育智慧的意蕴》（第2版），李树英译，教育科学出版社，2014，第55页。
⑤ 王萍、翟福玲：《重回教育现象学的逻辑起点》，《河南科技学院学报》2020年第4期。

更主要的是一项规范性活动，而不是一种技术或生产活动①。这意味着教育者必须依据一定的标准，指导学生向"好的""善的"方向发展。最后，教育现象学研究所采用的是质性研究的方法。教育现象学研究强调通过对话式访谈、教育学观察、趣闻轶事改写、词源追溯、主题或意义分析以及文本写作等方法②，追寻个体鲜活的生活体验故事。同时，用充满诗意的语言描述这些故事，增强故事的可读性、可感性，以引起人们的情感共鸣。这些无不彰显着教育现象学对人文思维的执着追求。

---

① 王萍：《教育现象学方法及其应用》，博士学位论文，河南大学，2010。
② 王萍：《教育现象学方法及其应用》，博士学位论文，河南大学，2010。

第二章　教育情怀的理论意蕴

对教师教育情怀进行研究，符合新时代背景下各方主体对教师专业素养所提出的新要求。国内外学者针对教师的教育情怀，从不同方面开展了一系列的理论研究，并在实践层面进行了一定探索，如针对不同学科、学段教师教育情怀内涵的研究，对教育名家教育情怀的体悟以及对教育情怀价值与意义的分析等，虽然目前已有研究已经取得了一定的成果，但系统性的理论梳理和阐释尚存不足，还有待加强。理论是实践的先导，哪些理论可以作为教育情怀的理论基础？教育情怀有什么样的内涵及特征？教育情怀有哪些历史和理论溯源？对一系列理论问题的回答构成对教育情怀的理论阐释，为教师教育情怀生成路径及养成策略的提出奠定坚实的理论基础。

第一节　教育情怀的内涵意义

关于教育情怀的内涵，已有学者对此展开了一定的研究，并形成了一系列独特的观点与见解，但至今对于教育情怀是什么的回答仍然是众说纷纭，对其认识并未达成统一。那么，教育情怀究竟是什么？又具有什么样的特征？为了更好地回答这两个问题，本部分尝试从教育现象学的视域出发，基于诺丁斯的关怀教育理论和舍勒的情感现象学理论，对教育情怀的内涵进行重新审视，并在此基础上进一步考察教育情怀的本质特征。

一　教育情怀的内涵

"教育情怀"是一个带有中国本土特色的词语，就像"家国情怀""职业情怀"等合成词一样，是由"教育"与"情怀"两个相互独立的词语复合而成。教育情怀作为一个拥有独立意义的词语，虽然与其他研究相比，目前已有的研究在数量方面仍较为有限，但通过梳理现有的研究文献，可以发现学者们分别站在不同的角度对教育情怀给出了自己的阐释，大致可以归纳为以下三类观点。

第一种观点认为，教育情怀是教师对学生、教育事业以及社会的一种情感。如段宇辉指出教育情怀首先体现为对教育事业的情感，其次表现为对学生的情感①；张安义、胡雪飞指出教育情怀是教师在教育教学中形成的情感，在内涵上蕴含对教育的挚爱、教育信念及理想②。第二种观点认为，教育情怀除了是一种情感，还是与教师的职业道德伦理相关的概念。如肖凤翔等认为教育情怀是教师对社会、学生和自我的情感态度、包容胸怀，具体包含师德伦理、人文精神和自我关怀三个方面③；沈伟等认为教育情怀与教师专业伦理范畴相关，它更多表现为情感上的主动认同和回应④；王波等人对特殊教育师范生的特殊教育情怀展开了研究，认为其体现在对特殊教育事业的热爱，对特殊教育教师职业的忠诚，对特殊教育对象的关爱，以及对特殊教育教师职业的坚守⑤。第三种观点是站在某一理论视域审视教育情怀的内涵，如王萍对教育现象学视域下的教育情怀进行了审视，认为其是教师对学生成长的迷恋，是教师与学生相处之智慧，也是教师献身教育的承诺⑥。

综上，不同学者对于教育情怀的内涵形成了不同的看法，但经过分析，发现这些观点之间也存在共通之处。结合对"情怀"词源的追溯以及已有研究观点，本书认为，教育情怀是教师在与学生相处的教育生活实践中产生的一种道德情感体验，具体而言，包含教师主体对学生的情感投入、合理的教学认知、适切的课程理解以及在教育实践中的教育机智等成分。

---

① 段宇辉：《师范专业认证导向下美术教育情怀的培养》，《教育现代化》2019 年第 6 期。
② 张安义、胡雪飞：《教学引领·教育情怀·教育知识·教学能力——思政课教师提高教学素养策略管窥》，《中学政治教学参考》2021 年第 1 期。
③ 肖凤翔、张明雪：《教育情怀：现代教师的核心素养》，《河北师范大学学报》（教育科学版）2018 年第 5 期。
④ 沈伟、王娟、孙天慈：《逆境中的坚守：乡村教师身份建构中的情感劳动与教育情怀》，《教育发展研究》2020 年第 Z2 期。
⑤ 王波、鞠克亮：《特殊教育师范生特教情怀：价值意蕴、特征与培育路径研究》，《中国特殊教育》2020 年第 11 期。
⑥ 王萍：《教师的教育情怀及其养成——基于教育现象学的视角》，《当代教育科学》2020 年第 9 期。

（一）情感投入

教育情怀作为一种道德情感体验，它首先体现为教师对学生的情感投入。这种情感投入是教师自身教育情怀的自然流露，是教师教育情怀重要的表现形式之一。教师对学生的情感投入，不因学生身材的高大、矮小或面目的粗犷、清秀而改变或显示出差异，而只与学生的成长和变化有关，这种情感投入基于教育的立场，以学生成长和变化的价值为关注点，以这种价值对发展青年人的自我人格和个性所起的作用为前提[1]，是客观存在的心灵感受或体验，它的感受（体验）主体与感受（体验）对象通过心灵相联系，感受主体是教师，感受对象是学生的成长与发展，区别于通常我们所言的主观的、虚假的情感。具体而言，教师对学生的情感投入包含但不限于对学生成长与发展的关怀、迷恋等成分。关怀意味着教师对学生保持的开放的、不加选择的态度以及对其信息、需求的及时接收与回应。迷恋则意味着教师与学生之间我—你关系的确立，我—你关系指的是"我"与作为在者的"你"相遇，"我"不再是经验物、利用物的主体，"你"也不是供"我"利用的物，"我"奉献并领承"你"并且"我"通过"你"而成为"我"[2]，这种我—你关系正是教师对学生、对教育的迷恋状态。需要说明的是，这里的关怀指的是教师对学生的适度关怀，而不是控制。同理，这里的迷恋也是一种有限度的迷恋，而不是过犹不及、失去自我的沉迷。父母与孩子之间的亲密关系，为教师、学生间的教育关系提供了十分丰富、具有启发意义的信息[3]，有情怀的教师就像父母对待自己的孩子那样，能够与学生建立起深厚的情感，陪伴、关心每一位学生，对他们的学习、成长生活世界保持鲜活、持续的情感体验。

（二）教学认知

教师教育情怀表现为教师对学生的情感投入，而不止于对学生的情感投

---

① 〔加〕马克斯·范梅南：《教学机智——教育智慧的意蕴》（第2版），李树英译，教育科学出版社，2014，第70页。

② 〔德〕马丁·布伯：《我与你》，陈维刚译，商务印书馆，2015，第9页。

③ 〔加〕马克斯·范梅南：《教学机智——教育智慧的意蕴》（第2版），李树英译，教育科学出版社，2014，第6页。

人，在教学方面，它还体现为教师主体合理的教学认知。教师的教学认知是指教师以教学系统作为认识对象，不断创构新的认知图式，批判性地认识与反思教学系统的特性及要素之间的联系或关系，认识和总结学科的定理法则概念，从而洞悉并掌握学习者的精神与心理特征，深入理解有关其所选择的教学方法与策略的问题，这体现了教师"对教学目标、教学任务、学习者特点、教学方法与策略以及教学情境的个性化分析判断"①。教师是与医生、律师等其他专职人员相同，是专门负责开展教育教学工作的专业人员，日常的工作主要围绕教书育人而展开，拥有教育情怀的教师，可以在自身教育情怀的驱动下，形成合理的教学认知，很好地履行自身的职责，而不是仅仅把教学当作一份换取薪资酬劳的常规工作。教育情怀在教师对教学目标的分析与理解、对教学资源的分析与占有、对教学对象的知觉、对教学情境的辨别等具体的教学认知过程中显现，如在面对教学对象个体化的、具体的学业发展需要时，在体验他者的具体成长需求时，教师面对的仿佛是一种恳求，这种恳求使其迫不及待地给出教育性回应，这时学生的脆弱就成了一种奇特的驾驭教师的力量②，使其自觉或不自觉地作出合适的反应，情不自禁地投身到规范、引领学生学业发展的行动中，而不考虑投入的成本、收获与后果，这正是教师教育情怀的生动体现。

（三）课程理解

教师的教育情怀还表现为对于课程现象、课程"文本"、课程事件的意义具体、深入的解读，即课程理解③。需要说明的是，此处的课程理解指的是教师课程理解。在海德格尔和伽达默尔的哲学诠释学思想中，理解就是存在，是人存在的根本方式，课程理解是教师的一种生存方式，同时也是教师教育情怀的重要体现。因为理解不仅是个体朝向外部世界的活动，同时也是个体不断地朝向自身进行理解的活动，理解不断地生成意义，也不断建构和

---

① 孙杰远：《教学认知能力：教师专业发展核心力》，《当代教育与文化》2012 年第 4 期。
② 〔加〕马克斯·范梅南：《教学机智——教育智慧的意蕴》（第 2 版），李树英译，教育科学出版社，2014，第 68 页。
③ 袁桂林：《派纳论"概念重构"和"理解课程"》，《外国教育研究》2003 年第 1 期。

扩展理解者的精神世界①，教育情怀并非抽象难以把握，而是在许多教师对具体学科课程（问题）多样化、个性化的理解、揣摩与探究过程中有所体现。20 世纪 70 年代美国课程理论专家威廉·派纳（William F. Pinar）提出"理解课程"教育理论，西方特别是北美课程范式开始由拉尔夫·泰勒（Ralph W. Tyler）的"课程开发范式"（the paradigm of curriculum development）转向"课程理解范式"（the paradigm of understanding curriculum），课程不再仅仅被理解为"学校材料"（school materials），而是被视为"符号表征"、"文本"（text）或"对话"（conversation），由于注重从不同理论视域，采取多学科交叉的方法，从政治的、种族的、性别的、全球国际化的等不同方面对课程符号进行理解，丰富多彩的课程话语得以形成②。具有教育情怀的教师，比其他普通教师更加关注具体的课程问题、拥有更加适切的课程理解。因此，教师真正意义上的教育情怀，鲜活地显现于自身对课程的理解之中。

（四）教育机智

教育情怀作为道德情感体验，具有鲜明的实践性特征，还与教师在教育教学实践中的教育机智紧密相连。教育机智是对他人关心的指向，是在实践中无法提前计划的、具有"他者性"的且包含情感因素的规范性智慧，具体可以体现为教师对学生体验的理解、尊重学生主体性、对（教育）情境的自信或者临场的天赋等③。教师（成人）与学生（儿童）的相处并不总是按照预期的安排进行，而是充满了情境性、复杂性与不确定性，这就决定了教师与学生的相处也并不总是顺利、和谐的，可能会出现一些超出提前预设的教学、课程问题或不融洽的地方。教育情怀的最后一个重要体现正是教育机智。有教育情怀的教师在面对复杂的教育情境及处在其中的鲜活的人时，能够保持持续的好奇与敏感，在对待一成不变的教育场所、教学工具与内容、教育对象时不去想当然，不会因为熟悉而变得麻木，从而逐渐失去对教育环

---

① 孙宽宁：《教师课程理解中的自我关怀》，博士学位论文，山东师范大学，2009。

② 袁桂林：《派纳论"概念重构"和"理解课程"》，《外国教育研究》2003 年第 1 期。

③ 〔加〕马克斯·范梅南：《教学机智——教育智慧的意蕴》（第 2 版），李树英译，教育科学出版社，2014，第 136~152 页。

境的敏感性，而是始终保持好奇、敏感的态度，保持学生视角，从学生的角度出发重新审视教育的意义，尽最大可能地感受教育情境和学生当下的体验，而不是按照以往的经验猜测、审视学生，在这份好奇、敏感的驱动下[①]，不断增长教育机智。也就是说，教育情怀在教师对那些即时性的情况作出有意义的反应与行动的过程中显现，同时又促使教师在不断的反思中提炼、总结，进而提升自身的教育机智。

教育情怀是一种道德情感体验，但不仅仅局限于道德情感体验，而是融入在相关教师主体教育生活实践中的"情""知""行"三个方面。此处的"情"指的是教师主体对学生在成长、发展过程之中的情感投入；"知"指的是教师主体具有个性化、丰富、完备的教学认知与课程理解；"行"指的是相关教师主体在教育生活实践中所作出的体现教育机智的、临场的、具有教育意义的反应与行为。教育情怀与相关教师主体的情感投入、教学认知、课程理解、教育机智四个方面是相互统一的关系。至此，教育情怀内涵得以清晰显现。

二 教育情怀的特征

教育情怀是深植于教育生活体验中的情感与态度，它兼具体验性、关怀性和实践性。教育情怀源自师生日常的互动与具体教育情境，体现为教师对学生个体差异的接纳、关联生活的教学以及积极回应学生需求的关怀。这种情怀不仅丰富了教师的教育体验，更在实践中推动教师智慧的生成，促使教师回归人本，提升教学质量。

（一）教育情怀的体验性

教育情怀首先与教育生活体验息息相关，这种体验源于教师与学生日常的教育生活，它是与教室、教具、课桌、座椅甚至教育对象等教育系统中各种能够独立存在的实体相对应的概念，不作为任意的具体实体而存在，而是对这些各种各样实体的一种具体的、个性化的体验。教育情怀作为一种体验

---

① 王萍：《教师的教育情怀及其养成——基于教育现象学的视角》，《当代教育科学》2020 年第 9 期。

而真实存在，由不同教师或其他主体通过自身的意识活动而构造，在意识领域之中存在，属于教育现象学方法的研究范畴。教师具体的、个性化的教育生活体验可以由不同年龄、性别、种族、国籍的教师主体在其日常具体的教育教学实践过程当中逐步产生，这些不同主体之间的教育生活体验可能不完全一样，存在或大或小的个体差异，这是由其所处的文化背景、教育环境等因素的不同而决定的。但是，多样的、个性化的教育生活体验之间也存在一些相同或相似之处，是不同教师对教育情怀的"同感体验"。这种"同感体验"是教育情怀作为一种教育生活体验而存在的本质所在。如此，通过对许许多多教师个性化体验故事的呈现、描述，能够达到对教育情怀本质的准确把握。基于此，在教育生活世界里已发生的、普遍存在的、教师个体有"同感体验"的教育生活体验（教育情怀）是教育现象学潜在的、可能的研究对象，也就是说，教育情怀具有鲜明的体验性特点。

（二）教育情怀的关怀性

教师对学生的关怀是其教育情怀的重要外在体现，这种关怀建立在"替代父母"的教育关系的基础上，是一种"替代父母"式的关怀，教师相信学生身上潜藏着无限潜力，对学生未来的发展、进步充满期盼与希望，正如母亲对待自己的孩子一样，具有与关怀相关的接受性、关联性与反应性特征[1]。首先，接受性特征。接受性即教师可以接受不同学生主体的个体差异和同一学生主体不同方面素质、能力的差异，在教育生活实践中真诚地接纳、尊重每一位学生，接纳学生各不相同的生命样态，以欣赏的眼光审视不同学生主体在教育生活中表现出的特点，从而进入千差万别、各具特色的学生生命世界，允许不同学生主体基于多元智能、兴趣差异与知识背景的差异对学习材料有不同的体验和不同层次的认识。其次，关联性特征。关联性就是教师通过挖掘学科与生活的关联来提升学生的学习兴趣，打破学生对编排好的学科知识的陌生感、隔膜感，注重学生的学习体验，激发其学习兴趣，

---

[1] Noddings, N., "Care, Justice and Equity," in Katz, M., Noddings, N., Stike, K. A., eds., *Justice and Caring: The Search for Common Ground in Education* (New York: Teachers College Press, 1999), pp. 7-21.

而不是强制进行知识灌输。最后，反应性特征。反应性就是仔细倾听、积极回应，这是关心的基本标志[①]。仔细倾听意味着教师对学生学习与成长需求的了解，而不是强迫学生去做那些被认为对他们是有益的事情，例如，不会强迫他们学习事先给他们规定好的内容。积极回应意味着在时间、空间以及质量方面对学生的需求作出高效率的回应。教育情怀体现在教师对学生"替代父母"式的众多关怀意识与行为中，具有强烈的关怀性特点。

（三）教育情怀的实践性

教育情怀具有实践性特点，主要表现在它产生于一个个鲜活的、具体的教育情境之中，又回归至教师的教育教学生活实践之中，最终指向教师教育智慧的生成。其一，教育情怀并不是凭空产生的，而是源于具体的教育情境，在对教育情境的好奇与敏感之中逐渐萌生、发展，脱离具体教育情境，教育情怀将变成无源之水、无本之木。情境是某个人所占据的位置、条件或环境[②]，由此可以知道，教育情境是由特定对象和一定的外部教育环境条件共同构成。一方面，教育情怀生成于与特定对象的相处之中，教育情怀作为与教育生活世界紧密相关的道德情感体验，必然是在与学生（包括不同学生个体）这一特定对象日复一日复杂、深入、教育性的接触与交往中产生。另一方面，教育情怀生成于由教室、教学内容等不同实体要素共同组成的教育环境之中，教师教育情怀的生成，依赖于一定的外部教育环境条件，这些相同或不同空间和媒介场景的存在是教师教育情怀赖以存在的外部环境条件。其二，教育情怀作为来源于教育生活情境中的一种特殊教育生活体验，也必将回归到教师与学生相处的具体教育教学实践当中，并且指向教师教育智慧的生成。事实上，教师的教育智慧正是在其教育情怀生成的过程中逐步发展而来，教育情怀是教师追寻教育智慧的不竭动力，它促进教师从追求教育的技术理性回归至追求教育的规范性、育人性，唤起教师对自身教育智慧的重新审视，提高教师应对教育教学实践问题的能力。

---

① 〔美〕内尔·诺丁斯：《学会关心：教育的另一种模式》（第2版），于天龙译，教育科学出版社，2019，第2页。

② 〔加〕马克斯·范梅南：《教学机智——教育智慧的意蕴》（第2版），李树英译，教育科学出版社，2014，第64~65页。

三　教育情怀的价值

教育情怀作为教师内心深处的热爱与执着，不仅是专业发展的内在动力，更是专业实践的强大助推器。在教育情怀的引领下，教师将外在的职业要求内化为个人的品质追求，以满腔的热情和坚定的信念，投身于教育教学实践之中。它让课堂焕发生机，让教育充满温度，更让教师在育人的道路上收获成长与幸福。

（一）教育情怀是教师专业发展的内驱力

日常教育教学活动中，教育情怀可能是一个教师不自知的存在，却是激励教师专业发展的内驱力。教育情怀能够引导教师职业道德从"他律规制"走向"自律自觉"，激发教师对教育事业的热爱和坚守，使教师在面临困境时积极主动、智慧执着地处理各项工作，不断提升自身的专业素养，并在工作中获得精神的愉悦和情感的满足。同时，教育情怀能促使教师实现从"要我发展"到"我要发展"的转向，为其自主发展提供强大、鲜活的源泉，为其职业生涯注入无限活力。

有研究者就教育情怀的价值与意义进行了研究，他们分别从教育情怀对于教师专业发展的意义、对于某一学科教师的意义以及对于教育家的意义进行了论述。首先，关于教育情怀对于教师专业发展的意义，王波、鞠克亮认为，特殊教育师范生的特殊教育情怀是教师从事教育事业和自身专业发展的原动力[1]；徐雅宁讨论了教育情怀之于教师专业发展的意义，提出前者之于后者是生长点和内驱力[2]；刘炎欣、罗昱认为，教师的专业发展就是其教育情怀不断塑造的过程[3]；韩延伦等学者认为，教育情怀是促进教师探寻教育意义和坚守育人职责的内生动力、精神支撑[4]。其次，在教育情怀之于某一

---

① 王波、鞠克亮：《特殊教育师范生特教情怀：价值意蕴、特征与培育路径研究》，《中国特殊教育》2020 年第 11 期。

② 徐雅宁：《历史教师的教育情怀与专业发展研究——以中学历史名师单怀俊为例》，硕士学位论文，苏州大学，2019。

③ 刘炎欣、罗昱：《教育情怀的哲学思考与内蕴阐释》，《教育探索》2019 年第 1 期。

④ 韩延伦、刘若谷：《教育情怀：教师德性自觉与职业坚守》，《教育研究》2018 年第 5 期。

学科教师的意义方面，张安义、胡雪飞认为，教育情怀是思政课教师教学素养提升的动力源①；刘文英认为，从学科核心素养的视角出发，教师应同时具有学科教学能力和专业教育情怀②。最后，关于教育情怀对于教育家的意义，魏宏聚指出，教育家超越世俗的教育情怀是其核心品质，它是教育家从事教育事业的最高信念与依据③；吕丹、吕映对陶行知先生作为文学家的教育情怀进行了研究，认为他的教育情怀有助于其实践中的儿童文学创作，是其儿童文学创作的基础和特色之一④；李桂荣认为，积极向上的生命情态、强烈持久的育人情怀对于每一位教师而言，都是十分重要、宝贵的⑤。综上，不同角度的关于教育情怀价值与意义的研究，阐明了教育情怀对于不同主体成长的意义，有助于帮助我们认清教育情怀在教师专业素养发展中的重要性，加强对教育情怀的关注。

（二）教育情怀是教师专业实践的助推器

教育情怀是与教育、学生相关的个人的自然感情和内在意志能力，它约束着教师自身的其他自然感情的破坏作用，表现为教师对"为师之道"有着深刻的迷恋和执着、承诺与坚守，能够对其运用自如，内化为专业实践的精神助推器。一般来说，教育情怀往往内化为教师专业实践的一种精神力量，将教师对教育和学生的爱与课堂教学融为一体，教师将其践行于具体的教育教学专业活动中，课堂也因为教师的爱和责任而充满生机活力。具体而言，教育情怀能够促使教师将对学生成长的迷恋、与学生相处的智慧、献身教育的承诺等由外在的责任义务转向内在的个人品质。它能促使教师担负起责任，实现其社会实践活动的特殊性目的，并有可能充分激发其内在精神品质和潜能。

---

① 张安义、胡雪飞：《教学引领·教育情怀·教育知识·教学能力——思政课教师提高教学素养策略管窥》，《中学政治教学参考》2021 年第 1 期。
② 刘文英：《核心素养背景下的师范生农村教育情怀培养策略》，《创新创业理论研究与实践》2018 年第 8 期。
③ 魏宏聚：《教育家核心价值：超越世俗的教育情怀》，《中国教育学刊》2013 年第 1 期。
④ 吕丹、吕映：《文学家的教育情怀与教育家的文学情怀——论陶行知的儿童文学创作》，《齐鲁学刊》2020 年第 2 期。
⑤ 李桂荣：《教育学人的生命情态与育人情怀》，《教育科学研究》2012 年第 8 期。

第二节　教育情怀的理论向度

教育情怀受自身内隐性、情境性与个体差异性等特性的影响，在教育教学实践中容易受到教师或其他相关主体的忽视。在教师专业素养的发展过程中，部分教师只注重对专业知识的学习，对专业能力等的培养，而不关注自身教育情怀的发展，把教育情怀搁置到边缘位置，这十分不利于教师的专业化发展。其实，教育情怀并非抽象、难以把握的，教育情怀中蕴含了教师在日常教育教学生活实践中对学生的人文主义关怀，是教师自我心灵对学生、教育事业的特殊的、复杂的道德情感体验。因此，本书选取德国著名宗教哲学家马丁·布伯的"我与你"关系理论、美国教育家内尔·诺丁斯的关怀教育理论、德国哲学家爱德华·哈特曼的道德意识现象学、德国现象学家马克思·舍勒的情感现象学理论，作为教师教育情怀的理论基础。

一　"我与你"关系理论

教育情怀是教师对学生成长的迷恋。对教师而言，教育关系就是一种"替代父母"的关系，其本质是陪伴、关心与规范引领。教师作为非父母的他人，和学生建立"替代父母"关系的基础是迷恋学生的成长这一情感。教师作为学生生命成长中的重要他人，工作对象是学生，在工作场所中与学生朝夕相处，工作内容是引领学生的成长，只有教师能够为了学生成长、把学生成长作为个人的追求、迷恋学生成长，真正的教育才能发生。正是在这个意义上，范梅南提出："教育学是迷恋他人成长的学问。"迷恋意味着"我—你"关系的确立。作为20世纪上半叶最为重要的宗教哲学家之一，马丁·布伯在《我与你》一书中对人与他者的关系的陈述，为解释教育情怀中的迷恋关系提供了理论基础。

（一）人与他者关系的基本内容

布伯将人与他者关系分为两类："我—它"关系和"我—你"关系。"我—它"关系是指为了自身生存及需要而把周围的在者——其他人以及生灵万物——都当作与"我"相分离的对象，与"我"相对立的客体，通过对"它"的经验而获得关于"它"的知识并为我所用①。"我—你"关系是指"我"与作为"你"的在者相遇，"我"不再是经验物、利用物的主体，"如果我作为我的'你'而面对人，并向他吐诉原初词'我—你'，此时他不再是物中之一物，不再是由物构成的物"②。"我—你"关系的建立，在"我"成为"我"的过程中，"我"也道出了"你"。作为经验的世界属于"我—它"，"我—你"推动的是关系的世界。感知是一个与"你"疏离的过程，即便"你"没有感知到"我"和"你"之间的关系，它依然成立，因为"你"的范围远比"它"了解的广阔，"你"的作为和遭遇，也远比"它"所知晓的丰富。

第一，"我—它"关系是一种经验与利用的虚假关系。在这个关系世界里，"我"在不断地进行自我扩张，以"我"作为世界的中心来对"它"进行感知和理解，并进行无情的占有和宰割，因此这本质上不是一种真正的关系，并未体现出世界的本源性。布伯认为，类似于"我思故我在""自我意识"等中的"我"，是一种西方近代理性主义哲学所强调的"绝对主体性的我"，而且在不断地进行无限制的自我扩张，"我"作为世界中心者的绝对权威，其他一切存在都是毫无生命意义的工具。在这个同化的过程中实现了自我对他者的无限、无情、无奈的占有，表现出自我对消解"我—它"关系中的"它"之恒定他性能力的确信③。因此，"它"作为他者的地位和角色在逐步地被消解，一旦实现了"我"对"它"的占有和重合，他者也就丧失了存在的合法意义。这时的"我—它"关系就沦为了一种只彰显"我"的绝对中心地位的单向度关系，进而产生社会危机。这种危机不仅表现于人类个体与整个世界之间关系的失衡，还表现于人类个体之间于社会交往层面上的疏离，更表现于人类个体与作为精神形式而存在的上帝之间的背离④。

① 王萍：《教师的教育情怀及其养成——基于教育现象学的视角》，《当代教育科学》2020年第9期。
② 〔德〕马丁·布伯：《我与你》，陈维刚译，商务印书馆，2015，第11页。
③ 张知博：《神性与审美：马丁·布伯关系思想研究》，博士学位论文，黑龙江大学，2017。
④ 张知博：《神性与审美：马丁·布伯关系思想研究》，博士学位论文，黑龙江大学，2017。

"我—它"关系进一步对立，根本上难以实现交融性和可相遇性。因为"我"将"它"视为一种独属于自己的经验和工具，以一种可建构性、可制裁的方式无情地占有了"它"，"它"就丧失了自身本真的存在而被纳入了"我"的存在视域中。二者的地位注定是不平等的，而且是对立且疏离的。"它"看似存在，实则已经不在了，二者实现了同一性，难以真正地融合。另外，二者依赖于利用、工具关系而存在，很难实现真正的相遇。"我"与"它"无法相遇的根源在于二者都没有绝对承受现实。承受现实对实现相遇至关重要，这无须也不必弃绝作为现象世界而存在的感官世界，仅需要揩除"我"与"它"之间因尚未发掘二者之间统一性而形成的鸿沟①。

　　第二，"我—你"关系是一种美好且相融的真实关系。在关系中，"我"是真实存在的"真我"而非神我合一的"超我"，既能够体会到感觉活动的渴望与快乐，也有神圣的追求和理想，这是本我、自我和超我三者的统一，因此"我—你"关系体现了真正的真实性。布伯还指出，这种统一之"真我"不同于分裂之"自我"，"后者漠视实在人格，它只保留'纯粹'，本原、不朽之物，而将其余一切尽皆摒除；但在'我'的此种统一中，本我非为不洁之物，感官非为无本之木，情感非为缥缈浮泛，人的一切都被纳入它的轨道。它所追求的不是分裂之'自我'，而是一应俱全的人。它指向且就是实在"②。布伯进一步指出，关系的世界有三重维度：与自然共处、与人类共处和与精神本质共处。与自然共处，这一层关系比较难以感知和表达，毕竟各种生物尽管与人类共同生活和活动，但事实上人类不能靠近和近距离接触它们，尽管人类愿意且渴望与其以"你"相称，但是也受到语言限制难以实现真正的沟通。与人类共处的关系比较明显，且极易表达和察觉，彼此之间能实现真正的沟通，且可以用"你"来相称。与精神本质共处，这层关系较为虚无缥缈但能"启人觉悟"，尽管大多数时间是沉默无语的，但在关键时刻能够引出妙语。在语言表达上，没有人以"你"对精神世界相称，但一直受到精神本质的召唤。很多时候，得到的回答是图像化而非文字化的，是

① 张知博：《神性与审美：马丁·布伯关系思想研究》，博士学位论文，黑龙江大学，2017。
② 〔德〕马丁·布伯：《我与你》，陈维刚译，生活·读书·新知三联书店，1986，第113页。

思考的而非脱口而出的,是行动的而非仅限于认知层面的;大多数情况下,我们可以和精神本质进行交流,但是难以张口称之为"你"。在以上三个维度中,我们都能够看到"你"的身影,每次谈及"你",人类都可以在某一维度中以特有的方式与永恒的"你"进行对话。从这个层面来说,关系是相互性的。当人类将他者视作我的"你",且以"我—你"相称,此时他者不是受其他"他"和"她"限制的"他"或"她",不是由时间和空间组成的宇宙网络中的一个圆点,不是某种可被感知和描述的状态,也不是一连串可被名状的特征的集合①。

第三,"我—你"关系是一种精神相遇的伦理关系②。布伯的"我—你"关系体现了相遇的无功利性、瞬时性、整体性、直观性和相互性等特征③。在这个过程中,双方需要整体考虑彼此的个性,接受对方的独特性,并保持鲜明的自我个性。同时,"我"要承认对方他者的存在,两者之间不曾分离地产生直接的联系,即"无中介的相遇"(unmediatedness of encounter)。双方作为相遇的主体,彼此的关系是互惠的,在自由平等的对话之中,包容和接受了对方的个性,为了实现"我"而接近"你",在这个接近"你"的过程中实现了"我"。从关系内部来看,"我—你"关系的发展既离不开"我",也离不开"你",而需要在不断的行动中去获取对"你"的认识,以建立真正的关系。除此之外,在"我"影响"你"的同时,"它"也在影响"我",我们的学生也教育了我们,我们的作品也创造了我们④。因此,"我—你"关系是先于实体关系而存在的,存在着一定的变化性,在很多时候可能会退化转变为"我—它"关系,而"我—它"关系也可能会转化为"我—你"关系,在变化中期望走向真实的、平等的关系,让双方主体都承认彼此的存在。

第四,"我—你"关系的本质是对话。"我—你"是在相遇的过程中通过对话产生了亲密联系,而"我—它"关系中虽有遇见但未真正地进行对

---

① 〔德〕马丁·布伯:《我与你》,陈维刚译,商务印书馆,2015,第19页。
② 杜芳芳:《马丁·布伯的"关系哲学"及其对大学教学的启示》,《黑龙江高教研究》2019年第1期。
③ 张知博:《神性与审美:马丁·布伯关系思想研究》,博士学位论文,黑龙江大学,2017。
④ 〔德〕马丁·布伯:《我与你》,徐胤译,天津人民出版社,2018,第101页。

话。对话不是简单的问答，而是以对方为对象进行平等的交流。"对话的本质在于肯定他者，在于开放心灵，在于相遇之间。"① 布伯指出，人与人之间真正的相遇需以无预设性为前提。只有当人摒弃认知限制与功利目的，而以平等的对话与他者相遇时，才能够真正地认识他者，进而理解对方的存在，并找到自身存在的意义和价值。"对话不在于言语的存在与否，而在于主体能够在对话的过程中展开内心，积极回应对方的互动。"② 从这个意义上来说，"我—你"关系的本质是由表达、提问、对答、呼应、倾听等构成的对话，突出提问与对答、表达与倾听的结合，以此来确定对话关系中双方的主体地位。对话关系强调彼此要不断地转换地位，在互相理解的基础上将话题转向对方，暂时的主体一方要敞开心扉地表现自我，在这个过程中主体找寻到自身存在的意义和方式。

（二）"我—你"关系对教育情怀研究的启示

第一，"我—你"关系为教育情怀中的迷恋关系提供了理论启示。基于布伯的观点，教师只有把教育感知为具有平等地位、能够对话的"你"，以"我—你"关系看待教育，才能够对教育这份事业产生独有的情愫和迷恋。布伯所倡导的美好且相融的真实关系、精神相遇的伦理关系等为培育教师的教育情怀提供了理论依据。教育兴则国兴，教育强则国强。教育事业决定着人类的今天和未来。浇花浇根，育人育心，教育作为育人育心的事业，需要教师对其有着非同一般的迷恋和执着，用"你"感知教育，将其看作真实存在的对方，认识到自身与教育之间的关系是美好且相融而非对立且不可调和的。由此，教师感知到与教育这个"你"真正实现精神相遇的美妙和美好，体悟到自己与教育事业不可分割、无法割舍的关系，渴望在"作为教师的我"与"作为教育的你"之间建立联系。在此过程中，教育不断地以自身的魅力吸引着教师进行对话，让教师以迷恋的情感投入教育事业的发展中去，心甘情愿地为了教育事业而奋斗。

第二，"我—你"关系为理解和建立良好的师生关系提供了理论启示。

① 〔德〕马丁·布伯：《人与人》，张健等译，作家出版社，1992，第16页。
② 王务梅：《马丁·布伯的对话伦理》，《道德与文明》2018年第1期。

师生关系是教育情怀最为关注的方面，教师把学生感知为真实的、平等的、能够进行对话的、离不开的"你"，体会到"我—你"关系中作为"你"的学生的重要性，只有这样才能够做到迷恋学生的特点和成长规律，迷恋学生的心理状态和成长状态，才能够与学生进行真正的对话。依据布伯的观点，真正的师生关系是师生联合起来进行的平等对话，是能够实现彼此成长的关系。与自私、强权、麻木、自利等很多主体相分离的关系不同，布伯所强调的师生关系一定是能够进行主体间对话的平等关系，在这个过程中，教师通过交互对话的师生关系实现了对教育事业、教师职业和学生成长的迷恋，实现了自身专业发展、主体完善，进而实现了自我的超越。

二 关怀教育理论

关怀教育理论（caring education on theory），又名"关怀道德教育理论"，由美国著名教育家内尔·诺丁斯于 20 世纪 80 年代提出。她基于对西方传统教育理论的批判，将卡罗尔·吉利根（Carol Gilligan）的关怀伦理学相关思想运用于教育领域，提出了关怀教育理论，实现了教育由注重认知、行为向注重人的情感等非理性因素的转变，构建了一种以道德教育为中心的全新的教育模式，为教育现实问题的解决提供了新的思路与方式。

（一）关怀教育理论的基本内容

第一，以培养孩子学会关心为首要教育目的。关怀教育理论认为，关心是一种人与人之间的关系，它基本的表现形式是两个主体间的连接与接触。双方之中，一方给予关心，另一方接纳关心，但并非双方有连接或接触就可以产生关心，要使这种关系变为关心的关系，当事人需要满足以下条件。一是关心者在对其他人展开关心时，心理状态需要以专注与动机移位为特点。专注是指关心者对被关心者的完全开放的、不加选择的态度；动机移位指的是关心者接受其他人的信息并给出反应，此种反应是对其需求的回应。二是被关心者需要对前者的关心进行回应，这些回应是对付出关心的人的最好的奖赏①。

---

① 〔美〕内尔·诺丁斯：《学会关心：教育的另一种模式》（第 2 版），于天龙译，教育科学出版社，2019，第 33~35 页。

关怀教育理论把关心引入学校，提出学校教育的首要目的就是使学生习得关心，应该注重宣传此教育目的。而且，学校正是关心的中心，在学校里，学生们受到别人的关心，同时他们自身也被鼓励关心别人，教师要帮助每个学生习得关心，并帮助学生们确定自己所真正关心、关注的范围与领域。这些领域可以满足学生在今后职业发展与业余生活中各方面的兴趣，有助于学生在专门的关心领域发挥其特殊能力与才能，形成合理的人生态度，以及培养有效的人际交往能力，这是由教育目的的连续性决定的[①]。也就是说，学校将"关心"的道德目的置于首要位置，同时也重视其他目标与任务的完成，追求一定的学术目标，这些目标可能与学生关心的具体领域相关，如果学校确定的各种目标与"关心"的主要目的相吻合，那么这些不同的目标则更加有可能被实现、达成。

第二，关心具有特定的对象。关怀教育理论下的关心具有特定对象，主要以自我、周围的人、陌生人、动植物、地球以及人类的物质世界、知识为具体对象。关心自我，包括对自我身体、精神世界、职业和休闲方面的关注与重视；关心周围的人，包括对与自己处在平等关系中的人的关心与处在并不平等关系中的人的关心，前者例如爱人、亲朋好友、工作伙伴和邻居，后者例如子女、学生；关心陌生人，要求除了在自己的小圈子里完善道德生活，还要克服远距离关心的困难，如对非洲饥饿儿童、残疾人等展开关心[②]。这些是以人类生命为对象的关心。此外，还有对非人类生命的关心，关心动植物与地球，包括动物行为、动物反应、各类植物以及土地、环境等；关心人类的物质世界，例如各类物品和工具，包括物品的安排、维护、制造与修理，对物质世界的了解与看法；关心知识，包括数学和艺术等学科知识[③]。人类生命和非人类生命共同构成了关心的对象。事实上，学校围绕"培养孩

① 〔美〕内尔·诺丁斯：《学会关心：教育的另一种模式》（第2版），于天龙译，教育科学出版社，2019，第89~97页。

② 〔美〕内尔·诺丁斯：《学会关心：教育的另一种模式》（第2版），于天龙译，教育科学出版社，2019，第99~154页。

③ 〔美〕内尔·诺丁斯：《学会关心：教育的另一种模式》（第2版），于天龙译，教育科学出版社，2019，第155~205页。

子学会关心"的教育目的开设的课程，正是来源于学生的各类关心对象。如在关心自我方面，可以进一步延伸出包括健康管理在内的关心主题，在处理健康管理这样的问题时，教师们自然而然地就会教给学生有关社会学、经济学、伦理学、时事政治以及人际关系推理等的知识，同样地，其他关心对象亦可以延伸出其他种类的学校课程，如此，与关心相关的道德课程、学科课程都涵盖其中，最后形成学校完整的课程体系。

第三，关怀教育的方法为榜样、对话、实践和认可。关怀教育理论认为，进行关怀教育需要遵循特定的方式、方法，即榜样（以身作则）、对话、实践、认可。首先是榜样，教师的关怀榜样作用是最重要的，教师要时刻关怀学生的道德自我。作为关怀者的教师最看重的是学生与自己关心关系的建立以及其对学生道德发展产生的影响，这对学生实践关怀道德的产生具有催化的作用，没有被关心的体验，学生自身很难产生关心的冲动。因此，教师要通过对学生的关心为其树立榜样。需要补充的是，教师与学生关心关系的建立，需要关心者与被关心者共同付出努力。教师是关心行为的发出者，关心行为是否成功取决于学生是否感受到这种行为是关怀性的，学生应当对教师的关心予以积极回应。也就是说，关怀者发出的关怀行为完成于被关怀者的接受①。其次是对话，对话发生于我—你之间，教师要积极与学生进行对话，必须要全身心地投入，无差别地向学生敞开心扉，倾听学生的心声。对话的主题不设限制，包括学术性的话题，人类生活、生存的关键问题，如性、恐惧、爱、希望等都可以在课堂内公开探讨，师生之间平等地交流、对话。诺丁斯进一步指出叙事法是开展关怀道德教育的一种方法。叙事材料可以把我们与他人以及我们自己的生活史联系起来，展现出丰富的生活图景，提供道德情境，从而我们可以不受时空限制地与他人或自己对话②。再次是实践，学生的关怀实践是各种各样的。一方面，在师生两者关系间，学生最基础的道德实践是保有对教师关怀行为的敏感力与反应力，学生能如教师所愿学会关心，学会自主、自觉发展是最使教师感到开心的。尊敬教师、愿意

① 侯晶晶：《内尔·诺丁斯关怀教育理论述评与启示》，博士学位论文，南京师范大学，2004。
② 侯晶晶：《内尔·诺丁斯关怀教育理论述评与启示》，博士学位论文，南京师范大学，2004。

为教师分担一些课堂杂务、协助教师教低年级的学生都是关心教师的具体表现。另一方面，诺丁斯提出，关怀需要一些基础的技巧，她将涉及技能的关怀实践称为"关怀实习"，因此提倡不要局限于学校情境，要在真实、复杂的社会情境中为学生提供践行关怀的各类机遇，以助推他们关怀能力的提升，关怀实习机遇的选择可以采取学生自选和推荐相结合的方法①。最后是认可，认可是现实性与理想性恰当的结合点，学生有关自我多种角色（作为学生、朋友、自我）的一般感受是增强或减弱其自身道德理想的重要因素，教师的各类反应是学生重塑自我形象的重要影响源。所以，教师的要求必须与学生现实情况相契合，找到学生现有的最好的可能性，而不是用不切实际的想象要求学生，如此学生才会产生力量感，逐渐变得更好，这即是对学生的认可②。榜样、对话、实践与认可四种方法在本书中为了讨论便利分而述之，而在实际运用中它们常常是"你中有我，我中有你"，难分彼此。

（二）关怀教育理论对教育情怀研究的启示

第一，关怀教育理论倡导的关心理念是教育情怀之底色。关怀教育理论要求教师改变传统的"教书匠""知识传授者"的角色，转变为"关心者"的角色，对学生进行关心及关怀教育，真正从内心接纳、包容、尊重每一位学生。教师的教育情怀外显于教师与学生日常相处的教育生活和各种具体的教育教学实践活动当中。拥有教育情怀的教师在教育教学的实践过程之中，能够做到主动关心、爱护每一个学生，关心其学业发展、生命安全、身体健康以及情感发展等各方面的成长，而不会对学生进行人格的歧视、讽刺，或挖苦、区别对待自己的学生，真正地做到心中有目标，眼中有学生，胸中有情怀。

第二，在教师对学生的关心行为中，教育情怀的发展过程得以凸显。教师教育情怀的发展历程内隐于对学生的关心行为与故事当中，对学生的关心行为能够凸显教师教育情怀的生成路径，关怀教育以学校为开展关心活动的中心，把教师带入对学生的关心体验范畴。在关怀教育理论下，教师应从道

① 侯晶晶：《内尔·诺丁斯关怀教育理论述评与启示》，博士学位论文，南京师范大学，2004。
② 侯晶晶：《内尔·诺丁斯关怀教育理论述评与启示》，博士学位论文，南京师范大学，2004。

德关怀的角度出发，关心学生各方面素养的成长。通过分析教师对学生的关心行为以及与学生相处的各种关怀故事，我们可以白描出不同教师主体教育情怀的动态成长轨迹，从而较为全面、客观地把握教育情怀的发展。综上，关怀教育理论对于探寻教育情怀的生成具有十分重要的意义，教师的教育情怀与其对学生自觉或不自觉的关心密不可分。因此，关怀教育理论是教师教育情怀适切的理论基础。

三 道德意识现象学

道德意识现象学（phenomenology of moral consciousness）是由爱德华·哈特曼提出的，他关于此理论的论述主要体现在1879年出版的《道德意识现象学》一书中，这个与尼采的道德谱系学有着密切联系的理论，在最初并未得到广泛的关注。哈特曼将英、法等国的自然主义伦理学引入了德国哲学中的理性主义伦理学，为其注入了新鲜活力。有学者指出，如果用今天最典型的胡塞尔现象学标准来进行衡量和评估，那么我们会发现当代第一部现象学的著作，实际上并不是胡塞尔的《逻辑研究》，而是爱德华·哈特曼的《道德意识现象学》①。换言之，事实上第一部真正有现象学风格的著作讨论的是道德意识现象学而非认知现象学的问题。《道德意识现象学》在第三版之后未再继续出版，致使其理论被遗忘在历史长河的角落里。哈特曼在此书中，以现象学视角切入探索道德意识，对人类的道德体系进行了系统性描述，极其在意细节的具体阐释。

（一）道德意识现象学的基本内容

哈特曼属于当时比较盛行但已走向衰萎的体系哲学的哲学家，他用体系（内在结构）的眼光在混乱之中挖掘道德意识并进行细致的整理。哈特曼认为，道德意识现象学与尼采在《论道德的谱系》中所提出的道德概念史和生理学等研究的内容是一致的，恰好是对应其第一篇章末提到的对未来道德史研究所展望的部分，"对各种不同道德信念、它们从无意识中的产生史进行

---

① 倪梁康：《道德谱系学与道德意识现象学》，《哲学研究》2011年第9期。

尽可能全面的编目，并且对它们进行详尽的科学研讨"①。但是在德国道德传统哲学中，哈特曼却更多地被视为是叔本华的同路人。关于道德意识现象学的有关内容可以从以下几个方面来认识。

首先，哈特曼认为，人类道德体系由品味道德（Geschmacksmoral）、理性道德（Vernunftmoral）、情感道德（Gefühlsmoral）构成。其一，品味道德是指"那种自身尚未意识到其根据的伦理判断"，它是情感道德的初级发展阶段，此时人类并未对情感道德进行深入的思考和加工，人类此时的道德判断是朴素的道德认知，具有一定的主观性。人类是在其形成、发展的过程中形成了健全的人格意识。在此可以借鉴胡塞尔对认知意识的理解，从表现到意识再到行为，每一个阶段都是道德情感的深化，因此人类对于道德意识的理解应该是分层次逐步深化的。其二，理性道德是由有意识的反思构成的，可以支配和矫正情感道德。与品味道德相比，理性道德是人的意识经过深加工和反思而形成的，能够作用于人的行为并对其产生一定的影响，且在具体的活动中表现出来。因此，理性道德倡导深度思考，并主张一定的外在行为，具有行为导向性和支配性。从理性道德的视角来看，人类的道德情绪都是道德原则的体现，是人类经过深度反思之后做出来的具体的行为，理性道德阶段的道德意识具有批判性，各自的道德行为会受到意识的监督。其三，哈特曼最为重视的情感道德是道德意识的进一步深化阶段，它意味着"具有或大或小伦常影响与价值的特殊情感"，它们"在其趋向上或多或少地符合伦常任务""以或高或低的程度违背伦常任务"②。道德情感的地位是奠基性的，伦常意识建立于它之上。哈特曼认为，情感能沟通表象与意志，能使伦常的观念获得实现。具体而言，伦常观念要通过意志来实现自身，必然有情感参与。情感与本欲是直接贴近的，但是本欲并不能被反思的目光所达及，因此对情感的考察就非常必要。情感与表象是相近的，伦常的观念既是表象，又是要求；既是判断，又是动机激发③。

---

① 倪梁康：《道德谱系学与道德意识现象学》，《哲学研究》2011年第9期。
② 倪梁康：《爱德华·封·哈特曼与〈道德意识现象学〉》，《中国图书评论》2010年第8期。
③ 张晋一：《十九世纪德国哲学中的他人问题——以爱德华·哈特曼与亚瑟·叔本华为例》，《中国现象学与哲学评论》2017年第2期。

其次，具体来说，哈特曼将情感道德分为和自身相关的、与他人相关的两种。和自身相关的道德意识由道德自身情感和道德追复情感两部分组成，与他人相关的道德情感包含同情、虔诚、爱、义务感等，这些道德情感意味着由个体伦理学向群体伦理学转变过程中不同的发展阶段。"我"与他人的情感是处在某种伦常性之中的，他人是"我"情感投射的对象，在这个过程中"我"通过主动的和被动的两种方式投向他人。他人是"我"在情感宣泄时由于机缘巧合而碰到的对象，并非精心挑选的。"我"可以将自身的道德情感沉浸在他人身上，而不可能通过情感上的勾连而直接通达他人的心灵[①]。

最后，这三个方面是三位一体、不可分割的结构。哈特曼是道德哲学中的三元论者，之前的学者也有类似的三元论者。哈特曼相信，三个方面缺少其中任何的一元，从理论上来看的话人类道德体系都将会是不完整的。比如说，人类缺少了情感道德，如果只有品味道德和理性道德的话，就将缺乏道德激情、英雄气概以及对于伦理道德的热忱，这是十分不可行的，因为任何品味道德和理性道德都无法与情感道德抗衡。哈特曼反对并批评尼采所倡导的"反同情、反良知"的道德主张，而是对情感道德有着特别的偏好，认为其是"本能动力"且无可估量的，但不可完全立足于情感道德，毕竟其无法替代品味道德和理性道德的位置。

（二）道德意识现象学对教育情怀研究的启示

其一，道德意识现象学中关于人类道德体系的论述为理解教育情怀提供了结构支撑。道德意识现象学对人类道德体系进行了结构性划分，并对三者的层次和关系进行了论述，将情感道德置于一定的结构体系之中，可以为理解教育情怀在教师职业道德体系中的存在层次和所处的位置提供指导。教师教育情怀的培育要基于一定的"自身尚未意识到其根据的伦理判断"的品味道德，在这个过程中不断地推进其向情感道德阶段演进和深化；同时，教师教育情怀一旦形成，要不断地进行深度加工和思考，通过外在的道德行为将

---

① 张晋一：《十九世纪德国哲学中的他人问题——以爱德华·哈特曼与亚瑟·叔本华为例》，《中国现象学与哲学评论》2017年第2期。

其付诸实践，使其深化并发展到理性道德的阶段。道德意识现象学对情感道德的理解，有助于我们在实践中将教师教育情怀置于一定的结构化体系之中，反思其形成、培育、矫正。

其二，道德意识现象学中关于情感道德的论述为理解教育情怀的具体内容提供了理论依据。道德意识现象学对情感道德的内容进行了划分，并对其组成内容进行了详细介绍，这为进一步理解教师教育情怀在自我和他者之间的转变提供了分析机制。他者作为自我情感投射的对象，承载着自我的道德情感，在主动或被动投射的过程中实现了转换。道德意识现象学中对与他人相关的情感道德的理解，指出了与他人相关的重要的道德情感，如同情、爱、义务等，而这些恰是教师教育情怀的重要内容。道德意识现象学对情感道德的论述，有助于教师将和自身相关的道德情感逐步地过渡到与他者和群体相关的道德情感，拓展教师教育情怀的范畴和深度。

四 情感现象学理论

情感现象学理论由德国现象学家舍勒提出，是胡塞尔现象学在情感领域延伸的产物。舍勒是情感现象学研究的创始者与集大成者，在 1913 年发表的《共感的现象学和理论：兼及爱与恨》（1923 年第二版时更名为《共感的本质与形式》）、《道德建构中的怨恨》等著作中已经开始将人的情感纳入现象学的先验分析对象之中。之后，舍勒又对情感的层次、不同主体的情感（如个人、群体情感）、不同类型的情感（如爱、羞感、悔悟），以及情感与价值的关系等方面展开了进一步论述。这些论述见于后人根据其生前遗留的珍贵手稿整理而成的《同情的本质》（*The Nature of Sympathy*）（1954）、《关于情感、认知和价值》（*On Feeling, Knowing, and Valuing*）（1992）、《爱的秩序》（*Order of Love*）（1995）等一系列著作之中。后经其他学者的持续研究，情感现象学得以发展完善，学界形成了一些共识性的观点。

（一）情感现象学理论的基本内容

首先，情感具有客观先验性。舍勒认为，情感（feelings/emotions）包括人的一切感官的、机体的、心理的以及精神的客观先验感受，情感既可以指人的主观感受（如喜怒哀乐等，这些感受依靠、依赖于特定的自我，并会随着时空的变化存在或消失），也可以指客观的、先验的感受（这种感受是通过对各类主观的感受进行本质还原所发现的先验事实）①，是一种不以意志为转移的客观存在，不会随着个体的不同或时空的变化而改变。舍勒从先验的感受关系出发把情感感受分为四种类型：感官感受（sensible feelings or sensations）、生命感受（vital feelings or lived feelings）、心灵感受（psychical feelings or psychic feelings）以及纯粹的宗教形而上学的精神感受（purely spiritual，religious metaphysical feelings）②。其中每一种类型的情感感受都对应着自身客观的先验感受，先验的感官感受是与个体身上某一感官存在本质联系的，可以在肉体上定位、延伸，如我们可以判断疼痛的感受发生在身体哪个部位和面积大小；先验的生命感受，如健壮、疲惫、虚弱等，则和整个生命机体存在本质联系，依赖于生命整体感知；先验的心灵感受、纯粹的宗教形而上学的精神感受与个体的身体状况没有本质联系，而是直接和心灵自我或精神相关，它们的存在独立于身体状况，可以在人与人之间进行传递，不同之处在于心灵感受所关涉的是世界之中的事务，而纯粹的宗教形而上学的精神感受所关涉的是世界整体或超越世界的事务③。

其次，情感具有层次性。不同类型的情感感受之间存在层次的差异性，舍勒提出了情感深度层次理论，主要有以下观点。一是情感的层次差异性。四种类型的情感感受并没有处在同一层次上，它们之间存在着深度层次的差别。具体来说，越往后深度层次越高④，从低到高的排列顺序依次为感官感受、生命感受、心灵感受、纯粹的宗教形而上学的精神感受。二是不同层次情感感受的互偿性。人们可以为了高层次的情感满足而牺牲

---

① 张志平：《情感的本质与意义——舍勒的情感现象学概论》，上海人民出版社，2006，第59~60页。
② 张志平：《情感的本质与意义——舍勒的情感现象学概论》，上海人民出版社，2006，第61页。
③ 张志平：《情感的本质与意义——舍勒的情感现象学概论》，上海人民出版社，2006，第61~63页。
④ 张志平：《情感的本质与意义——舍勒的情感现象学概论》，上海人民出版社，2006，第65页。

低层次的情感满足①，如为了心灵得到满足可以忍耐身体的疲惫，也可以为了精神的满足甘愿承受心灵的痛苦，孟子所言的"天将降大任于是人也，必先苦其心志，劳其筋骨，饿其体肤……"也属此类。三是先验情感的独特意义与关系意义并存。先验情感不仅有其自身固有的独特意义，而且在和其他先验情感的关系中还会呈现出不同的意义②，即人可以依据高层次的情感对低层次情感作出不相同的解释，"只有低层次情感的满足符合更高层次情感对它的意义要求时，低层次情感的满足才能对人产生积极的价值"③。

最后，情感具有价值等级性。情感现象学认为，不同类型的情感感受对应自身独特的情感价值，舍勒认为价值的本质在于它是在我们的情感感受中被给予，又在具体的事物或行为中呈现出来，同时又独立于价值主体和价值载体的先验事实④。通过现象学的本质还原发现，与先验的情感感受类型相对应，价值可以分为"感官价值"（sensible values）、"生命价值"（vital values）、"精神价值"（spiritual values）、"宗教价值"（religious values）四种基本先验价值样式⑤。而且在不同样式的价值之间，也存在着客观的价值等级秩序（the order of the ranks of values）⑥。具体而言，感官价值的价值等级最低，可以分为适意性（the agreeable）价值与不适意性（the disagreeable）价值，这类价值只能在与感官相关的情感体验中被给予；生命价值次之，可以分为高贵性（the noble）价值与低贱性（the vulgar）价值，它是在与整体生命相关的情

---

① 张志平：《情感的本质与意义——舍勒的情感现象学概论》，上海人民出版社，2006，第65页。
② 张志平：《情感的本质与意义——舍勒的情感现象学概论》，上海人民出版社，2006，第64页。
③ 张志平：《情感的本质与意义——舍勒的情感现象学概论》，上海人民出版社，2006，第65页。
④ 张志平：《情感的本质与意义——舍勒的情感现象学概论》，上海人民出版社，2006，第66~67页。
⑤ 张志平：《情感的本质与意义——舍勒的情感现象学概论》，上海人民出版社，2006，第67~69页。
⑥ Scheler, M., *On Feelings, Knowing, and Valuing* (Chicago and London: The University of Chicago Press, 1992), pp. 221-222.

感体验中被给予；精神价值的等级高于前面两者，可以分为"审美价值"（esthetic values）、"是非价值"（juridical values）、"认识价值"（philosophic values），这类价值在与心灵相关的情感体验中显现；宗教价值为最高等级的价值，可以分为神圣性（the holy）价值与非神圣性（the unholy）价值，是在人的纯粹的宗教形而上学的精神情感体验中显现①。

（二）情感现象学理论对教育情怀研究的启示

第一，教育情怀属于情感现象学理论的研究范畴。情感现象学理论把人和动物的各类情感作为自身的研究对象，将人和动物等不同主体的情感置于现象学的先验分析范围之中，是一门旨在透过各种各样的主观情感表现形式探究、考察情感的本质与意义的学问。教师教育情怀作为在专业知识、情意、能力以及专业引领等专业素养的各方面达到一定水平的专职教师对学生、教育事业的一种符合且高于职业道德的特殊道德情感体验，就像其他种类的情感如欣赏、喜欢、愉快、羡慕、痛苦等一样，是被情感现象学理论包括在自身的研究范围之中的。所以说，教育情怀属于情感现象学理论的研究范畴。

第二，情感现象学理论为理解教育情怀提供了新的可能。情感现象学理论不把情感看作主观的、虚无的，而视情感为一种不以人的意志为转移的先验客观存在，并且在不同的情感之间，存在着从低到高的层次性和价值等级的差异性。情感现象学理论为本研究重新对教育情怀进行审视提供了有益的新思路，教师教育情怀作为特定人类主体的特殊情感之一，也应存在自身之所以为教育情怀这种独特情感不变的本质，把教育情怀置于情感现象学理论下进行考察，审视教育情怀的客观先验性、所处的情感层次以及能够提供的价值等级，对于进一步了解、判断教育情怀蕴含的固有本质，挖掘教育情怀的内在特点而言，具有十分重要的参考价值与意义。

---

① 张志平：《情感的本质与意义——舍勒的情感现象学概论》，上海人民出版社，2006，第67~69页。

第三节　教育情怀的历史溯源

　　语言的根源决定了语言的意义，语言不管如何发展，在后续的形态中总有根基的烙印，从词源学角度探寻研究对象的原初意义，有助于回到事物的本初状态，更好地追寻其意义①。对"教育情怀"展开词源追溯，有助于更加全面、深刻、准确地挖掘、认识其内涵，为此本书对"教育情怀"一词的演变与发展进行追溯。

一　"情怀"词源追溯

　　"教育情怀"一词并不是自古有之，要想获取对"教育情怀"的准确认识，需要从对"情""怀""情怀""家国情怀"等字词起源的追溯展开，进而对教育情怀的内涵作出更深层次的本土化解读。

（一）多面的"情"

　　从字形起源与演变来看，"情"字始见于春秋战国，经历了从春秋战国文字到小篆、隶书、楷书等的变化，在行款上，战国文字是下形上声，其余皆为左形右声。首先，从字义来看，"情"字早在春秋战国时期就被解释为情形、实情，如小大之狱，虽不能察，必以情②。其次，在春秋战国时期还被解释为真情，如称德度功，劝其所能，若稽之以众风，若任以社稷之任，若此则士反于情矣（《管子·君臣下》）③。再次，到战国时期，"情"字有了新的释义，被解释为感情、情绪——性之好、恶、喜、怒、哀、乐谓之情（《荀子·正名》）④。除此之外，"情"字还被引申为事物的本性——夫物之

---

① 王萍：《教育现象学方法及其应用》，博士学位论文，河南大学，2010。
② 广东、广西、湖南、河南辞源修订组等编《辞源》（修订本）（第二册），商务印书馆，1980，第1131页。
③ 广东、广西、湖南、河南辞源修订组等编《辞源》（修订本）（第二册），商务印书馆，1980，第1131页。
④ 广东、广西、湖南、河南辞源修订组等编《辞源》（修订本）（第二册），商务印书馆，1980，第1131页。

不齐，物之情也（《孟子·滕文公上》）①。到东汉时期，除上述已有释义，"情"字增加了爱情的含义，《后汉书》中有"其嫁娶则先略女通情"②的表述。最后，到唐朝释义更加丰富多元，在卢照邻的《长安古意》"鸦黄粉白车中出，含娇含态情非一"中意为情态、姿态，在段成式《题谷隐兰若》"鸟啄灵雏恋落晖，村情山趣顿忘机"中意为趣味③。在《现代汉语词典》中，除了上述已有的释义外，还对"情"字增添了如下释义：情面（如人情）、情欲以及情理、道理（如合情合理）④。通过梳理可知，"情"字的字形、字义从春秋战国开始经历了多重演变。

（二）丰富的"怀"

"怀"字最早可以追溯到战国时期，一方面，它经历了战国文字、篆文、隶书、楷书等不同字形的演变，在行款上战国文字是下形上声，余下是左形右声。另一方面，在字义方面，"怀"字在先秦时期的众多诗歌作品中已经发展出了丰富的字义，首先可以解释为想念、怀念、思念，在《诗经·周南·卷耳》中有"嗟我怀人，置彼周行"的表述，可以引申为留恋、爱惜的意思——"长太息兮将上，心低徊兮顾怀"（《楚辞·屈原·九歌·东君》）⑤；其次可解释为胸前、怀抱，《诗经·邶风·谷风》中有"将恐将惧，置予于怀"，进一步可引申为心意、胸襟——"感君区区怀"（《古诗为焦仲卿妻作》）⑥；再次可以解释为怀藏，《礼记·曲礼上》中有"赐果于君前，其有核者怀其核"的相关表述⑦；

---

① 广东、广西、湖南、河南辞源修订组等编《辞源》（修订本）（第二册），商务印书馆，1980，第1131页。
② 广东、广西、湖南、河南辞源修订组等编《辞源》（修订本）（第二册），商务印书馆，1980，第1131页。
③ 广东、广西、湖南、河南辞源修订组等编《辞源》（修订本）（第二册），商务印书馆，1980，第1131页。
④ 中国社会科学院语言研究所词典编辑室编《现代汉语词典》（第5版），商务印书馆，2005，第1115页。
⑤ 广东、广西、湖南、河南辞源修订组等编《辞源》（修订本）（第二册），商务印书馆，1980，第1174页。
⑥ 广东、广西、湖南、河南辞源修订组等编《辞源》（修订本）（第二册），商务印书馆，1980，第1174页。
⑦ 广东、广西、湖南、河南辞源修订组等编《辞源》（修订本）（第二册），商务印书馆，1980，第1174页。

从次可以解释为归向——"黎民怀之"（《尚书·大禹谟》），引申为来到——"既曰归止，曷又怀止"①；最后还可以解释为包围——"荡荡怀山襄陵"（《尚书·尧典》），安抚——"怀远"，至、极其——"淑人君子，怀允不忘"②。

（三）初具德性的"情怀"

"情怀"一词最早可以追溯到东晋袁宏的《后汉纪》，有如下表述，"老臣得罪，当与新妇俱归私门，惟受恩累世，今当离宫殿，情怀恋恋"，这里的"情怀"可以理解为"心情"。之后，"情怀"陆续出现在历代文人大家的诗文中，如唐代杜甫《北征》：老夫情怀恶，呕泄卧数日。元代乔吉的《金钱记》中有"扫愁帚扫不了我郁闷情怀"。明代叶盛在《水东日记》中有"太平盛时，文人滑稽如此，情怀可见，今不可得矣"的表述，清代袁枚《随园诗话补遗》卷五中有"刘郎去后情怀减，不肯红妆直到今"的表述。这些作品中都提到了"情怀"一词。在《辞源》中对"情怀"的解释为：心情。在《现代汉语词典》中"情怀"指的是"含有某种感情的心境"③。通过梳理相关资料对"情怀"的释义，可以发现，大多学者将其作为人的一种心情或含有某种感情的心境。情怀与德性进一步关联，成为一种人内心的情感态度、信念坚守和理想坚持等一体化融合的精神品性。"有情怀"已成为赞誉有品位、有涵养、有道德、有爱心、有责任、有抱负、有信仰、有梦想、有追求的人的"高阶语"④。

（四）与政治相关的"家国情怀"

家国情怀与我国家国同构的社会政治结构有密切联系。《尚书·立政》称："其惟吉士，用劢相我国家。"《礼记·中庸》又称："国家将兴，必有祯祥；国家将亡，必有妖孽。"在三代，一般是诸侯称"国"，大夫称"家"，亦以"国家"为国之通称。在顺序上，个人、家庭、家族、邦国、天下，形

---

① 广东、广西、湖南、河南辞源修订组等编《辞源》（修订本）（第二册），商务印书馆，1980，第1174页。

② 广东、广西、湖南、河南辞源修订组等编《辞源》（修订本）（第二册），商务印书馆，1980，第1174页。

③ 中国社会科学院语言研究所词典编辑室编《现代汉语词典》（第5版），商务印书馆，2005，第1115页。

④ 韩延伦、刘若谷：《教育情怀：教师德性自觉与职业坚守》，《教育研究》2018年第5期。

成一个等级序列，彼此之间有着固定的角色和等级定位①。同时，在治理顺序上也有着明确的要求，《礼记·大学》中倡扬的"古之欲明明德于天下者，先治其国；欲治其国者，先齐其家；欲齐其家者，先修其身"，就是这种社会结构下的"大人之学"。《吕氏春秋》中指出"王道之三纲可求于天"，这意味着个体、家庭和国家是一体的，千万个普通民众之家构成了国，家国情怀是建立在血缘亲情的基础之上的。具体来说，家国情怀的内涵应该包含三个方面——个体是基石，家庭是纽带，国是最大的"家"，家和国本质上是一体的，这是我国古代治国理政的基本理念，也是社会文化的习俗和价值取向。鉴于此，不同学者对家国情怀进行了界定。从语言学角度来说，家国情怀就是指人对与自己密切相关的集体如家庭和国家眷念与爱戴的心境，以及对其包涵与宽容的胸怀②。在构成上，家国情怀包含理论、观念、情感和实践四个维度，承载了中华优秀传统文化的深厚力量，诠释了核心价值观的道德认知，彰显了个体存在的理想人格境界，体现了国家认同的社会行为方式③。家国情怀是中国人精神世界的底色，习近平总书记关于家国情怀的重要论述传承于博厚悠久的中华民族家国文化基因，凝练于中华民族从站起来、富起来到强起来的伟大奋斗实践，承继于中国共产党人固有的爱家爱国精神传统，其精髓要义包括：擘画民族复兴新蓝图，铸牢家国共同体意识，增厚爱国与爱党、爱社会主义相统一的鲜明底色，强化爱国情怀的历史底基，彰显"天下一家"和"兼济天下"的格局与气度④。通过对家国情怀产生、变化、传承和创新的演化过程的理解，家国情怀在今天被赋予了新的时代内涵和价值，是值得肯定、需要大力弘扬和培育的精神意志。当今，家国情怀的理想目标内涵较为丰富，既要追求家庭幸福，又要兼顾社会和谐，更要实现国家富强，弘扬家国情怀中强烈的民主意识、公共意识、全球意识，将浓烈的家庭亲情、国之大爱汇入德治、法治

---

① 张倩：《从家国情怀解读国家认同的中国特色》，《江淮论坛》2017年第3期。

② 张军：《共同体意识下的家国情怀论》，《伦理学研究》2019年第3期。

③ 杨葵、柳礼泉：《家国情怀：高校思想政治理论课教师的德性素养与职业自觉》，《思想理论教育导刊》2019年第6期。

④ 田旭明：《习近平关于家国情怀重要论述的精髓要义》，《马克思主义研究》2020年第12期。

的现代社会框架，为实现中华民族伟大复兴的中国梦凝聚起强大的精神力量。

（五）一脉相承的"教育情怀"

教育情怀是较为中国化的词语，关于该词的产生和演变，更多的是关注教师作为"人"对学生、教育以及自身职业所具有的情感，如教师的情感、教学热情等，不太关注教师教学的方法、技巧层面。近些年来，人们以多维语义和指向使用"情怀"这一概念，表达爱国家、爱民族的赤子深情和家国使命的责任担当，表达对优秀传统文化及美德的执着传承和弘扬，表达对理想、抱负、梦想等的执着追求①。情怀、家国情怀与教师、教师职业相结合，就产生了独属于教育领域、指向教师主体的微观情怀表征，也就产生了教育情怀。在关系上，有学者指出教育情怀应该包括马克思主义情怀、职业情怀、传道情怀、家国情怀以及仁爱情怀②。教育情怀不仅是一种心理状态、体验，也不仅是家国情怀在教育领域的具体化，更多的是表达教师对自身职业的感情，如真诚、责任、爱、承诺、执着、坚守等。陶行知"爱满天下"的教育情怀，就受到中国传统儒学有关"爱"的启发。孔子以"仁"为最高道德准则，"仁"最通常的含义即"爱人"，亦即"承认别人的资格，把人当作人来爱"③。孟子曰："老吾老以及人之老，幼吾幼以及人之幼。"陶行知在《中国的道德与宗教教育》一文中，指出中国道德教育的方向应该是"孩子必须被置于一个充满着爱、服务和牺牲的社会温床当中，并且受到教育，让他们可以自主地去爱、去服务，以至为人牺牲"④。因此，教育情怀就和感情、师德伦理、教师素养建立了联系。"教育情怀"一词中的"教育"指的是人们心目中"理想的教育"，关涉的是教育的价值，或者说是教育的正向功能⑤。教育情怀是教师对学生成长的迷恋和与学生在日常教育教学相

---

① 韩延伦、刘若谷：《教育情怀：教师德性自觉与职业坚守》，《教育研究》2018年第5期。
② 叶子齐：《高中思想政治教师教育情怀的培育研究》，硕士学位论文，华中师范大学，2020。
③ 孙培青主编《中国教育史》（第三版），华东师范大学出版社，2012，第41页。
④ 金林祥、胡国枢主编《陶行知词典》，上海百家出版社，2009，第6页。
⑤ 陈太忠、皮武：《教育情怀：基于"需要-满足"框架的阐释与生成》，《教育理论与实践》2021年第19期。

处中的实践智慧，同时也是一种为教育献身的承诺①。教育情怀是教师在情感上的主动认同与回应，与教师的专业伦理范畴有关②。教育情怀是现代教师的核心素养③。2021 年 4 月，《中学教育专业师范生教师职业能力标准（试行）》出台，专门把"涵养教育情怀"纳入了"师德践行能力"模块，并分别从职业认同、关爱学生、用心从教、自身修养四个方面对教师教育情怀提出了要求。

从"情怀"到"家国情怀"再到"教育情怀"，足见"教育情怀"这一概念的多重内涵、价值和维度，情怀被注入了教育的内涵，教育被赋予家国情怀的底色。

二　教育情怀的理论溯源

教育情怀作为教师职业道德的重要内容，体现的是教师对学生成长的迷恋，是教师与学生相处时的智慧，是教师献身教育的承诺，更是教师身处困境时的坚守。这些对高水平教师优质教育品质的描述，无不体现着对教师职业道德的高要求。同时，不难发现教师教育情怀有着明显的人文精神和学生向度要求，我国几千年来传统文化中追求至善至美的精神品质和教育理性，为教师情怀的理论提供了丰富的精神土壤。

（一）孔子师德观

孔子作为我国历史上伟大的思想家、教育家，堪称教师典范的具象代表，曾提出过很多具有现代意义和启发性的教育思想和师德思想，如"有教无类""因材施教""不愤不启，不悱不发""亦师亦友""诲人不倦""善启善诱""以天下为己任""乐学好学"等很多思想被沿用至今。当前，学者们对孔子教师形象的分析已逐渐地丰满、立体和完整，基本上展现出了孔

---

① 王萍：《教师的教育情怀及其养成——基于教育现象学的视角》，《当代教育科学》2020 年第 9 期。

② 沈伟、王娟、孙天慈：《逆境中的坚守：乡村教师身份建构中的情感劳动与教育情怀》，《教育发展研究》2020 年第 Z2 期。

③ 肖风翔、张明雪：《教育情怀：现代教师的核心素养》，《河北师范大学学报》（教育科学版）2018 年第 5 期。

子一生心怀天下、为学为教的人师典范形象①。孔子关于教师形象的论述主要体现在心怀天下、献身教育、关爱学生、自觉修德和树立典范等五个方面。

第一，心怀天下的忧国情感。孔子作为一名思想家、教育家，展现着心怀国家、身负社会责任的教师形象，将教师这个职业与关爱天下、心怀人民的爱国者形象紧密联系在一起。孔子极其推崇如尧、舜、泰伯等古代的圣君名主，赞扬他们以仁德得天下、治天下，是崇尚仁德、心怀民事的执政者楷模。《论语·卫灵公》中对臧文仲"知柳下惠之贤而不与立"的论述，《论语·季氏》对齐景公踞位而富、有马千驷的记录，都表明孔子对圣明君主的推崇以及期望。孔子还拥有远大的政治理想，对未来理想的社会图景进行了细致的思考，这主要表现在个人和国家两个层面。从个人层面来看，民众应该做到克己复礼、修身养德，争取人人都成为品德高尚的君子。从国家层面来看，执政者应该成为人君，以德赢天下，以礼治天下，人臣者应该安分守己，做好本职工作。仁人是仁政的政治主体，仁道是仁政的合法性基础，孔子主张仁政，在位君子应爱民亲民、富民教民，以仁德治国，推己及人，将仁爱之道推广到全天下②，只有个人和国家两个层面的理想均得以实现，才能够做到"近者悦，远者来"。

第二，献身教育的人文精神。其一，教书育人，学为人师。教书者，必先学为人师，育人者，必先行为世范。孔子用自身端正的师德来影响学生的发展。教师的正面示范作用能够在无形之中使学生"亲其师，信其道"。同时，孔子指出，教师在教育中要做到对学生毫无保留，这是"为师之道"。《论语·述而》言："二三子以我为隐乎？吾无隐乎尔。吾无行而不与二三子者，是丘也。"其二，以身作则，行动育人。"其身正，不令而行；其身不正，虽令不从。"言传的目的在于通过说理提升学生的道德认知，但教师以身示范更能够起到感化的作用。这对教师自身提出了较高的要求，只有其本身作风端正，才能真正树立起典范并说服学生至此，孔子对教师的道德行为和品质提出的高标准要求，成为几千年来教书育人工作者毕生追求的道德品

---

① 孙凤、王俊菊：《孔子教师形象再发掘》，《东岳论丛》2012年第6期。
② 杜云、杨明：《仁道、仁人、仁政——孔子仁学的三重意涵》，《伦理学研究》2017年第1期。

质、情怀和精神。

第三，关爱学生的情感色彩。孔子对学生的关爱主要表现在关心其身心健康、关注其成才、客观公正三个方面。他十分关心学生的身心健康，对冉伯牛、颜回都给予了无微不至的关怀，表现出了师生之间深厚的情谊。孔子认为学生作为充满希望的新生一代，在各方面都有可能超越老一代，有可能超越自己，因此应该对学生未来成才充满信心且加以重视。"后生可畏，焉知来者之不如今也"是孔子对学生未来成为德才兼备、具备从政才能的仁者和君子的要求和期待，学生肩负着践行仁道政治理想的重要政治使命，教师应该对其未来成才充满信心。在此基础上，孔子指出教师应该能够客观公正地对待所有的学生，对学生的出身和品级不存在任何的偏见，并做到"因材施教"。"那些有特殊经历的学生，如公冶长是曾经坐过监牢的人，但他坐监牢并非本人道德品质不好，而是受亲属牵连。因此，对他不应存有偏见，而应看他本人的思想表现。"①

第四，自觉修德的自律精神。孔子施教的目的在于培养道德修养极高的君子，以便以后从政服务国家。道德修养的培育，需要基于道德认识的提高，进一步将道德认识转化为道德信念，再将道德信念转化为道德行为实践②。因此"礼"是道德修养的规范，"仁"是最高的道德准则。"好仁者，无以尚之，恶不仁者，其为仁矣，不使不仁者加乎其身。"（《论语·里仁》）孔子认为，在方式上，道德修养的提升靠的是自身的自觉与努力，而不是通过外加和强制。同时，道德修养的提升不能闭门自修，更不能脱离社会，而是要依靠社会实践活动，在活动中通过处理方方面面的关系，实现自身品性的养成。

第五，树立典范的德性追求。孔子指出教师除了要具备丰富的教学实践经验，还应具有较高的道德修养，这是作为优秀教师应该具备的条件和品质。"若圣与仁，则吾岂敢。抑为之不厌，诲人不倦，则可谓云尔已矣"（《论语·述而》）所述的这种德性追求主要体现在"学而不厌""诲人不倦""温

---

① 孙培青主编《中国教育史》（第四版），华东师范大学出版社，2019，第46页。
② 孙培青主编《中国教育史》（第四版），华东师范大学出版社，2019，第41页。

故知新"三个方面。其一，"德之不修，学之不讲，闻义不能徙，不善不能改，是吾忧也。"（《论语·述而》）学而不厌是指教师应该时刻注重自身的终身学习素养，保持较为持久的学习力。只有掌握并不断更新自己的知识，并时刻保持高尚的道德修养，才能成为优秀的教师。事实上这体现的是一种不断追求进步和积极进取的精神状态，教育学生如此，做人亦如此。一旦停止了学习的脚步，也就失去了作为教师的条件和资格，这是非常危险的。达到"发愤忘食，乐以忘忧，不知老之将至云尔"的境地，就获得了终身为师的资格。其二，诲人不倦是一种爱学生的精神，更是高度责任心的体现。教师要"以教为业，以教为乐"，做到诲人不倦不仅体现在将教育视为终身事业，更体现在教育学生的态度上。"爱之，能勿劳乎？忠焉，能勿诲乎？"（《论语·宪问》）即使面对品质较差的学生，也要秉持着公平、不嫌弃的态度，努力将其塑造成突出的人才。其三，"温故而知新，可以为师矣。"（《论语·为政》）这是一种学习方法，更是教师应具备的高度自觉的德性品质。作为教师，应该深刻明白新旧知识之间的关系，并肩负起传递文化知识和探索新知识的重要使命。

孔子关于教师形象的表述影响了包括孟子在内的儒家学者，并为中国传统教师形象和精神奠定了重要的基础。教师要在国家社会责任、学生发展和自身职责使命之间找到完美的平衡机制，这是先贤留给我们的宝贵精神财富，为如今我们理解高水平教师教育情怀的本质提供了多维度的理论支撑。时至今日，多元文化的发展、价值观的混杂、教师角色的多元和异化、社会对教师期望的提升等一系列的变化都在不断地影响着教师所面临的历史境遇。教师教育情怀被赋予了新的内涵，但孔子的教师观为我们了解其内涵提供了贯穿千年的视角。教师要树立崇高的理想信念，对教育事业保持敬畏和崇敬之心；教师要以家国为天下，将人才培养置于国家复兴、民族富强的时代使命中；教师要坚持道德为本，坚守学生发展的底线；教师要尊重学生个性和差异，发现学生的优点；教师要发挥自身榜样的典范作用，追求更完善的人格和道德品质。

（二）蔡元培师德观

蔡元培是中国近代著名的民主主义教育家，作为早期革命先驱，蔡元培很早就认识到救国启蒙的关键在于教育。20世纪初，他编著了《中学修身教科书》一书，专用一节论述了其师德观。受到儒家优秀思想和西方教育思想的双重影响，蔡元培对教师、师德内涵、目标和实践路径有着全面深刻的认识，并进行了系统论述，为我们理解教师教育情怀提供了重要视角。

在师德内涵方面，主要有以下几个内容。其一，蔡元培传承儒家优秀思想中"尊师重教"的理念，并以此为起点强调其重要性。他曾发出"人类之职业，没有比教师再为重要的"之感慨，认为只有尊师重教，教育事业才能得到良好有序的发展。"尊师"意味着要敬爱师友，"教员之教授，职员之任务，皆以图诸君求学便利，诸君能无动于衷乎？自应以诚相待，敬礼有加"①。只有给予教师应该有的地位和尊重，才可激发其工作热情和责任感，不断提升其专业素养。"重教"强调教育之于国家的重要性，教师要心怀家国情怀，将自身和教育与国家前途命运紧紧联系在一起。其二，教师要以自身为楷模。蔡元培认为，教师要以身作则，争做道德楷模、知识楷模。"教员者，学生之模范也。故教员宜实行道德，以其身为学生之律度，如卫生宜谨，束身宜严，执事宜敏，断曲直宜公，接人宜和，惩忿而窒欲，去鄙倍而远暴慢，则学生日熏其德，其收效胜于口舌倍蓰矣。"② 教师要用自身的实践在每日教学活动中熏陶学生的德性，这远比言传要好得多。不修德性就不配称为教师。另外，蔡元培指出教师要有丰富的知识，这是其应该具备的职业道德。"教员者，启学生之知识者也，使教员之知识，本不丰富，则不特讲授之际，不能详密，而学生偶有质问，不免穷于置对，启学生轻视教员之心，而教授之效，为之大减。故为教员者，于其所任之教科，必详博综贯，肆应不穷，而后能胜其任也。"③ 这不仅是在职教师的基本素养，也是师范生培育的重要方面。其三，教师要树立奉献教育的理想信念。作为教育工作者，应该具备"独立不惧的精神"，在强权势力面前要有不屈的勇气，为了教育事业的发展不惧不畏。"夫教育之业，既致力于将来之文化，则凡抱陈

---

① 《蔡元培全集》（第三卷），浙江教育出版社，1997，第576页。
② 《蔡元培全集》（第三卷），浙江教育出版社，1997，第10页。
③ 《蔡元培全集》（第二卷），浙江教育出版社，1997，第149页。

死之思想、扭目前之功利、而干涉教育为其前途之障碍者，虽临以教会之势力，劫以政府之权威，亦当孤行其是、而无为所屈。"①

在师德目标方面，蔡元培主要论述了"纠正"和"开启"。蔡元培指出，当时社会中，教员之中存在着自私自利、官僚腐败、墨守成规的不良风气。自私自利是指教员对待教育事业相当敷衍，有些教员照着讲义读课，甚至为了学生在期末取得好成绩，把考试范围告知学生，教育功利化现象较为严重；蔡元培提倡聘任品德高尚的厚学之人，并注重培育教师的职业道德。官僚腐败是指当时社会风气较差，社会和学生对教师学问不怎么关注，反而很看重其社会地位以及是否能够为自己带来好处；蔡元培革新教师队伍，辞退了学术和教学能力不足的教员，聘任有教育情怀、愿意委身教育的教员来北京大学，营造良好的学术研究氛围。墨守成规是指当时部分教员对提升自身学问和研究能力缺乏追求和动力，不愿意改进和发展；蔡元培强调"教授及讲师不仅仅是授课，还要不放过一切有利于自己研究的机会，使自己的知识不断更新保持活力"②；他指出教师的"教"和"学"是两个概念，教师除了要研究自身所教学科，还要关注最新、最有效的方法，让学生掌握、更新具体的概念，并深入研究。

在实践路径方面，蔡元培指出设立多个社团可以提升教师道德修养水平。进德会就是具有代表性的教师社团之一。该社团将会员分为甲、乙、丙三种，对教师自身修养提出了不同等级的要求。进德会有着严格的戒律，可以帮助教师"绳己""谢人""止谤"，这些道德规范有利于教师德性的养成。同时，进德会还有很多研究会和俱乐部，是教师学术活动、娱乐活动的组织，旨在帮助教师在工作之余提高自身道德修养，进而做到言传身教、为人师表。

蔡元培将教师职业道德置于教师私德之上，作为衡量教师道德的首要标准，教师职业道德决定了师德不同于一般社会道德的要求。他对教师职业道德的理解，对教师个人私德和职业道德的划分，对今天理解教师教育情怀仍

---

① 《蔡元培全集》（第二卷），浙江教育出版社，1997，第372页。
② 《蔡元培全集》（第五卷），浙江教育出版社，1997，第313页。

有启发意义。

（三）陶行知师德观

陶行知作为深入教育一线的实践大家，其师德观是其在教育实践活动中逐步形成和发展的。在那个国家命运摇摆不定的年代，陶行知不仅传承中华优秀传统文化思想的精髓，更是遵照"知行合一"的道德规训，其教育和师德观展示出鲜明的实践性特色，这也为当下我们理解教师教育情怀提供了视角。通过梳理可以发现，其师德观包含爱国从教、敬业乐教、正己示范、爱生互学等方面。

首先，爱国从教，以教救国。陶行知年少时就立下为国家作贡献的大志，留美归国后开启了投身教育、开启民智的道路。他曾指出，教育者应该将自身无私地奉献于祖国和人民，"捧着一颗心来，不带半根草去"[①]，这是"一种讲求奉献与牺牲的师德精神"[②]，不仅要自己爱国，还要将这种爱国情怀传播给人民大众。教师肩负着传播先进文化知识和爱国思想的双重使命，只有如此才能够真正地达到开启民智的目的。教师肩负着爱国的重任，应将其落实到实际的教育生活实践中。陶行知带领广大师生，到北方的部分省市宣传爱国思想，唤起民众的爱国意识和斗志。他深信"教育是国家万年根本大计"[③]，教育者应该以教育为信仰，投身于中国教育事业的发展中去，并在漫长的岁月中坚持信仰、不忘初心。教育者要有坚定的理想信念和极强的责任感，在日常教学实践中要有把环境阻力化为动力的能力，"运用困难，以发展思想及奋斗精神"[④]。

其次，敬业乐教，甘于奉献。陶行知从安徽省的一个小山村，一步步走到美国伊利诺伊大学和哥伦比亚大学，其自身是通过教育改变了命运，因此教育救国、教育平民化的理念深入其认知中，进而也深化了其无私奉献于教育的决心和信念，即使在环境简陋、社会动荡的情况下都没有改变其投身教育事业的信念。在《整个的校长》中，陶行知对此有所提及："国家把整个

① 《陶行知文集》（上），江苏凤凰教育出版社，2008，第384页。
② 刘幸、陈玺：《杜威的缺位与陶行知师德形象的确立》，《南京晓庄学院学报》2022年第3期。
③ 《陶行知教育名篇》，教育科学出版社，2013，第49页。
④ 《陶行知教育名篇》，教育科学出版社，2013，第49页。

的学校交给你，要你用整个的心去做个整个的校长。为个人计，这样可以发展专业的精神，增进职务的效率。为学校计，与其做大人名流的附属机关，不如做一个学者的专心事业。"① 在这个过程中，陶行知对于面向平民办学、与学生共同学习、与教师进行情感和精神沟通"甘之如饴"。

再次，正己示范，终身学习。一方面，陶行知认为教师要"以教人者教己"，教师要坚持学习，对自身学习有着较高的要求。他认为学习有着"为学而学"和"为教而学"两个层次，前者层面的学习经常止于记忆和理解水平，属于浅层次认知水平的学习；而后者层面的学习一般在认知上能达到深层次的应用、分析，甚至是综合的阶段，属于较高层次的认知学习。只有"为教而学"，教师才能够对知识达到深层次的认知，才能够在教学的过程中从容不迫、游刃有余，达到较好的教学效果。另一方面，陶行知指出教师要作好示范，除了要为教而学，还要做到终身学习。教师作为时代的开拓者和先锋军，应该始终引领社会不断发展，因此，其探索学问的脚步也是无休止的；教师作为知识的传授者，应该始终走在追求学问的道路上，为学生树立榜样，以实际行动展现勇往直前的精神和勇攀高峰的态度，从而激励和影响学生。

最后，爱生互学，情感联结。陶行知曾告诫广大教师，对待学生要有"师爱"，这种爱体现在师生共同生活、关系平等方面。陶行知在办学期间，倡导将教育融入生活，教师与学生共同生活在校园，唯此可建立起师生之间的情感联结，加深彼此之间的交往，进而实现心灵的相通，这也是建立良好师生关系的有利条件。陶行知强调平等的师生关系，教师要尊重学生独立的人格，与之进行平等的对话，"不愿受小朋友指导的人不配指导小朋友"②，唯此教师才能真正站在学生的立场，理解学生的好奇心，珍惜学生对学校和教师的情感。同时教师要对学生充满期待，实现"人格互相感化，习惯互相锻炼"③。

① 《陶行知全集》（第1卷），湖南教育出版社，1984，第606页。
② 《陶行知教育名篇》，教育科学出版社，2013，第114页。
③ 《陶行知教育名篇》，教育科学出版社，2013，第47页。

以孔子、蔡元培、陶行知教育理念等为代表的中国传统师德思想，是中华文化在教育领域的精华和精髓所在。这些思想在发展上是一脉相承的。教育情怀作为高标准的教师职业道德内容之一，深深扎根于中国几千年的传统师德思想沃土之中，并以传统文化为根在中国"尊师重教"的社会良好风尚中得以传播和发展。做有情怀的教师不应只是一个口号和理想，而应是广大教师毕生追求、投身实践的日常行动。教育情怀在教师对教育、对学生的迷恋、承诺之中散发着芬芳，使教师在身处困境、感到迷茫之时仍坚定执着地持守教育理想。

第三章　教育情怀的实践观照

教育情怀是支撑教育事业不断发展、薪火相传的重要教育精神。教育情怀明确了新时代"育师""为师"的风向标，是中华民族优秀教育传统和教师教育精神的高度凝练，是教育者劳动实践与生命体悟的具体体现。本章运用教育现象学方法，通过对话式访谈、教育学观察、对趣闻轶事的改写等，搜集教育家型教师的教育情怀故事，获取教师教育情怀体验的第一手资料，勾勒教师教育情怀的实践样态。在此基础上，从本体层面、认识层面、实践层面梳理教育情怀所蕴含的价值意蕴，揭示教育情怀生成的实践逻辑，分析教育情怀内在价值结构，诠释教育家们弘道立范、培根铸魂、躬耕实践的高尚品德，为更好地理解教育情怀、践行教育情怀、培育教育情怀提供方法路径。

第一节　教育情怀的实践样态

教育情怀的实践样态首先是静态的，在不同的教师身上、不同的教育故事中，会呈现出共性的"形态"。本章期望通过对不同教师教育情怀的描述，勾勒出教育情怀的可能样态。

一　浓郁的情感投入

教育情怀作为教师的一种符合职业道德的情感体验，在众多不同的教师教育情怀故事资料中首先凸显出来。通过对现有教师教育情怀资料进行教育现象学审视与分析可以发现，一个有情怀的教师会对学生表现出更多的包容、关怀以及对其成长的迷恋。教师对学生的包容、关怀及对其成长的迷恋是教师对学生的浓郁情感投入的具体体现，同时也是教师教育情怀实践样态的显现形式。教师对学生的浓郁情感作为一种真实存在鲜活地共现于许许多多不同教师主体的身上。但是，由于教育情怀自身抽象性、隐蔽性的特点，其并不能够直接显现出来，而是需要借助教师在教育实践中对学生的包容、对学生各方面的关怀以及对学生成长的迷恋等具体形式显现或证明自身的存在。也就是说，在教师教育情怀故事资料中，教师通过在教育实践中对学生进行包容、关怀，或对学生成长展现迷恋而表达其浓郁的情感。

（一）对学生的包容

教师对学生浓郁的情感投入首先表现为对学生的包容。习近平总书记曾谈到"好老师"的四个标准："有理想信念、有道德情操、有扎实学识、有仁爱之心。"[1] 师道尊严首重修德，而修德之根本在于教师有包容性的教育情怀，表现为教师能够尊重、理解以及关爱学生，包容学生的"无礼""不同""个性"[2]；能够包容学生的学习方式、学习状态差异；能够尊重学生的价值观、兴趣、行为方式、外表衣着等[3]。在 A1、A3 教师以及陶行知的教育情怀故事中，教师们分别展现了对不同的学生主体不同方面的包容、关怀。

> （班上的孤独症儿童小月把酒精洒到了另一个同学的眼睛里。）处理完这件事情以后，在回办公室的路上，我很愤怒，有那么一刻，我几乎要忍不住自己的怒火。但是当我见到站在办公室门口等待的小月，用怯生生的眼神望向我的时候，我还是努力控制住了自己，脑海里浮现出了两句话：假如我是孩子，假如是我的孩子。最后我什么也没说，把手伸向了她，给了她一个拥抱。（A3）

在 A3 教师的故事中，面对患有孤独症的学生"把酒精洒到了另一个同学的眼睛里"这一突发状况时，教师没有选择"一刀切"，也没有失去理智一味冲学生发火、责怪学生，而是保持着对教育情境的敏感、好奇，看到了学生主体——孤独症儿童的特殊性与差异性，摆正自身作为教育专业人

---

① 习近平：《在北京大学师生座谈会上的讲话》，人民出版社，2018，第 8 页。
② 韩磊：《包容性教育情怀：师道尊严的暖色》，《中学政治教学参考》2019 年第 29 期。
③ 许昌良：《包容教育的认识与实践研究》，《思想理论教育》2008 年第 20 期。

员——教师的位置。教师认识到学生遗传因素、认知方式等方面的不同，并且能够正视、尊重这种真实存在于学生身上的个体差异性，最终选择采取"拥抱"这种方式，向学生传递出一种接纳、包容的信号，展现出对学生近乎无条件的、广博的包容胸怀。

（陶行知发现学生王友用泥块砸别的同学，叫王友去办公室。）陶行知给了王友一颗糖，并说："这是奖励给你的，因为你非常准时，而我却迟到了。"王友惊讶、疑惑地瞪大了眼睛。陶行知继续掏出第二颗糖说道："这颗糖也是奖给你的，因为我让你不再动手砸别人时，你马上就停止了。"接着，陶行知拿出第三颗糖，"我已经了解过了，你砸那些男生，是因为他们破坏游戏规则，欺负了女生，你砸他们，说明你非常正直、善良，还有同坏人进行斗争的巨大勇气！"王友很感动，哭着说道："陶校长，您打我两下吧！我确实错了，我砸的并不是坏人，而是自己的同学……"陶行知这时露出了欣慰的笑容，立刻拿出第四颗糖："因为你正确地认识了错误，我再奖励你一颗糖，糖没了，我们之间的谈话是时候结束了。"①

清明节我们班举行了植物种植大赛，我给学生布置的作业是每人种一种植物，一个月后带到学校展示。等轮到小鸿时，他种的植物是豆苗，他抱着一棵细长的、从中间折了的豆苗站上讲台，先是号啕大哭，然后说："老师，昨天早晨上学之前，我把它放到阳台上就走了，忘记关窗户了，风特别大，把我的豆苗刮折了，我太伤心了！"他说完后，我并没有因为他未照顾好豆苗而开口责怪他，反而从内心深处感到了开心与欣慰：此刻的小鸿学会了对豆苗生命的敬畏与珍爱。我说："没关系，别难过，老师从你的日记里看到了你对小豆苗的关注、呵护与照顾。"（A1）

---

① 涂俊礼：《管理员、育人者、教育家：优秀班主任成长三台阶——从陶行知四颗糖故事谈起》，《河南教育》（职成教）2020 年第 12 期。

陶行知和 A1 教师两位教师的故事具有相似性，都展现了教师对学生在学习差异方面的包容，允许学生在不同方面存在差异性。陶行知面对学生用泥块砸自己的同学和 A1 教师面对学生没有完成"种植物"任务时，不约而同地向学生展现了一种宽容、包容的态度——"我再奖励你一颗糖""我并没有因为他未照顾好小苗而开口责怪"，给予学生犯错和进步的空间。教师看到了学生素质发展的差异性，给予了学生最大限度的包容、尊重，展示出了对学生的爱。

在以上个性化的教育情境中，不同的教师主体不约而同地选择以理解、包容的态度来对待学生，巧妙地拉近了与学生之间的情感距离。具体而言，几位教师分别展示了对特殊学生主体的包容和对学生不同方面素质发展与学习差异的包容。

（二）对学生的关怀

关怀是教师对学生浓郁的情感投入的另一个侧面表现。关怀是一种关系，其以关怀者与被关怀者双方的连接或接触为前提，关怀者对被关怀者保持开放的、不加选择的态度，在接收与被关怀者相关信息的过程中能够给出相应的反应，被关怀者同样对关怀者的关怀作出回应，只有满足以上条件，双方之间才能够构成关怀关系，或者说关怀关系在双方之间存在。B2、B3、B6、C4 四位老师和王崧舟老师的教育情怀故事都体现了这种关怀关系。一方面，不同的教师作为关怀者，都对学生的学习情况、生活展开了适度的关怀，他们在具体的教育情境中始终对学生保持一种开放、接纳的态度，有条不紊地接收、处理所及范围内一切与学生相关的信息，并且迅速作出符合当下教育情境的、适切的、具有教育意义的反应。另一方面，学生作为关怀关系中不可忽视的、重要的一方——被关怀者，当教师在教育情境中给予其某种具体形式的关怀之后，他们并非选择忽视或拒绝，而是能够有效感知并接受来自教师的关怀，并且在接受关怀的过程中积极行动，采取包括语言、行动等一系列表达方式在内的方法、手段，向教师作出相应的反馈与回应，具体如下。

今年9月，我们班来了一个复读生小冯。小冯原来是一个痴迷电子游戏的学生，来到我们班后学习状态也不佳，我作为班主任对他的状况很忧虑，每次看到小冯都非常想帮助他戒掉网瘾。那段时间，我经常在课后主动找他谈话，了解、关心他最近在学习方面的问题，小冯面对我的关心，向我表达了他遇到的学习困惑。（B3）

在B3教师的故事中，面对沉迷于电子游戏而荒废学业的学生，教师没有听之任之，而是对学生的学习情况展开了关怀。"在课后主动找他谈话""了解、关心他最近在学习方面的问题"，使学生体会到被关心的感觉，从而使其重新树立起学习的信心。此外，教师B6、C4和王崧舟老师也都在具体的教育生活实践中对学生的学习情况进行了不同程度的关心。

初二上学期期中考试之后，我看到班上的小川在日记中写道："一连数日，我的数学成绩毫无起色，一张张打满'×'的试卷仿佛要把我卷起来，抛进万丈深渊……在数学课堂上，我坐在座位上，如同木偶一般，黑板上的文字密密麻麻，于我而言近乎天书，老师的讲解也犹如咒语，我脑中混乱不堪……"他的成绩长期在全班倒数第一，前不久，数学考了零分，他把头埋进胸膛，我拍了拍他的肩膀，故作轻松地说："没关系，老师能够理解你，数学学不好，确实非常痛苦。""老师很佩服你，你听不懂还能坚持坐在座位上认真听讲，这需要多大的毅力与耐心！"他听完后重重地点了点头，眼里有了光彩。（B6）

在开学典礼上我问："同学们，你们都猜一猜在我身上哪样东西最值钱？"有同学猜眼镜，有同学猜皮带，还有同学猜手表，我说："都不是，我的手最值钱，因为我的手具有一种神奇的'魔力'，只要是和我握手的孩子，他在今后的学习、发展中，都会'噌'的一下就提高上去，落后的变为先进，先进的变得更加先进，今天我就要和你们之中的5个同学握手！"学生们听到之后，又紧张又兴奋。接下来，我开始点名依次让学生上前面来："陈嘉雨同学。"话音刚落，一个长相普通但有着清晰眸子的女孩朝我走来，我说："你好！我了解到你在暑假期间做了一幅有关'桥'的西博会海报是吗?"……我朝她微笑了一下，向她伸出了手。她也连忙伸出手与我握在了一起。（王崧舟）

一天中午放学之后，同学们都去吃饭了，最后只剩下两位同学小泽、小鹏趴在桌子上，一点也没有要走的意思，我就走过去问他俩为什么不和别的同学一起去吃饭。他们说他俩的父亲是矿工，煤矿发生坍塌之后遇难了，家里条件比较困难，我一听，顿时觉得特别心疼，同时又很自责，自己怎么没早点了解到情况呢？就赶紧带着他们到我住的地方，给他们做饭吃，还想办法为他们申请学校的贫困生补助。学生吃完饭后表达了感谢，深深地向我鞠了一躬。（C4）

在C4教师的故事中，教师通过细心观察，发现班上的两位家庭经济条件困难的学生小泽、小鹏没去吃饭，在这种情况下及时、恰当地给予学生关心，给学生做饭吃，并且为学生申请补助，以保证、维持两个学生在学校的正常学习生活，这是一种教师对学生日常生活进行关心、关怀的具体表现。此外，对于学生的生活情况展开关怀的还有教师B2，在其故事中也体现出了对学生日常生活的关怀。

真真是我班上的一名学生，最近她的父母在闹离婚，她的学业受到了不小的影响。我把真真单独叫到办公室，心里也顾不得考虑插手别人家的家事是否合适，只担心真真的身心健康和成长，就让真真用手机分别拨通父母的电话，分别进行劝说："要冷静下来，处理好大人之间的事情，无论如何，都不应该伤害、影响到孩子。"真真的家长也比较尊重我，态度也比较好，承诺会冷静下来好好处理家里的事情，打过电话之后，真真眼含泪花地向我表达了感谢。（B2）

在以上故事中的一个个具体的、不同的教育情境中，在成人与儿童相处的教育生活中，教师作为关怀发起者，努力扮演好"关怀者"的角色，而某一个或多个学生作为关怀接受者积极给予关怀者回应，双方共同完成了关怀关系的构建。不同教师主体与某一个或多个学生之间存在着关怀关系，教师以对学生进行关怀的形式直观地传达出对学生的浓郁情感。

（三）对学生成长的迷恋

在教师教育情怀故事资料中，对学生成长的迷恋是教师对学生浓郁的情感投入的另一种具体表现形式。迷恋意味着我—你关系的确立，马丁·布伯在《我与你》中把人与他者的关系分为我—它关系、我—你关系，在我—它关系中，"我"为了满足自身的生存需求而把周围区别于自身的其他在者视为可供利用的"它"，而不把"它"作为独立的、平等的人格来对待。"我"为主体，"它"为客体，只有单向的由主到客，是一种考察探究、单方占有、利用榨取的关系①。我—你关系则是"我"与作为在者的"你"相遇，走进我—你的关系世界，"我"不再是经验物、利用物的主体，"如果'我'作为我的'你'而面对人，并向他吐诉原初词'我—你'，此时他不再是物中之一物，不再是由物构成的物"②，双方都是主体。"我"亦取亦予，我—你是一种亲密无间、相互对等、开放自在的关系③，在这段关系中，"爱"伫立在"我"与"你"之间，"我"奉献并且领承"你"④，"我"通过"你"而成为"我"。基于布伯的观点，在 A2、C2、C5 三位教师的教育情怀故事中，教师把学生感知为"你"，以我—你关系去对待，进入了对学生成长的一种有限度（以规范引领为底线）的迷恋状态。

> 我开始不满足于只在课堂里给学生们讲地理课本上的知识，班上的孩子们在地理学习方面取得的进步，给了我巨大的动力，我愿意为学生在地理学习方面的进一步成长做得更多，于是在我的倡议下，我与学校其他几位地理老师顶着高中巨大的学业压力与高考压力，共同成立了一个地理社团——"碧野蓝天地理社"，带领学生开展地理学科研究性学

① 〔德〕马丁·布伯：《我与你》，陈维刚译，商务印书馆，2015，第 129 页。
② 〔德〕马丁·布伯：《我与你》，陈维刚译，商务印书馆，2015，第 11 页。
③ 〔德〕马丁·布伯：《我与你》，陈维刚译，商务印书馆，2015，第 129~130 页。
④ 〔德〕马丁·布伯：《我与你》，陈维刚译，商务印书馆，2015，第 9~18 页。

习，以更好、更深入地帮助他们学习、成长。（C5）

C5 教师的故事凸显了教师对学生成长的迷恋。C5 教师把"班上的孩子们"视为与"我"平等的"你"，与学生确立了我—你关系，成立地理学习社团——"碧野蓝天地理社"，以进一步促进学生成长，这是对学生成长迷恋的具体显现形式。

> 看到小唐向我投出包括求助在内的复杂眼神之后，我突然感觉到小唐身上有某种东西——小唐即将发生的改变，深深地吸引住了我，让我感到着迷，我感到教育的使命在召唤我，促使我迫切地想要为他做些什么。（A2）
>
> 我现在担任学校副校长的职位，但从 20 世纪 90 年代参加工作到现在，我一直坚守在教学一线，自己心里感觉放不下学生和课堂，课堂上，学生在英语学习方面展现出的每一次进步与成长仿佛都有种"魔力"吸引着我，使我乐在其中，不愿轻易离开。（C2）

以上故事都显现出了教师对学生成长的以规范引领为底线的迷恋。不同教师主体把周围某一个或多个学生视为"你"之在者，与学生确立了我—你关系。如 A2 教师"小唐即将发生的改变，深深地吸引住了我，让我感到着迷"，C2 教师"学生在英语学习方面展现出的每一次进步与成长仿佛都有种'魔力'吸引着我，使我乐在其中"。教师在具体的教育情境中，对不同学生主体的成长都表现出了一定程度的迷恋，在这个过程中，"我"因"你"（学生）而成为"我"（教师）。"我"对学生的成长充满期待与希望，促进学生的成长与发展是"我"作为教师的一种个人最高的人生追求。如此，教师通过对学生成长的迷恋这种具体形式，来表达自身对学生浓郁的情感。

二　合理的教学认知

一个有情怀的教师，对学生表现出更多的包容、关怀与成长的迷恋，在对待学校教育生活实践中教育教学的本职工作时，则更多展现出合理的教学认知。学校教师从事的教育教学工作实际是一种集教学、训育与管理于一体的交往性活动①，这决定了教育教学工作的复杂性。合理的教学认知能够使教师避免困于日常繁杂的教学劳务之中更好地从中抽离，帮助教师厘清教育教学的本质，处理好与教学目标、教学资源以及教学对象的关系，更好地克服教育教学工作中遇到的阻碍。通过对教师教育情怀故事资料进一步分析，可以发现，教师合理的教学认知具体表现为对教育教学目的的认同、对自身教学能力的不断提升以及对教学对象学业发展的尽力引导三方面。

（一）对教育教学目的的认同

教师与学生相处的教育教学生活是规范性的（normative），这意味着教师作为教育者在开展教育活动的过程中，必须总是指向一定的、好的标准②，时刻规范、引领学生朝着更好的方向发展，也就是说，教育教学活动时刻指向一定的教育教学目的。通过对现今意义上的教育教学目的进行审视发现，无论何种类别与结构的教育教学都承载着促进个体和社会发展的使命。而对教育教学目的的认同是教师具有教育情怀的前提，只有在价值观上认同了教育教学目的，教师才可能进一步把自己的精神与教育过程统一起来③，为自身教育情怀的成长提供可能。一个对教育教学目的不认同的教师，很难言说其自身具有深厚的教育情怀。只有真正认同教育教学目的的教师，在面对学校日复一日的、繁杂的课堂教学或班级管理工作，产生消极、畏难情绪时，才能够很好地对其进行消解，才能对教育及其内含的元素萌发出深厚情感，从而逐渐衍生出自身独特的教育情怀，无限接近真正的教育情怀之境界。通过对教师教育情怀故事资料的分析，可以发现，在 C1、B5 教师的教育情怀故事中，教师对立德树人等教育教学目的表达了认可。

从刚走进师范院校开始，我们这些师范生在第一节课上就被老师引

---

① 刘庆昌：《论教师的教育情怀》，《教师发展研究》2021 年第 5 期。
② 〔加〕马克斯·范梅南：《教学机智——教育智慧的意蕴》（第 2 版），李树英译，教育科学出版社，2014，第 10 页。
③ 刘庆昌：《论教师的教育情怀》，《教师发展研究》2021 年第 5 期。

导，作为生在新中国、长在红旗下的人，要爱国爱党，热爱祖国、人民，热爱中国共产党，忠诚于党和人民的教育事业。那时我了解到了我国现阶段的教育目的是"培养学生的创新精神和实践能力，造就'有理想、有道德、有文化、有纪律'的德、智、体、美等全面发展的社会主义事业的建设者和接班人"，一切活动都必须围绕这个教育目的而展开，也是从这时开始，我对此教育目的有了一种认可与践行的自觉性，产生了为国育才、为党育人、立德树人的内在思想觉悟。（C1）

在 C1 教师的教育情怀故事中，当教师了解到我国现阶段的教育目的之后，对这一教育目的表达了自身的认同——"我对此教育目的有了一种认可与践行的自觉性"，对教育教学目的的认同使得 C1 教师对教育有了新的理解——"产生了为国育才、为党育人、立德树人的内在思想觉悟"，在对教育教学目的的认同中，教师的教育情怀有所显现。同样地，与之类似的故事还有 B5 教师的教育情怀故事。

身为一名初中语文教师，在参加中小学骨干教师培训时，我对初中语文教学目标的层次有了更深的认识，在学习九年义务教育全日制《初中语文教学大纲》的过程中，对知识与技能等不同方面的目标内容有了更深层次的理解与认同。如品德意指道德，包括遵纪守法、尊老爱幼、见义勇为等；习惯意指在学习中长期培养的好的行为、倾向，包含认真学习、独立思考、书写工整等；态度意指对事情的看法和采取的行动，教学中主要有爱国主义、热爱中国共产党、热爱社会主义、拥护党的政策、全心全意为人民服务；审美意指初步具有辨别是非、善恶、美丑的能力。在对不同层次、不同维度教学目标进行学习的过程中，内心更加认定自己要投身于教育事业，并坚持不懈为了自己的教育使命而忘我、奉献，乐此不疲，不求回报地热爱孩子们的每一次成长。（B5）

B5 教师的教育情怀故事体现了教师对教学大纲中规定的自身所教学段

学科的具体目标——初中语文教学目标与任务的认同。在参加职后培训的过程中，B5 教师对初中语文教学目标进行了较为深入的学习，这唤起了其自身对语文教育教学目标的理解与认同，使得其能够更好地把握、内化语文教学目标，在教育教学过程中，可以实现教学各个环节的环环相扣，并且能够把制定教学目标与教学评价反馈结合起来，发挥出教学目标的最大效益。

在以上两个故事中，不同教师主体在教学过程当中，都展现了其对具体教育教学目的的认同。教师对教育教学目的的认同使得教师能够把当下的教育工作与教育目的联系起来，使得教师的工作目标具有现实性和开放性，促使教师能够超越当下的教育情境，成长为一名有情怀的教师。

（二）对自身教学能力的不断提升

教学能力是教师为达到一定的教学目标，顺利从事教学活动所表现出的一种心理特征①，具体而言，教师的教学能力包括教学设计能力、教学实施能力、教学反思与评价能力等不同方面。教学能力是教师开展教育教学工作的基本能力，同时也是教师专业素养的重要组成部分。有情怀的教师，在处理与教学的关系时，往往不是敷衍塞责，而是格外注重锤炼自身在教育教学过程中顺利完成教学活动所需的各种能力，重视自身各方面教学能力的提高。在对教师进行访谈的过程中，不同教师在描述自身的教育情怀故事时，都不约而同地谈到了对自身教学能力的锤炼。其中，B1、B4 教师以及教育家型教师李吉林的教育情怀故事较为明显地展现了教师对自身各方面教学能力的不断提升。

　　李吉林为了教学实验的需要，天不亮就起身，孤身一人赶在黎明前到达日出的观察点，进行实地设计；为了让学生学好仿生学的课文，观察活鱼，她端着盛水的盆到市场上自己花钱买鱼；为了让学生从生活里领悟浅近的哲学道理，练习写作文，她顶着烈阳，到田埂、沟边寻找老黄牛、大水牛……春天的山坡、夏天的荷塘、秋天的田野、冬天的雪地，她都先于学生去考察，郊外的田埂、小河、土丘上都留下了她深深

① 李政、朱惠红：《能力本体视角下的教学能力》，《教育教学论坛》2014 年第 2 期。

浅浅的足迹。李吉林看到封闭式的传统语文教学给学生的发展带来了非常不好的影响，内心万分焦急，为了使儿童能够学好母语，她开始探索小学语文情境教学，为了增加学生的语言积累，李吉林拿起钢板、铁笔刻写规范的汉字，将油印的补充类教材印好发给学生，为了使课堂生动有趣，她就自己动手做出形象、直观的教具，经常为了设计一堂课几易教案。

在李吉林老师的故事中，为了有效提升自身的教学能力与水平，使学生能够在学校接受更好的教育，李吉林老师牺牲自己的休息时间，不惜付出额外的精力——"天不亮就起身，孤身一人赶在黎明前到达日出的观察点，进行实地设计；为了让学生学好仿生学的课文，观察活鱼，她端着盛水的盆到市场上自己花钱买鱼""顶着烈阳，到田埂、沟边寻找老黄牛、大水牛"，除此之外，李吉林老师还探索了情境教学法。这一系列行为，是教师在学校日常的教育生活实践中积极锤炼自身教学素养，提升教学设计与实施能力的生动体现，显现出了其深厚的教育情怀。

我参加工作之后，当时的历史教材上有一节课为"中国近代化探索"，这节课内容陈列繁杂、时间线索不明晰，学生学起来存在一定难度，教学效果欠佳，因此怎样提高课堂教学效果成为我一直想要突破的问题。2014年的时候，"神曲"《小苹果》突然火了，班里的学生人人都能哼上两句，我发现这个现象之后，脑子灵光一闪，萌生了一个想法，何不活学活用，把歌曲与中国近代化探索的教学内容结合一下呢？所以我在借鉴歌曲音律的基础上，把主要事件、时间等编进了这首歌当中，通过多次钻研，几经修改，一首"中国近代化探索之歌"就诞生了。"中国近代化探索/近代史实有很多/天天学习不能忘记/洋务运动洋务派/自强求复学科技……"之后，我把歌曲融入教学过程之中，取得了十分不错的教学效果。(B4)

在 B4 教师的教育情怀故事中，面对历史学科教学效果不佳的现实状况，教师没有选择放弃，而是对自身的教学工作展开思考——"怎样提高课堂教学效果成为我一直想要突破的问题"，并且积极采取行动——"在借鉴歌曲音律的基础上，把主要事件、时间等编进了这首歌当中，通过多次钻研，几经修改，一首'中国近代化探索之歌'就诞生了"，B4 教师努力提升自己的教学设计、教学反思能力，在面对挫折时始终如一地坚持发展自身的教学能力，以提升教学质量，最终突破了教学能力的发展瓶颈，把歌曲融入教学过程之中，取得了十分不错的教学效果。而这正是 B4 教师教育情怀的生动表达。与之相似的还有 B1 教师的教育情怀故事。

> 参加工作之后，看到学生们求知的目光，我暗暗下定决心一定要带好学生，于是首先非常注重自身教学能力的提升。每天晚上都备课到 12点，反复修改教学设计，在第二天上课之前趁着学生吃早饭的时间，再梳理一遍，查漏补缺，做好上课前的准备，上完课后，每天都会抽出半个小时的时间与其他老师沟通交流，请他们观看教学录像带，指出本节课的不足和有待改进的地方。没有人强迫我非要这么做，而是我自己的内心喜欢为了教学工作忙碌的感觉。（B1）

教师的教育情怀是教师专业发展的内生动力，在以上三位教师的教育情怀故事中，不同的教师主体在自身教育情怀的驱动下，在教育生活中都非常重视对自身教学能力的提升，把对自身教学设计能力、教学实施能力、教学反思与评价能力的提高融入学校日常具体的教育教学实践之中，也正是在此过程中，教师独特的教育情怀得以展现。

（三）对教学对象学业发展的尽力引导

对教学对象学业发展的引导指的是教师对教学对象在校期间所学科目知识、内容中困惑与问题的教育性回应，也就是面对教学对象（儿童）展现出的"柔弱"，教师（成人）不由自主所给予的一种富有教育意义的回应。通过对现有教师教育情怀故事的分析可以发现，对教学对象学业发展的尽力引导是教师教育情怀故事中所凸显出来的教师教育情怀重要的实践样态之一，在 B6、C4、C5 三位教师的教育情怀故事当中有着具体的体现。具体而言，教师对教学对象在教育生活实践中遇到的学业学习方面的具体问题进行了规范、持续的引导，履行了对教学对象学业发展的引导责任。

> 小川是我们班上的一个学困生。我在上课前、下课后，想方设法与他交流，让他意识到老师的关注，陆续给他推荐了一系列提高物理学习兴趣的课外书，并指导他阅读、思考、做笔记，在班会时间，让他提问生活、学习上的问题，读书交流会上，创造机会让他发言，他有了点滴进步，就及时表扬激励。(B6)

在 B6 教师的故事中，小川是一个学困生，学业发展受限，为了促进小川学习，B6 教师注重对小川课上、课下全方位的引导。如"给他推荐了一系列提高物理学习兴趣的课外书""指导他阅读、思考、做笔记，在班会时间，让他提问生活、学习上的问题"，这些都是积极引导具体教学对象学业发展的体现。类似的故事还有 C4 教师的教育情怀故事。

> 小鹏和小泽的父亲都因意外去世了。每次在课堂上，我都会主动提问小鹏和小泽，课下就他们在学习上遇到的困难为他们解答、解决，补习功课，在与他们相处的过程中，我作为他们的老师，对于两个孩子的健康成长，始终有种像父亲般的责任感。(C4)

> 我和学校的几位老师带领学生成立了"碧野蓝天地理社"，用以帮助学生在校外开展地理学科的社会实践活动。周六，我和另外一位老师组织、带领社团学生对学校附近的河流开展水质调查，陪学生一起挨家挨户地走访周围居民，调查水污染的源头，逐步地指导学生如何开展（地理）调查与研究。看到他们从一开始的生疏，到后来熟练地取样、收集和整理资料、撰写水质调查研究报告，看到他们获得的一点一滴的进步与成长时，觉得很幸福，也很充实，心里感觉更加爱从事教育活动了。(C5)

在 C5 教师的故事中，教师成立了名为"碧野蓝天地理社"的地理社团来促进学校内学生地理学科学业的发展。教师不仅仅在课堂上为教学对象进行授课，还组织了丰富多彩的课外研究性学习活动，如带领学生开展水质调查，促进教学对象课内、课外学业能力的全方位提升。此处 C5 教师对教学对象学业发展的引导不是针对某个学生主体，而是对校内、班级内全体教学对象的引导。

在以上故事中，教师分别对教学对象在语文、地理等学科方面的学习问题进行了引导，在其具体的教育引导过程之中，几乎每位教师都有这样的特点，那就是自觉主动、尽心尽力地引导某一个或多个教学对象的学业发展。如 C4 教师课下主动为学生补习功课等，这些都是教师主动引导教学对象实现学业发展的具体显现，对学生学业发展的引导并不是一句口号，而是一件需要被每一位教师在教育生活实践中、在与学生的相处过程中所积极、周而复始践行的事情。在教师对教学对象学业发展的尽力引导中，教育情怀逐渐显现。

三　适切的课程理解

课程理解是教师进行课堂教学的基本前提，教师通过课程理解彰显主体意识，实现其对课程的认知和精神生命的丰富和发展[①]，课程理解并非教师主体对文本内容的单方面解读，而是教师在与课程、学生以及自身进行对话的过程中形成的组织课堂教学的基本观点与看法。学校课程的宗旨不在于培养能在测验中取得高分的人，而在于促使学生关切自己与他人，帮助学生在公共领域成为致力于建设民主社会的公民，在私人领域成为对他人负责的个体[②]。具有教育情怀的教师，比其他普通教师更加关注具体的课程问题，注重丰富课程相关知识，避免对课程知识误读曲解或是照本宣科。拥有教育情怀的教师，能够自觉、主动、持之以恒地坚持钻研课程，从而逐渐形成适切、良好的课程理解。通过对教师教育情怀故事的分析可以发现，教师教育

[①]　俞芳、郭力平：《教师课程理解中主体意识的偏离与归正》，《教学与管理》2021 年第 24 期。

[②]　张华：《走向课程理解：西方课程理论新进展》，《全球教育展望》2001 年第 7 期。

情怀的另外一个实践样态是适切的课程理解，教育情怀外显于教师正确的、丰富的、个性化的课程理解之中，他们对课程问题的关注，不是刻意的、生硬的、偶然性质的作秀与表演，而是紧密融于教育生活实践之中的真诚选择，正是在对课程问题回应甘之如饴，付出自我精力的过程中，其自身独特的教育情怀变得更加直观、立体、外化。具体来讲，教师的教育情怀具体表现为对课程现象、课程"文本"、课程事件意义的精深把握和对课程的研究开发。

（一）对课程现象、课程"文本"、课程事件意义的精深把握

课程不仅仅是一堆"学校材料"或者教育部门发布的内容，而是一个高度符号性的概念，是每一个人、不同阶层、不同种族活生生体验到的存在，一种可以基于多元主义价值观解读的"文本"①。拥有教育情怀的教师，首先在对课程现象、课程"文本"或课程事件意义的把握方面，表现出一定的专业化水平，只有拥有专业化课程理解能力的教师，才更有动力、更乐于去"传道、授业、解惑"。在 A3、C1 两位教师的教育情怀故事中，教师们在日常的教育教学活动中，展示出了自身独特的课程理解。

> 作为一名新时代的小学数学教师，我十分注重对数学学科课程的探索，深谙"要给学生一杯水，教师得有一桶水"的道理。因此，对于数学广角——搭配、表内乘法、认识时间、100 以内的加法和减法、万以内的加法和减法、角的初步认识、长度单位、倍的认识等小学数学课程相关内容，不是死教书、教死书，而是在对教材进行研究的基础上，注重向外探索，利用社会政治、经济、文化大背景，丰富小学数学课程的内容，逐渐形成自己的一套认识与理解。在对数学课程思考、归纳与总结的基础上，我参编的《小学数学常规课和创新课设计》被批准列为河南省小学教辅用书。（A3）

在 A3 教师的故事中，由于教育情怀的驱动，A3 教师注重对自身所教学

---

① 张华：《走向课程理解：西方课程理论新进展》，《全球教育展望》2001 年第 7 期。

科课程的探索。经过在教育教学生活实践中的积累，最终形成了对小学数学课程独特的理解——"注重向外探索，利用社会政治、经济、文化大背景，丰富小学数学课程的内容""我参编的《小学数学常规课和创新课设计》被批准列为河南省小学教辅用书"，这正是 A3 教师自身教育情怀在课程领域的具体显现。与 A3 教师类似的还有 C1 教师。

> 我在日常的教学中非常重视对语文课程的学习与研究。刚参加工作不久，在给学生讲《烛之武退秦师》《劝学》《赤壁赋》《兰亭集序》《琵琶行》等重点古诗词课文之前，为了精准掌握课文中的虚词、实词、通假字、论证方法、论证逻辑、论证特点等内容，我始终坚持查阅各种各样的教辅资料，不断扩充教学资料，反复提升自身对课程文本中知识的把握程度，每篇课文平均需要花费两周时间才能完全掌握，到最后课程当中的知识点已经了然于胸，即使脱离教材也能在课堂上侃侃而谈。对于抒情散文《荷塘月色》《记念刘和珍君》《我与地坛》《故都的秋》等课文，我反复观看网上的影像教学资料进行学习、研究，在课堂上注重利用美学语言发挥语文课程的美学本质与审美功能。时至今日，我依然保持着不断学习语文课程相关知识、不断推动自身对语文课程的理解向纵深发展的习惯，并且在未来也会继续保持下去。（C1）

在以上故事中，两位教师的教育情怀都表现为对具体学科课程的独特理解，他们对课程的理解不限于对"学校材料"的把握，也不是使学生在测验中获取高分的手段，而是通过自身的实际行动追寻课程的意义，使课程成为一代人努力认识、界定、发展自我与世界的媒介，如 C1 教师"在课堂上注重利用美学语言发挥语文课程的美学本质与审美功能"。教师们在教育实践中运用自己的方式和自身的实际行动，最大限度地去获取自身对课程的独特理解，这彰显了教师们的教育情怀。

（二）对课程的研究开发

课程开发与课程理解是内在统一的，课程开发过程包含着教师对课程意义的某种理解并建立在这种理解的基础之上，课程理解不是文字游戏，而是指向课程与课程开发过程的根本转变，因此课程开发与课程理解存在内在的统一性①。除了对课程现象、课程"文本"、课程事件之意义的解读与精深把握之外，教师的教育情怀还体现为在个性化课程理解的基础上对课程的进一步研究开发。许许多多教师正是在对新课程研究开发的过程中，诠释着自身独特的教育情怀。他们在从事学校教育教学工作的过程中，往往比普通教师更加注重与不同的课程进行开放的、个性化的"复杂会话"，从而利用各种课内外资源开发新的课程，拓宽学生的学习视野，更好地促进学生发展。在 A4、A5、B2 三位教师的教育情怀故事中，教师们面对学校教育生活中复杂的课程现象、事件以及各种各样的课程"文本"时，尝试基于自身的课程理解，通过课程开发来赋予其新的意义，在为课程研究开发贡献力量的过程中凸显出自身的教育情怀。

> 新冠疫情来势汹汹，阻挡了师生上学的脚步。作为教育工作者，不仅要教给学生学科知识，更应该积极引导学生从这场疫情中学会挖掘美、创造美和表现美，为人生增添生命色彩。我和工作室的成员将本次新冠疫情有关内容纳入教材，开发了融合美术学科知识的校本课程，根据美术五大核心素养主要构建起五大类课程：以手抄报设计为主导的图像识读课程；宣传防疫知识的美术表现课程；以剪纸课程为统领的创意实践课程；以绘本课程为导向的审美判断课程；创作解读文化的理解课程。共录制微课、短视频 32 节，进行线上直播课程 80 余节，在 P 市教育平台播出，取得了热烈的反响。（A5）

在 A5 教师的教育情怀故事中，教师不仅仅把自身从教的美术课程视为"学校材料"，而且基于当时发生新冠疫情的背景，与工作室的成员一起，基于对课程的历史性理解，研发了全新的小学美术课程资源——"以手抄报设计为主导的图像识读课程；宣传防疫知识的美术表现课程；以剪纸课程为统

---

① 张华：《走向课程理解：西方课程理论新进展》，《全球教育展望》2001 年第 7 期。

领的创意实践课程；以绘本课程为导向的审美判断课程；创作解读文化的理解课程"，实现了新课程的研究开发。这正是 A5 教师与工作室成员教育情怀在课程开发方面的一种表达。与 A5 教师类似，在课程开发的过程中显现出自身教育情怀的还有 A4、B2 教师。

> 我现在担任 W 小学的校长，格外注重校本课程的开发，带领学校教师研发校本课程，以调整课程结构，优化课程内容，并结合孩子们的年龄特点和本地乡土人情开发特色教育课程，创设了走近 X 城、走近榜样、走近书画、走近故事、走近生活等一系列内容丰富多彩、形式多样的优质教育活动。在打造校园文化的同时，也在潜移默化中养成了孩子良好的行为和优雅的品格。时至今日，学校已开设了 20 多门社团课程，让学生在社团课程中，不断实现个性的发展，另外，我们也依托学校的书香节、科技节这样的节日活动，助力每一个学生不断取得突破和进步。（A4）

> 2010 年始，我和工作室的成员开始对初中数学课程进行研究，尝试对其进行科学、合理的改造。历经数年，通过我们的努力，对数学教材中的相关内容进行适当增添与删减，最终，开发了名为《初中数学知识典》的网络课程资源。知识典是把知识按脉络梳理成字典、词典一样的可供学习者基于自身个性化需要查阅的资源。《初中数学知识典》将各种各样的数学知识从细胞的层面进行分解，从而形成相对独立又彼此关联的 486 个知识点，这 486 个知识点前挂后连，形成了网状的知识网络，并且同时配备同步的视频讲解，使得学生能够重温课堂上老师的讲授内容，就像面对面聆听老师的教诲一样，可以反复地观看和听讲，以弥补常规课堂上教师讲解不能复制和反复的不足。（B2）

对课程进行研究开发不是一句空话，而是要求教师在学校教育的过程中，历经长久的时间跨度、投入全情的精力对课程进行持续、深入的关注与创生。在以上故事中，三位教师用自身对具体学科课程开发的实际行动传递出了自身的教育情怀。如 A4 教师"带领学校教师研发校本课程……结合孩子们的年龄特点和本地乡土人情开发特色教育课程""学校已开设了 20 多门社团课程"，B2 教师和其工作室的成员"开发了名为《初中数学知识典》的网络课程资源"等等，这些都是教师教育情怀的生动表现。

四　巧妙的教育机智

一位有情怀的教师在遇到教育生活中的突发事件时，更倾向于把它当作教育的时机，而不是把其看作使自己陷入尴尬境地的事故，从而有智慧地进行处理。在面对学校教育生活中突然发生的偶然事件时，一位具有教育机智的老师即刻就能做出对学生而言较恰当的行为[1]，巧妙的教育机智也是教师教育情怀故事中凸显出的重要的实践样态。有情怀的教师在与学生进行相处时，始终对教育生活世界以及具体的教育情境保持着一种好奇、敏感与想探究的态度，在此基础上，他们进一步在不同的、具体的教育情境中逐步感悟、辨别、顿悟，从而机智地作出反应。教师的教育情怀具有鲜明的实践性特点，与其自身在教育生活实践中所展现的教育机智紧密相连。具体而言，教师巧妙的教育机智表现为处理突发事件的实践智慧和"润物细无声"的教育影响，在这样的过程中，教师的教育情怀得以彰显。

（一）处理突发事件的能力

范梅南认为，教学是一种"即席创作"，教育孩子或青年人是有一定难度的，不仅是因为教师十分忙碌，需要不断采取行动，而且是因为教师必须时刻以一种教育机智行动[2]。教师处理突发事件的能力指的是教师在面对教育生活中的突发状况时，快速、恰当地接收信息并作出符合当下教育情境、具有教育意义的反应的能力状态，也可以理解为教师在具体的情境感悟、辨别和顿悟的基础上，具有道德品性的、追求合理性的能力状态[3]。教师不仅

---

[1] 〔加〕马克斯·范梅南、〔中〕李树英：《教育的情调》，李树英译，教育科学出版社，2019，第 166 页。

[2] 〔加〕马克斯·范梅南：《教学机智——教育智慧的意蕴》（第 2 版），李树英译，教育科学出版社，2014，第 151~152 页。

[3] 王萍：《教育现象学视域中的学校教育》，中国社会科学出版社，2020，第 27 页。

仅是一名知识传授者，还要在不同的、具体的教育情境中保持好奇、敏感，不断地感知如何做才是教育意义上最正确的言行。在 A2、A4 两位教师的教育情怀故事中，两位教师都展现了自身应对突发状况的实践智慧。

　　去年 3 月我带一年级，一天在课间加餐时间，我正在班级里批改作业，同学们都在喝牛奶、休息。突然，小轩举着手里的牛奶冲到了讲台上大声喊："不喜欢小唐的都跟我来！"小唐是班里一个顽皮的小男孩，经常会在别的同学玩游戏时捣乱，这时班里几乎所有的孩子都跳着、喊着，一股脑全跑到了讲台上，只剩下小唐还坐在座位上瞪着眼睛呆住了……于是我调动脑子飞速反应，在下面大声说了一句："董老师喜欢小唐！"（A2）

　　在 A2 教师的故事中，在面临学生小轩带着全班同学孤立另一个同学小唐这一发生在课堂之外的突发状况时，A2 教师没有慌乱，而是作为一名专业教育人员快速思考，及时回应，作出了巧妙的反应——"董老师喜欢小唐"，利用学生的向师性特点，使学生开始反思自身行为的不恰当之处，这展现了 A2 教师处理突发状况的良好能力。与 A2 教师相似，在面对教育生活中的突发状况时，A4 教师也同样展示出了自身卓越的反应能力。

　　小袁没写完假期作业。我把她叫到办公室询问情况，小袁不仅没有感到愧疚，反而突然提高音量，用责怪的语气说："都怪我妈，她不识字不能辅导我，害得我没完成作业！"听完我什么也没说，拿出手机，拨通了我妈的电话，打开扩音器，让小袁能够听到。我："喂，妈，我想问你一件事情，你不认识字，我小时候是怎样写作业的？"我妈说："小时候你都是放学回来自己写作业，先写完作业再吃饭，遇到不会的就记下来第二天到学校问老师，我虽然不认识字，但给你洗衣服、做饭照顾你，你才能安心学习呀。"挂了电话，我对小袁说："小袁，你刚刚听到了，老师的妈妈也不识字，但是这并不影响老师小时候写作业、好好学习，你不能把自己不写作业的责任推到你妈妈的头上，因为这是你自己的事情。"小袁听完后说："老师，对不起，我知道错了，其实是我假期玩得太多了，没顾上写作业，找了个借口，我保证下次不会这样了。"（A4）

在以上故事中，教师根据自身所处教育情境和学生实际情况的不同，对学生的体验保持持续的好奇与敏感，与学生的视角保持一致，最终从学生的角度出发，给予了处在当下教育情境中的学生最恰当的教育性反应。如 A4 教师什么也没说，拿出手机，拨通了自己妈妈的电话的行为，表明了其对教育时机的巧妙识别与利用。通过对已有故事的进一步分析可以得知，每位教师处理教育生活中突发状况的能力都能使其在特定的场景中作出适时的教育性反应。这种反应是从教育学角度出发对事先设计好的教学、课程内容进行的临场性的、教育性的发挥，而不是主观、随意的反应。它以学生的利益——成长、发展为唯一的标准。正是在这种能力中包含着教师的教育情怀。

（二）"润物细无声"的教育影响

在一些教师教育情怀故事中，教师的教育情怀还表现为教师对学生"润物细无声"的影响。我们总是在接受着来自各方面的各类影响[①]。有时候教师们甚至感受不到他们是怎样影响学生的，包括那些他们认为的"不听话"的学生，在某些特定的场景与教育情境之中，教师有意或无意作出的具有教育意义的举动，如一个眼神、一个微笑、一个拥抱或一句话语，都可能使学生产生不尽相同的体验，为学生带来相应的教育影响，从而起到更直接的、更合适的教育效果。在 A3、A5 两位教师的教育情怀故事中，教师们分别根据自身所处教育情境，以一种微妙的、"润物细无声"的方式，有意或无意地"打动"、影响着身边的学生，展现出了自身的教育机智。

小月是班上一个患有孤独症的儿童，她不和人说话，也不与人进行眼神交流，经常在无意识状态下控制不住自己的行为。有一次，她怯生

---

① 〔加〕马克斯·范梅南：《教学机智——教育智慧的意蕴》（第 2 版），李树英译，教育科学出版社，2014，第 148 页。

生地开口道："老师，我不小心把消毒用的酒精洒到了×同学的眼睛里。"我一听，一个箭步冲出去，赶忙把×同学带到洗手间紧急进行冲洗。处理完这件事情后，在回办公室的路上，我很愤怒，有那么一刻，我几乎就要压抑不住自己的怒火。但是当我见到站在办公室门口等待的小月，用怯生生的眼神望向我的时候，我还是努力控制住了自己，脑海里浮现出了两句话：假如我是孩子，假如是我的孩子。最后，我什么都没说，只是把手伸向她，给了她一个拥抱。小月眼里含着泪花，把脸埋在了我的肩上，对我说了一句："老师，对不起！"（A3）

在 A3 教师的故事中，在班上的孤独症儿童小月惹下麻烦之后，A3 教师选择以一个无声的"拥抱"来代替言语的责怪。最后，正是通过这个拥抱，小月体会到了教师对自己的爱，认识到了自身所犯的错误——"老师，对不起"。A3 教师以蕴含教育意义的"拥抱"唤醒了孤独症儿童的心灵，使学生获得了成长，对学生产生了"润物细无声"的教育影响。与 A3 教师类似，A5 教师也利用"润物细无声"的方式影响了学生。

小花是我带的一年级的学生，一天来学校之后她一直哭闹，上课铃声响了，还躺在教室后面的地面上不起来，严重影响到了其他同学的学习。我把她单独带到办公室询问缘由，她却一直拒绝好好沟通，反而冲我大喊大叫，态度十分恶劣……我不再说什么，只是轻轻拍着小花的后背，让她把头靠在我的肩膀上，把她当作自己的孩子慢慢安抚她。没想到过了一会儿，小花竟主动开口说话，原来，她要求在学校外的商店里买糖吃，妈妈因为她今天已经吃过糖了就没有满足，她对得不到糖果十分不满。我听完之后对她说："已经吃过了，今天最好不要再买糖果，而且你躺在地上哭闹是不对的，影响到了其他同学的学习……"（A5）

在以上故事中，教师在与学生相处的教育情境中，以一种微妙的方式带给学生"润物细无声"的教育影响，展现了自身的教育情怀。如 A5 教师"我不再说什么，只是轻轻拍着小花的后背"。教师们在处理与学生相关的问题时，总是保持敏感性，细心对待，通过与学生的互动，以"无声胜有声"的方式——肢体语言创造有利于学生成长与发展的氛围或环境，从而使学生在潜移默化中受益，朝着更好的方向进一步发展。同样地，在"润物细无声"的教育影响中，蕴含着教师的教育情怀。

通过对以上故事的教育现象学分析，教师教育情怀的实践样态得以清晰显现。在日常的教育生活实践和具体的教育情境中，教师的教育情怀表现为对学生浓郁的情感投入、合理的教学认知、适切的课程理解以及巧妙的教育机智。首先，教师的教育情怀在个性化的教育情境中表现为对学生浓郁的情感投入，这种情感投入主要通过教师对学生的包容、对学生的关怀和对学生成长的迷恋等形式显现出来；其次，教师的教育情怀表现为合理的教学认知，包括对教育教学目的的认同、对自身教学能力的不断提升以及对教学对象学业发展的尽力引导；再次，教师的教育情怀还表现为适切的课程理解，包括对课程现象、课程"文本"、课程事件意义的精深把握和课程研究开发两个方面；最后，教师的教育情怀还表现为教师在面对学校教育生活中突发、偶然事件时展现出的巧妙的教育机智，在日常教育情境中具体体现为处理突发事件的能力和"润物细无声"的教育影响。至此，教师教育情怀的实践样态得以清晰显现。

第二节　教育情怀的实践生成路径

教师教育情怀具有内隐性，其发展历程并非单独凸显，而是融入在教师的专业发展过程之中，与自身的专业发展密不可分。哲学领域认为，生成实际上是"观世界"的一种思维方式，事物是在发展过程中形成的，不是"本质"既定的[①]。对于教师的教育情怀而言，也是如此。然而，教师教育情怀的生

---

① 赵俊、闫寒冰、祝智庭：《教师信息技术应用能力发展的可持续方略——学习生成的视角》，《电化教育研究》2016 年第 4 期。

成并不是一蹴而就的，而是一个在日常的教育教学生活实践中逐渐生成的动态过程，且在这一动态生成过程中，教师教育情怀遵循一定的路径。那么，教师教育情怀的生成路径是什么？

本部分主要围绕"教师的教育情怀如何生成？从理论角度出发存在何种路径？"这两个中心问题展开研究，运用教育现象学研究方法，对教育家型教师的教育情怀典型故事以及中原名师的教育情怀生成故事，进行教育现象学的呈现、提问及思考、改写。从教育现象学的视角出发，合理审视教育情怀发展的全过程，对教师教育情怀的生成路径进行较为全面、准确的把握，以达到从中进一步科学地提炼、总结出教师教育情怀生成路径的目的。不同的教师教育情怀在实践中遵循不同的生成路径，有以下几种。

一　体验偶发：从个体体验到情怀养成

体验偶发的教育情怀，是教师依靠自身对周围教育生活体验的积累、积淀而产生的一种教育情怀，是教师在无意识的状态下生成的，具有个体体验性、情境性、偶发性。体验偶发的教育情怀产生于教师与学生相处的日常点滴，内隐于教师与学生相处的体验故事中。教师的教育情怀可能萌发于其作为实习教师第一次走上讲台，看到教室中学生渴求知识的目光；可能产生于与一个调皮孩子一次次的"深入接触"，最终发现孩子的另类行为源于对关爱的渴望……总而言之，教师体验偶发的教育情怀以教师个体的生活体验为基础，萌发于一个个鲜活的教育生活体验故事中。于个体而言，一个又一个故事的累积、沉淀，使得教育情怀最终得以形成、凸显。

（一）青涩萌芽——"让学生喜欢我"

第一次与B1老师接触，是对其进行电话访谈，在访谈一开始，由于不熟识，笔者在提问时略显紧张、急促，B1老师察觉以后，马上说道："时间很充裕，我们可以放松下来慢慢聊。"妥帖、平易近人的话语瞬间拉近了笔者与B1老师之间的距离，在笔者心中留下了深刻的印象。就是这样一位老师，在请其描述自身教育情怀的生成过程时，她首先谈到了她大学毕业之后与所带的第一届学生之间的故事：

大学刚毕业之后，初踏上讲台，老校长便让我担任一个班的班主任，当时才毕业不久，没有教学经验，连听课记录都不会写，我不敢接手，心里打了退堂鼓。"试试吧，不试怎么知道可不可以？"老校长这样鼓励我。就这样，我成为学校里最年轻的班主任。我怀着忐忑的心情站上讲台，从学生的旧身份转换为教师的新身份，一低头便看见几十双眼睛专注地看着我，望着孩子们炽热的目光，我仿佛感受到了自己肩上责任的重量。为了教学、班级管理两手抓，有段时间我每天忙到顾不上吃早饭，暗暗下决心一定要把学生带好。第一次参加教学成绩评比时，我们班竟然夺得了全校第一的好成绩，我和学生都很受鼓舞，坚定了我开展教育工作的信心。

B1 教师教育情怀的生成，与她自身的专业发展息息相关。这是 B1 老师口中自身教育情怀发展的青涩萌芽时期。初登讲台时，她是一个缺乏教育教学经验的新手教师，在平时与学生的日常相处中一点一滴地摸索开展教学和班级管理的经验。"那个时候对教育有一种本真的追求，认为教师是一个高尚的职业，看到学生渴求知识的目光，内心会升起一种责任感，有一种青春的冲动和年轻人的率性，愿意为了教育付出一切，哪怕是生命。"在对学校日常的教育生活的体验中，以及与学生相处的过程中，B1 老师形成了自身独特的情感体验。在开展教学活动时，她时刻提醒自己对学生负有的责任，产生了竭力引导学生发展的意志和行为。在教师的尽心尽力引导中，学生的学业水平提升明显。"但同时，在这个阶段我更多地关注自己，希望通过为学生做这些来得到他们的喜爱。"这时，B1 教师开展教育活动的驱动力不仅仅涉及学生，而且还有为自身考虑的想法，关注外界（主要是学生）对自身的看法、评价，有一种被动的成分所在。但无论如何，任教初期 B1 教师能够尝试以自身的方式在教育实践中探索自我的教育情怀，这是值得肯定的。

（二）经年积淀——"成就学生"

从教第四年，那时我还在 F 市的一所中学任教，接手了以"乱、差"闻名的初二（3）班。这个班级成绩差、纪律差，全年级400多人，班级第一名排在全年级99名。课间眼保健操时间，很少有同学遵守纪律好好做，打扑克、追逐打闹的都有。我第一次进入这个班级，站在讲台上，拍拍手示意安静下来，这种安静不能维持多久，而且我也根本听不到是谁在说话，因为每个学生都在说话。就是这样一个班级，我下决心要改变学生，决定要带着他们"逆天改命"。我在摸索中带领学生前进，抓语文、物理、化学各门学科的成绩，抓学生学习的态度、思想价值观，抓纪律等。经过一个学期的时间，期末成绩下来，班级成绩还是排在倒数，但我仍然继续坚持，又过了一年半，到中考的时候，班级里一共50多个学生，有30多个都考到了F市最好的高中，最终我实现了内心最初为自己设定的目标。

在此阶段，B1老师提到了自己"痛苦"的一段成长历程，而痛苦的根源在于接手这个班级之初就给自己定下的高目标，即全力改变班级。"在带领班级里的学生实现逆袭的两年时间里，我学会了'深挖洞，广积粮'，也学会了'定目标，沉住气，悄悄干'。'深挖洞，广积粮'就是培养学生学习的兴趣、内驱力。'定目标，沉住气，悄悄干'就是在开展教育过程中低头耕耘，不问收获，耐得住寂寞，抛开一切，全力倾心相对，学会不浮躁，学会等待。"可以看出，此阶段B1老师开展教育的关注点中已经没有了自身，而是全部转向了学生。她提及她给自己赋予的是一种拯救班级学生的角色，因此自然而然就把全部精力放在学生身上，在教育生活中时刻体验着与教学、学生相关的一切，敏锐地捕捉教育问题，遇到问题"不停车""不拐弯"，单刀直入地解决问题。她把克服困难与挫折的经历比喻为"打小怪兽"的过程。"我能够做到保证排最后一名的学生即使学不会也能够在课堂上认真听讲、记笔记。"B1老师与学生以心换心，其对此阶段自身教育情怀的描述是对学生成长完全的关注与关心，而不掺杂其他。B1老师通过自身力量的发挥对学生产生教育影响，这种影响非常持久，"班里很多学生长大之后都选择了从教，遍布幼儿园、小学、中学各个阶段，这可能就是'长大之后我就成了你'，就连那些特别调皮捣蛋的孩子也都走上了正轨"。

在复杂的教育实践场域中，教师需要面对的是一个个具体的、个性化的教育情境和处于发展过程中的、充满不确定性的学生。因此没有经过考验的教育情怀不是真正的教育情怀，教师唯有在对教育生活实践中历经的困境进行沉思之后，在理性审视中把握教育的意义，从中淬炼出对教育、对学生的真正情感，达到情怀的逐步递进、升华，使其不会轻易变质，才有可能拥有真正的教育情怀。"当教师凭借自己的力量和智慧处理一个又一个问题时，其关于教育的认知系统、专业情怀、价值观念与教育信仰就会建立起来。"①B1 老师就是在经历并克服教育教学问题、挫折中逐渐坚定和加深了对教育、对学生的情感，并把它投入具体的实践当中，从而实现了自身教育情怀的不断积淀。

> 我也非常注重教育教学能力的提升。从教的第五年，我走上了"赛课"的道路，我们知道优质课是"精品课"，讲一次优质课就要"脱一层皮"。为了讲好一节满意的优质课，我去听专家的观摩课，听课时总是坐在最前面，还把专家的书买来，亲自实践，吸取别人的精华，再添加上自己的思想，在无数个日日夜夜的认真揣摩、精心准备中，我才形成了自己的教学风格，两次登上省优质课的领奖台，连续数年教学评估全校第一。在教育教学能力快速提高的过程中，我领略到了教育的魅力，更加被教育所吸引。

教育情怀是教师专业发展的内生动力，同时也从教师专业发展的过程中逐步积淀、发展而来，教育情怀并非在一朝一夕之内形成，其形成也体现在教师各方面专业素养发展的轨迹之中。韩愈有言：师者，所以传道授业解惑也。传道、授业、解惑是教师应该具备的专业能力，B1 教师的教育情怀正是在发展个人专业知识与能力的过程中得到夯实。"我给自己在课堂上的定

---

① 刘炎欣、王向东：《论教育情怀的生成机制和升华路径——基于文化存在论教育学的视角分析》，《中国人民大学教育学刊》2018 年第 2 期。

位不是'一言堂堂主'，而是'发言首席'，首席的职责就是首先要营造对话氛围，使教师和学生之间的对话、学生和文本之间的对话能够在宽松、民主、愉快的氛围中进行；其次是要合理组织对话过程，使对话在有效、有序的状态下进行；最后是调控对话方向，使对话始终围绕当前课堂中聚焦的某一话题进行，使语文课堂不能失去语文学习和人文精神的色彩。"B1教师在对课堂的投入中，在具体的教学体验中丰富、积累着教育的智慧，使开展教学的方法更加科学、有效。"失败不是成功的母亲，成功才是，要在成功中孕育成功。"在引领学生实现成功的过程中，积淀着自身关注、关心学生成长的教育情怀。

（三）拓展深化——"影响更多的人"

　　2013年前后，我入选了首批河南省中原名师，成为十位中原名师中的一员，有了自己的名师工作室，此工作室旨在为河南省中学语文教师提供发展平台。自从工作室正式承接省级名师、骨干教师的培养认证工作以来，对于我而言，教育对象由学生扩大到了教师。在帮助中青年教师提升教育教学能力、科研素养的过程之中，我体验到了教育的神圣：我改变了他人，他人又会去改变更多人——包括身边的同事和学生，做教育真的特别有意义。因此，我一直尽最大的努力一边坚持为学校的孩子上课，另一边坚持做好工作室中青年教师的培训工作，工作室先后为5000多名一线教师进行了教学业务培训。在工作室的培训下，成员业务水平提升迅速，先后斩获省、市级多项荣誉。现在的自己当老师已经有"瘾"了，"好为人师"已经成了一大习惯。

　　视野和格局的变化，也会影响人的成长。在此阶段，B1教师的身份发生了变化，她身兼多重身份，既是学校课堂里助力学生成长的教师，也是名师工作室的负责人，还是引领诸多教师实现进步的导师。她借助名师工作室这一平台，发挥自身的力量帮助更多中青年教师实现专业发展。"我不再局限于把一个班教好，而是希望能够影响、改变更多的人，有了一种使命感，想要成为时代的推手。"可以看出,B1教师认清了教育事业发展对于教育教学人才发展的要求,其开展工作的对象不再局限于学校的学生,而是开始面向其他教师,向其他教师传递自身的教育教学经验,以自身的力量来影响更多的人,把自身的教育使命和时代的发展结合到了一起,实现了自身教育情怀的进一步发展,明确了自身对于教育的发力点是为国家培养人才。同时,在面对学生时,"极力促发展,希望他们将来走到工作岗位上比我更有价值,以后走上工作岗位能够成为建设祖国的人才"。B1教师从引领学生成长为"我"到引领学生超越"我",为学生成才而贡献自身的力量。由此可以看出,B1教师的教育情怀已经从引领学生的成长转变为引领更多人(包括学生、教师)的成长,献身引领学生、教师教育的行动是B1教师教育情怀进一步拓展深化的标志。

(四)走向成熟——"向着豫派教育家而努力"

直到现在,我依然坚守在一线教学和名师培育的岗位上,于我个人而言,我并没有因为取得什么样的成绩而放松对自己的要求,对于教育教学的认真态度不仅没有减少一分,对于课堂反而比年轻的时候更加投入和珍视。我没有疲惫感和职业倦怠感,能够在任何一个时期里拥抱更好的自己,不断突破自我的边界,刷新自己的认知,给自己规划更好的未来。一切对于我而言都是崭新的,教育情怀于我而言也是如此,是一个走向成熟的阶段。教育,已成为我一生所要追求的事业。

在此处,B1教师特别指出的是,自身的教育情怀发展到现阶段绝不是达到了顶峰的状态,而是始终在走向成熟的路上。"教育情怀的发展不是过去完成时,而是正在进行时,在未来三年成为豫派教育家的成长过程中,我还有更多值得尝试的事情。"相信随着B1教师教育教学视野和格局的进一步打开,以及教育体验的丰富、累积,其教育情怀一定会进一步走向成熟,他也会成为具有更高尚教育情怀的豫派教育家。综上可知,B1教师的教育情怀是在与学生相处的过程中和对教育生活实践的体验中逐步生成的,是一种体验偶发的教育情怀，遵循青涩萌芽、经年积淀、拓展深化、走向成熟的生成路径。

通过对大量教师教育情怀访谈资料的分析可以发现，B1教师教育情怀的生成路径不是个例，具有典型性，是某一类教师教育情怀生成路径的代表。此类教师的教育情怀都是基于对教育生活实践的个体体验而逐渐生成的。

> 大学毕业之后，我毫不犹豫地选择了走上教师这个岗位。在学校生活中，我由衷地感受到孩子们带给我的感动和其他丰厚的心灵上的体验。平时，我习惯把我与学生的教育故事记录下来，在记录、梳理时，我总能看到非常多美好的教育画面。在回味的过程中，就对从事教育这份职业更加充满动力，每天早上睁开眼就期盼着快点到学校见到孩子们，上完一节课后会感慨："怎么这么快就下课了？"感觉与孩子们相处不够。在生活中，每天都被幸福的感觉包围，更加有动力去回馈孩子们的信任和爱……（A1）

> 我的教育情怀孕育于和学生日复一日相处的学校生活之中。大学毕业之后，我成为一名教师，刚走上教育工作岗位时，为了全面了解每一位学生，我利用每天放学之后的时间，在一周之内对班里每一位学生都进行了家访，记录学生的家庭状况。因为对学生的情况了解得很充分，在平时的教育生活中和班里的孩子都能聊上几句，受到了学生的欢迎，我觉得很开心，逐渐喜欢上了和学生待在一起的感觉，此时我的教育情怀已经开始萌芽。之后，在课堂教学工作的过程中，我特别关注学生的学习，会在批改学生的作文时写上一句鼓励的话或者画上一个笑脸以激励学生，给表现好的同学单独创作一首只属于"他"或者"她"的诗，有一天，我的办公桌上多了一张字条，上面写着：老师，谢谢您为我创作的诗，我很喜欢您，接下来我会更加努力学习的！看完字条后，我觉得很有收获感、自豪感，我用自身的力量真正影响到了学生，于是我更加喜欢教育这份工作，更加具有工作的动力。在积累几年教育教学的工

作经验之后，我从日常繁杂的工作中挤出时间，主动办起了亲子运动会、师生读书会，号召更多的教师、家长加入，走上成长的道路，掀起一阵重塑自我、影响孩子的浪潮。从这些活动中，我的教育情怀变得更加浓郁，我更加愿意为教育出一份力，作出自身微薄的贡献。最后，成为中原名师之后，我产生了一颗对教育的使命心，开始比以往任何时候都更坚定地担当起作为一位人民教师对教育的责任，我的教育情怀变成了我对教育的使命心。（B5）

与 B1 教师相似，A1、B5 教师的教育情怀生成于和学生相处的个体体验之中。由于"对班里每一位学生都进行了家访""在平时的教育生活中和班里的孩子都能聊上几句，受到了学生的欢迎"，因而"喜欢上了和学生待在一起的感觉"，产生了教育情怀的萌芽。在课堂教学中，通过给表现好的同学创作诗而受到了学生的尊敬与喜爱，因而产生了作为教师的收获感与自豪感，教育情怀进一步发展。经过对教育生活实践体验的长时间积累，把自身对教育的热爱从校内延伸到了校外——"办起了亲子运动会、师生读书会"，使得自身的教育情怀落地到了真真切切的教育行动之中。最后，B5 教师把教育作为终身追求的志业和使命，教育情怀进一步得到升华。

体验偶发的教育情怀，是教师教育情怀生成路径的一类代表。在此类教师教育情怀的生成过程中，教师与学生日常相处的教育实践是其教育情怀成长的"摇篮"。美国著名伦理学家麦金太尔（Alasdair C. MacIntyre）指出："德性应该是指个体在把握自我和处理人际利益关系过程中稳定体现出来的以理性为基础、以积极道德心理为实践动力、以个人自觉趋向于既益己又利他的道德品质。"[1] 在麦金太尔看来，德性与实践紧密相连，教育情怀能够看作德性的重要组成。因此与德性相同，教育情怀具备实践生成性。正是教师在面对多样、鲜活、复杂的教育情境，具体、个性化的学生时，在丰富、敏感的体验中聆听教育的召唤，体验偶发的教育情怀才得以逐步萌芽、壮大，并随着教育实践的深入而逐步深化。在此，可以得知的是，对与学生相处的

---

[1]〔美〕麦金太尔：《德性之后》，龚群等译，中国社会科学出版社，1995，第241、250页。

教育生活实践的体验是教师教育情怀的生长点。由此出发，在教育实践不断深入的过程中，在专业发展的过程中，教师将内心情感升华为一种更加强烈而稳定的精神品质，最终外化于行，这便是体验偶发的教育情怀。

二　经验传递：经验感知到情怀生成

经验传递的教育情怀，不是依赖于教师对教育生活的直接体验，而是在对他人教育情怀经验间接感知的基础上逐渐生成的一种教育情怀，具有共享性、共识性、可传递性。经验传递的教育情怀的产生与同教师或有教育情怀的其他主体的相处有关，内隐于教师与相关主体的相处故事中。此类教育情怀可能萌发于上学时老师一句温暖的鼓励，从而埋下了一颗教育情怀的种子；可能产生于走上教育工作岗位之后，受到某位有教育情怀教师潜移默化的影响；可能产生于有教育情怀的祖辈、父辈家庭成员的谆谆教诲……总之，经验传递的教育情怀以对身边重要他人教育情怀的感知为基础。

B4 教师，中学正高级教师，中原名师，河南省最美教师，河南省优秀教师，河南省教学标兵，河南省教育厅学术技术带头人，河南省教师教育专家，河南省师德教育专家，河南省教育信息化专家，曾获首届全国初中历史课堂教学竞赛一等奖、河南省首届基础教育教学成果奖一等奖……诸多荣誉加身的 B4 老师坦言自己是幸运的，正是因为在自身成长的过程中受到了身边很多有情怀的教师、前辈的帮助与影响，他们拥有的共同特质吸引了自己，才使其对从事教育事业、成为一名有教育情怀的教师产生了动力。

（一）年少立志——"长大后成为老师那样的人"

在我上初中的时候，年少贪玩，心思总是飘忽不定，不在学习上，是班级里令人头疼的差生。L 老师担任班主任以后，没有看不起我，而是从各方面鞭策我努力学习。她首先让我从教室前的"专属"座位回到自己的位置上听课，每当我学习分心的时候，总是第一时间提醒，作业没有完成时，也没责备过我，而是每天中午放学后坐在我旁边陪着我写作业，等写完了再离开学校回家，我没有了偷懒的借口。慢慢地，在 L 老师的帮助下，两个月之后我在学习上找到了门路，初中毕业的时候，我考到了班里前几名，顺利考上了高中。那时候我就体会到了老师对自己的"好"，在心里埋下了对"教师"这份职业向往的种子。

另外，高中教我历史的 W 老师和大学进入师范院校就读期间教育学院的几位老师对我产生了一些影响。我因为成绩的原因选择了历史学专业，当时的系主任 S 老师是一位非常和蔼的老师，对我后续的成长包括职业的选择给了一些很宝贵的人生经验。当时学校有一个就业机会，河南省某行政机关要在我们系招收一名公职人员，我报名了，这时，S 主任找到我，和我进行了一次很深入的谈话：与你的情况不同，其他同学是从乡里、县里来的，在分配就业的背景下就业面比你更窄一些，要把机会留给这些更加需要的同学，而不只是考虑自己。于是我选择了放弃，S 老师坚定了我从教的信念。

教育是一场充满境遇的人生旅行，每个人正是在与周围各个重要他人的沟通交往、共情之中，持续走向深入的生命体验历程[①]。B4 教师谈及上学时遇到的班主任 L 老师，感慨良多，言语间几次都表达出对 L 老师的感激之情，坦言在自身成长的过程中，L 老师以其专业的能力、负责任的态度给予了自己很多帮助，对自身的发展产生了重要的教育影响，B4 教师从自己老师身上感受到了教师这一职业的真正魅力。"L 老师改变了我的生命轨迹，就像习近平总书记讲到的，一个人遇到好老师是人生的幸运。今天，我自身的情怀、对学生的态度、教育的一些智慧与方法的'根'都源于初中，源于老师在无意间对我播下的种子。"从 B4 教师的发展历程中同时可以看出，高中的 W 老师、大学的 S 老师也都对其成长产生了一些影响。尤其是 S 老师，坚定了 B4 教师的从教信念，在 B4 教师职业道路选择的关键时期，成为助力其走上从教之路的重要推手。

---

① 姜勇、郑楚楚：《教育是一场充满"境遇"的人生旅程——从"哲学史上的暗流"来看教育的"不可测度性"》，《基础教育》2016 年第 13 期。

（二）初入职场——"坚定教育理想信念"

　　刚迈入职场时，我的从教之路不算顺利，与学生相处得不融洽等一些问题开始凸显出来，在这个过程中，我一度有过弃教转行的念头，其间还尝试考取导游证、做司仪等。之后，在与一些青年教师同伴的接触、聊天过程中，有人告诉我：只有初中老师是处在学生成长的最关键时期，无论教师做得好与坏都会深刻影响学生，做得好，学生会记住你带给他们的人生经验，并且不断地传承下去；做得失败，他们也会记住经验教训。只有教师这个职业对人的影响是最深刻、最持久的，因此教师的生命是永恒的。我被他们的这种精神所感染，当时身边一些老教师执着、坚守的精神也感染了我，使我对教育的态度逐渐从茫然、摇摆走向了坚定，坚定了自己的理想信念，最后在教育这条道路上坚持了下来。

　　B4教师指出，如果说是L老师在少年时期对自身产生了影响，改变了自身的命运，在自己的心底埋下了教育情怀的"种子"，那么，走上工作岗位之后，"我的教育情怀的种子生发出了嫩芽，但是风吹着嫩芽摇摆不定，甚至几乎要被摧毁"。此时，对于B4教师来说，作为新手教师经受着来自各方面的考验，在教育教学工作中遭遇的挫折，使得其对自身的从教之路产生了迷茫、摇摆，滋生了畏难、退缩的情绪，萌生了转投其他行业的想法。在这个关键时期，青年教师同伴作为身边的重要他人，再次对B4教师教育情怀的发展产生了重要的影响，"只有教师这个职业对人的影响是最深刻、最持久的，因此教师的生命是永恒的"。正是这句话，使得B4教师领悟到了教师职业不同于其他职业的独特意义所在，也是在这个时候，B4教师真正意义上坚定了自身的职业道路，达到对自我教育理想信念的确认。

（三）名师指点——"情怀传递"

　　2001年，在学校稍有成绩的我代表我们学校参加了区里的优质课比赛。比赛前一天，邀请了老校长来听我的准备课，听完他指出："你这节优质课'优'在何处？有什么亮点值得别人来学习和观摩？"他一语点醒了我，我一夜没睡，重新整理思路，改课件，改教案。第二天正式比赛的时候，我讲的是"非洲、拉丁美洲民族主义运动"这节课，课程内容繁多，人物、事件呈现繁杂、时间线索不明确，于是我打乱课本顺序，以人记事，把课文中的三个英雄列出来，用《十面埋伏》《英雄》等歌曲导入，引起学生学习兴趣，接着逐一呈现内容，让学生快速获取书上已有的内容，最后在提问环节进行梳理、整理、升华，突出老师的"讲"，取得了很好的效果。有了此次经历，当时这样的一个思想就已经"刻"在自己心里：我的课一定要让其他人感觉到"优"的地方，我一定要比其他人付出更多努力、精力来备课、讲课。参加全省的比赛时，市教研院的一位老师和省教研室的一位老师逐字逐句地帮我修改讲课稿，在他们的帮助下，我认认真真思考了以下问题——谁才是学习的主人？学生。怎样才能有效激发他们的兴趣？通过小组竞赛的形式（那个时候这种方法并不流行），在课程中突出学生的主体性。为了给学生上好课，我日夜备课，熬了好几个通宵，最后在参加比赛那一天，得到了评委们的一致认可："课上得真好。"参加全国比赛时，我上课的方式受到了人民教育出版社、中国教育学会历史教学专业委员会专家们的高度认可，最终幸运地获得了全国一等奖。在这个成长过程中，老教师们对我的帮助特别大，启发了我很多，包括对教育事业的坚定与热爱、对于教学的深入思考。

在这个阶段，B4教师认为在自身专业发展的各个方面都发生了质的转变，"尤其是在参加优质课比赛的过程中，经受了更加严格的职后训练，而在此之前，自己的专业成长处于一种'野生'的状态"。教学是一种显著的道德行动①，是教育情怀成长的重要渠道，市教研院老师、省教研室老师和其他名师对B4教师教育教学知识、能力、情感方面的成长都起到了巨大的推动作用。"上课的手势、体态语，包括如何请学生站起来，如何请学生坐

---

① Hansen, D. T., *Exploring the Moral Heart of Teaching* (New York: Teachers College Press, 2001), p.1.

下去，老教师们都一点一滴地教导我，使我知道作为一名教师竟然可以做到这样认真、严谨、负责。"在提高教育教学能力的过程中，在更"逼近"学科教学本质的过程中，在对名师教育情怀经验感知的基础上，B4 教师的教育情怀实现了进一步发展。由此可见，此时 B4 教师的教育情怀包含对老一辈教师对待教育的匠人精神的传承。

（四）自我内化——"好为人师"

当前，经过自我内化，B4 教师对教育有了更深的理解：教育是一种直面人的生命，为了人的生命质量的提高而进行的活动，因此教师愿意结合学生的特点，为学生开展一系列富有特色的教育教学活动。在看到青年教师在课堂上存在的问题时，B4 教师总是及时地指出或分享自己的看法，帮助他们实现更好的成长、进步，达到把每一个学生教得更好的目的。"就像 L 老师对我进行及时的指导一样，我只是做了和她一样的事情。"此时，B4 教师开始以自身的教育教学经验去影响他人，实现了从"被他人影响"到"影响他人"的转变。另外，B4 教师还提及"用自己的生命将历史或人类文明的火炬点得更亮，然后传给下一代"的教育愿景，这事实上是其对教育的一种坚守，是其对待教育和学生坚定不移的责任心、执着的使命感以及忠于职守的道德品质的体现[1]，至此，B4 教师形成了自身独特的教育情怀。

　　　　我出生在教师家庭，父亲、母亲都是从教的老师，我父亲是中等院校的高级工程师，我母亲是小学的高级教师。在我小时候，我母亲给学生上课时，我会偷偷跑到教室窗户外面，踮起脚尖看她上课。我父亲在中等院校教机械制图，晚上回家挑灯绘图，用自己买回来的萝卜给学生刻成教具。他们对教育非常热爱和执着，无形中对我产生了耳濡目染的影响，我那时就憧憬着长大后也要成为一名好老师。1983 年毕业后，我果断选择成为一名教师，实现小时候的梦想。父亲对我说："上好每节课，争做好老师。"因此早期我是一种对父母职业崇拜的心理。到了中年教师时期就是锤炼自身的教学能力，在此过程中教育情怀逐步发展、

---

① 韩延伦、刘若谷：《教育情怀：教师德性自觉与职业坚守》，《教育研究》2018 年第 5 期。

加深。1996 年我为了考验自己"站好讲台"的基本功，参加了全省优质课评比，有幸得到了 H 专家的指导，我夯实教学基本功，作为一名地理教师随手能够画出近乎标准的同心圆，课堂出彩、学生喜爱，激励我更加热爱这个职业。2000 年前后我成为特级教师。2001 年前后，我参加了全国说课大赛，那时候多媒体很稀缺，我爱人也是一名教师，他为了支持我讲好课——把多媒体和传统教材结合起来，就自费高价购买了一台台式电脑，我深受感动，那时每天研究做 PPT 到夜里两点，我想这就是一种教育情怀。2015 年，成为中原名师之后，我开始思考自己的教育主张，基于自己和工作室成员积累的教育实践经验和阅览的书籍，提出了"参与明理，润泽致远"的教育主张，为学生设计出了更多出彩的课堂。因此我的教育情怀的发展（过程）就是从早期的憧憬、激情，到中期教学素养的培养、锤炼，再到现在的热爱、执着和奉献。(C5)

我的教育情怀离不开对家风的传承。我家是河南省优秀教育世家，我的爷爷是一位老校长，我的父亲也是一位在教育岗位上默默耕耘了几十年的优秀工作者，我姐姐也是人民教师，在我很小的时候，就耳濡目染地受到了爷爷和爸爸的影响，想长大之后像他们一样成为一名老师。读大学时，我就选择了师范，1992 年大学毕业后，我刚开始上班，我父亲就告诉我："教育是天大的事，面对有关学生的任何事情都要如履薄冰，要尊重孩子的生命，热爱自己的岗位。"所以从教之初，我就养成了认真的工作态度，认真备课、上课，引导学生思想品德、学科知识的发展，从来不敢松懈。2003 年到 2006 年，我同时担任了两个班的班主任，当时的工作量巨大，但是看到 D 老师也身兼数职，为了学生而奔走，一下子激励了我，我一咬牙就坚持了下来，为这两个班级的学生投入了很多的心血。为了把学生放在"舞台"的中央，最大限度地促进每一位学生的发展，我在两个班级中开展了许多实验性质的教学活动，每天在教室里就像在一个大型的实验室里，学生就是一个个鲜活的"数据"，看着他们朝着预期的方向发展、进步，我虽然很累，但是也感到很快乐、很有成就感，这使我变得更加热爱自己的工作。现在，我从教快 30 年了，在这 30 年里，从来没有感到过职业倦怠，直到今天，我在兼顾名师工作室相关工作的同时，还坚持带班授课，站在讲台上为学生们讲课已经成为一种生命自觉的习惯。（B2）

与 B4 教师教育情怀的生成路径相似，在 B2、C5 两位教师的教育情怀生成故事中，最开始都是受到从教家人的影响——"我的爷爷是一位老校长，我的父亲也是一位在教育岗位上默默耕耘了几十年的优秀工作者，我姐姐也是人民教师……想长大之后像他们一样成为一名老师""他们（父母）对教育非常热爱和执着……我那时就憧憬着长大后也要成为一名好老师"，从而产生了教育情怀的萌芽。正式参加工作之后，在日常的教育生活实践中，通过与同事的相处，受到了其他同事教育情怀的影响——"参加了全省优质课评比，有幸得到了 H 专家的指导……激励我更加热爱这个职业""但是看到 D 老师也身兼数职，为了学生而奔走，一下子激励了我"，自身的教育情怀得到进一步发展，在他人的引领中，逐步实现了自身教育情怀的升华与内化。总之，这是一种基于对他人教育情怀经验感知而生成的教育情怀。

经验传递的教育情怀，是教师教育情怀生成路径的第二类典型代表。此类教师的教育情怀源于身边重要他人的影响，身边的重要他人可以是青少年时期的老师，也可以是从教的家庭成员、工作上的同事等。这些人有一个共同的特点，那就是都拥有深厚的、能够对他人产生影响的教育情怀。在教师教育情怀发展的过程中，对重要他人教育情怀经验的感知是此类教师教育情怀成长的起点，一个又一个重要他人在关键时刻提供的帮助，都成为教师教育情怀发展的有力"推手"，使得教师能够克服发展瓶颈，让教育情怀朝着更深层次发展，最终形成具有个人特色的教育情怀，从而成长为新一代能够影响其他主体教育情怀发展的教师。事实上，经验传递的过程就是与重要他人"相遇"的过程，即教师主体用自身所有的感情、全部的理智和热情去卷入、去参与、去感悟、去融入他人生命世界的历程[①]，在这个过程中，教师

---

① 姜勇、郑楚楚：《教育是一场充满"境遇"的人生旅程——从"哲学史上的暗流"来看教育的"不可测度性"》，《基础教育》2016 年第 13 期。

的教育情怀不断得到发展。

三 理论自觉：从理论认知到情怀生成

通过对教师教育情怀生成路径资料的分析发现，还有一种教师的教育情怀，既不是从对日常教育生活的体验中偶发而来，又非来自身边重要他人的经验传递，而是基于一种自身对教育情怀的理论认知。在对教育情怀形成理论自觉的基础上，立足自身在日常教育生活实践中的教育情怀表现，在克服理想与现实矛盾的过程中逐步生成自身的教育情怀。教育情怀理论自觉就是相关主体对与教育情怀相关的理论知识进行认识、掌握，从而产生的一种发展自身教育情怀的主动性与自觉性。与教师在日常教育生活实践中无意识状态下自发形成的教育情怀不同，具有教育情怀理论自觉的教师主体，在教育情怀理论认知的指导下，会在教育实践中有意识、主动、自觉地关注自身教育情怀的发展与提升，因而能够相对更快生成自身的教育情怀。其中，教师教育情怀的理论认知可能源自接受师范教育期间对相关课程内容的学习，也可能源于职后参与的教育情怀理论知识的相关培训。

C1 教师，正高级教师，河南省中原名师，河南省特级教师，河南省教师教育专家，全国名师工作室协会理事，"中原英才计划"领军人才，Z 市十大名优教师，主持省级科研课题 5 项，出版论著 4 册，发表论文百余篇，专业特长是快速作文教学、古诗鉴赏教学、国学经典诵读教学。C1 教师提到，自身教育情怀的发展离不开在师范院校学习期间老师对其教育情怀理论知识的引导和走上工作岗位后对国学经典名著家国情怀、教育情怀相关内容的系统学习与诵读，正是在这样的过程中 C1 教师逐渐形成了对教育情怀从朴素到深入的理论认知，唤醒了自身发展教育情怀的理论自觉，从而受到启发，在教育实践中生成了自身的教育情怀。

（一）教育情怀理论初认知——"忠诚于党和人民的教育事业"

从 1982 年走进师范院校，我们这些师范生就被老师教导，生在新中国、长在红旗下，要爱国爱党，热爱祖国、人民，热爱中国共产党，忠诚于党和人民的教育事业，我们作为未来的教师要学为人师、行为世范。之后，我偶然在《管子》一书中读到这样一句话：建国君民，教学为先。这句话的意思就是把教育搞好了，无论是建设国家，还是教化人民，自然而然都可以成功。此外，我还读到"立乎人之本朝而道不行，耻也"，我当时就受到了这样一种启发：正如古语所云，立足于教育行业，却不为教育作出贡献，那是很可耻的事，教育看似微小，但其实关乎天下，关乎存国，既然选择从教，等以后走上工作岗位一定要做一名有道德、有情操的好老师。

在师范院校进行学习的过程中，C1 教师在大学老师的引导下，已经开始接触到与教师教育情怀相关联的知识，"忠诚于党和人民的教育事业""建国君民，教学为先""立乎人之本朝而道不行，耻也"等，这些教育思想对 C1 教师形成关于教育事业和自身将来所要从事的教师职业的认识产生了关键的影响，使得 C1 教师产生了做一名好老师的教育理想，而这正是其对教育情怀的一种朴素、隐晦的理论认知，虽然这种理论认知还不是一种系统、深入的认识，但它是 C1 教师形成教育情怀理论自觉的开端，具有十分重要的意义。因为就像不是所有教师都具备教育情怀一样，并非每一位教师都能够形成自身独特的教育情怀理论认知，它的形成需要具备一定条件，即教师主体一方面需要对师德、教育情怀的相关知识有所感知、接触，另一方面需要对师德、教育情怀相关知识进行一定的领悟与反思，而不同主体的领悟能力、反思能力并非完全相同，而是存在一定的差异性。此阶段 C1 教师的教育情怀表现为对教育情怀理论知识的一种朦胧、朴素的认知，了解到作为一名教师，可以在践行行业规范的基础上做得更好，成为一名有情怀的教师。

（二）教育情怀初实践——"引导学生改变自己和家人的命运"

1985 年，我正式走上了教育工作岗位，成了一名人民教师，从教之初我就时刻提醒自己谨记"忠诚于党和人民的教育事业""立乎人之本朝而道不行，耻也"的规训。那时候面对的是农村的学生，我就引导学生通过努力改变自身的命运，改变家人的命运，尽最大的努力走出乡村，考上大学，到外面见识更广阔、精彩的世界。为了更好地了解学生，帮助学生提高学习成绩，当时学校门前有一条坑坑洼洼的土路，我就在放学后沿着这条土路去学生家挨家挨户家访，了解学生的家庭情况，并登记在册，有时候回来天都黑了，一连几届学生都是如此。我在这条路上留下了深深浅浅的脚印，走破了好几双鞋子。但那时更多把对教育的一腔热血放在了对学生学业成绩的引导方面，认为帮学生考高分，帮助他们走出山村，就是一名有情怀的教师，形成了一种狭隘的教育认知。

C1教师从教之初，在接受师范教育期间形成的"忠诚于党和人民的教育事业""立乎人之本朝而道不行，耻也"朴素的教育情怀理论认知的指引下，怀着对教育热切的初心投入教育事业，积极投身于农村教育实践之中，把自身带入"具有高尚教育情怀的教师"这一角色里，在日常教育教学生活中努力把自身理想中的教育情怀转化为教育实践中真正的教育情怀，十分注重自身教育情怀的养成，"除了对学生进行家访，我还利用空闲时间免费、义务给基础差的学生补课"。但是，由于对教育情怀理论认知不深刻，此时C1教师的教育情怀还是一种相对不成熟的教育情怀，在教育教学实践中仅仅关注到学生学习成绩发展的需求，而忽略了其他方面的发展，因此陷入了开展教育教学工作的误区。

（三）教育情怀理论再认知、再实践——"国学经典的诵读与践行"

我在践行这样的家国情怀、教育情怀的同时，通过讲座去推广《道德经》的吟诵和国学经典的诵读，来影响学校的老师和其他市内外的老师，在我们学校，不仅仅是语文学科的老师在读，生物、地理、化学、数学、英语老师也在读，还专门建立了《道德经》吟诵群等，每天一起阅读，我和其他老师在阅读中变得越来越自信、明朗，越读越觉得我们处在一个很好的时代，我要为新时代国家作出更多的贡献！

C1 教师从对国学经典较为全面、系统的学习中形成了较为深刻的包括道德、家国情怀、教育情怀的理论认知，并通过领悟、反思逐渐形成了自身独特的、相对成熟的教育情怀。"语文教育要回首千年，从国学经典中寻找语文教育之根，从中培养学生的家国情怀，这是教师应该做的核心工作，如此才能使学生成为一个幸福的人"，可以看出 C1 教师的教育情怀是一种与自身的家国情怀相关的、带有自身家国情怀色彩的教育情怀，C1 教师在传授科学文化知识的基础上，以培育学生正确的人生观、价值观以及对国家强烈的认同感、归属感为教育目标，而为了实现这一目标，C1 教师提出要带领学生"把《易经》读到 200 遍，把《诗经》读到 100 遍，《论语》读到 1000 遍，《孟子》读到 100 遍"。同时还积极以自身的教育情怀影响身边教师的发展。由此可以看出，至此，C1 教师已形成了独特的、较为深入的教育情怀理论认知，并且在自身教育情怀理论认知的指引下，能够在教育教学实践中自觉、主动践行，形成了自身独具特色的教育情怀。

C1 教师教育情怀的生成历经教育情怀理论初认知、初实践、再认知、再实践的过程，逐步达到自身教育情怀的内化与成熟。通过对教师教育情怀访谈资料进行分析可以发现，C1 教师教育情怀的生成路径不是个例，而是与其他教师存在共通之处，是某一类教师教育情怀生成路径的代表。

　　我的教育情怀是逐步发展起来的。参加工作之后，通过多次参与教师培训工程，我接触到了北师大、浙大、河大、河师大等高校的一些专家、学者，开始快速提升自身的教育理论水平，其中就包括对师德、教师教育情怀相关知识的了解与学习，如对于"立德树人"教育思想中立什么样的"德"、树什么样的"人"、怎样"立德树人"等问题有了进一步的认识，逐渐地意识到自己原来的教育理念是一种比较低级的、片面的认识。回到学校之后，我开始在教育实践中有意识地培养自身的教育情怀，把对师德、教育情怀学习的感悟运用到日常教育教学中，多关心学生的学习，课下多与学生交流，同时精进自身的教育教学能力，在数年的教育生活实践中，我能够站得更高、看得更远了，能够更全面关注学生的成长，把开展教育的过程看作"牵着蜗牛去散步"，在平凡中坚守，在重复中成就，教育已经成为我一生追求的事业。（B3）

在 B3 教师的故事中，教育情怀的生成也历经了教育情怀的理论认知——"开始快速提升自身的教育理论水平，其中就包括对师德、教师教育情怀相关知识的了解与学习"、教育情怀的具体实践——"把对师德、教育情怀学习的感悟运用到日常教育教学中"，B3 教师在参与教师培训的过程中对教育情怀相关理论知识进行学习，并在教育实践中积极践行，在此基础上逐渐形成了自身的教育情怀。B3 教师的教育情怀同样是一种基于理论自觉形成的教育情怀。

理论自觉，是教师教育情怀生成路径的第三类代表。教师专业发展的理论自觉使其自觉地把理论和专业发展结合起来[①]，因此，教育情怀理论自觉即教师自觉地把教育情怀相关理论与自身教育情怀在教育生活实践中的发展实际相结合。此类教师的教育情怀源于自身对教育情怀的理论自觉，教师主体在对教育情怀进行理论认知的基础上，在教育生活实践中有意识地、自觉发展自身教育情怀。在此类教师教育情怀发展的过程中，教师在师范院校或教师培训活动中学习到的相关理论知识起到关键作用。教育情怀理论自觉能够使教师突破教育情怀的发展困境，突破现有思想束缚，增加对教育情怀的认识深度，使教师认识到自身教育情怀在教育实践中存在的问题，以达到为下一步发展指引方向的目的。需要说明的是，教师通过理论自觉形成的教育情怀，是一个从理论到实践，再从理论到实践多次反复的过程，教师教育情怀的理论认知在最初阶段并非一定是对教育情怀相关理论系统、成熟的认识，而是一个递进的过程，随着教师教育情怀理论自觉的深入，其教育情怀在实践中的发展也逐步趋向成熟。

综上，通过对教师教育情怀访谈资料的分析可以发现，教师教育情怀的典型生成路径有三条，分别是：体验偶发、经验传递、理论自觉。而后，笔

---

① 罗勇：《教师专业发展中"术"的突破与"道"的提升》，《教育理论与实践》2019 年第23 期。

者在先后三次的回访中发现，此三条教育情怀生成路径均得到了访谈对象的认可。其中，前两者是教师个体通过对日常教育生活的体验或对他人教育经验的感知而自发生成教育情怀，而后者则是教师基于自身理论自觉，在自觉状态下形成教育情怀。"自发"与"自觉"是表征人类生存、活动状态的哲学范畴。"自发"是指人类在社会实践活动中盲目地为一定历史的必然性所驱使和支配，不知道其所以然的必然性和规律性的状态，属于初级的、表面的反应①。"自觉"是指人类在社会实践活动中，在一定程度上认识和了解自身活动的必然性与规律性以后，具有较为明确的价值指向性、目的性和指向性的状态②。因此，体验偶发的教育情怀与经验传递的教育情怀在形成过程中具有无意识性、偶然性，而理论自觉的教育情怀在生成过程中则具有计划性、指向性。

体验偶发、经验传递以及理论自觉三条路径不是对个体教师教育情怀生成路径的考察，而是基于对大量教师教育情怀故事、资料的分析和逐步提炼，在教师群体中具有典型性，能够代表某一类教师教育情怀的发展历程。需要说明的是，本研究中提出的教师教育情怀三条生成路径之间的关系并非割裂的，而是存在合理的联系，因为在现实教师教育情怀的具体生成过程之中，很难把教师对教育生活的体验、对他人教育情怀的经验感知以及对教育情怀的理论自觉三者在其教育情怀生成过程中所发挥的作用完全割裂开来。因此，本书认为个体教师教育情怀的生成，往往主要受如上某一方面所发挥的作用的影响，但同时也不排除其他方面带来的一些影响。例如，体验偶发的教育情怀，主要是基于个人对教育生活的体验而生成，但同时也可能会受到他人教育情怀经验和自身学习到的有关教育情怀理论知识的影响。同理，在经验传递的教育情怀、理论自觉的教育情怀的生成过程中，他人教育情怀的经验或自身教育情怀的理论自觉在教育情怀的生成中分别起到主要作用，但也不排除其他因素可能带来的影响。

---

① 陈新汉：《认同、共识及其相互转化——关于社会价值观念与国民结合的哲学思考》，《江西社会科学》2014 年第 7 期。
② 裴学进：《自发与自觉：主导价值观转化为主流价值观的两种方式》，《马克思主义研究》2016 年第 10 期。

至此，教师教育情怀的生成路径得以清晰显现。可以得知，不同教师主体的教育情怀遵循不同的生成路径，为其他教师教育情怀养成策略的提出提供有益的借鉴。

第三节　教育情怀实践观照的价值意蕴

教育情怀的生成并非单向的知识传递、理论灌输、价值传导的过程。情感投入、教学认知、课程理解、教育机智等教育情怀的核心要义需要"内化为师范生浓郁的行为准则和价值导向"，经历"外铄内生"的行动过程。从本质上看，孔子、蔡元培、陶行知等教育名家的情怀生成亦是基于"本体→认识→实践"不断锤炼的交互循环作用机制，既离不开根植于个体的主观建构，亦需要外部条件的作用呈现。

一　本体层面：映射出"成己""成物"的人性逻辑

"成物"与"成己"首先是一个哲学概念，从我国哲学史管窥，儒家经典著作《中庸》中已提出"成己"与"成物"的观念："诚者，非自成己而已也，所以成物也。成己，仁也；成物，知也。性之德也，合外内之道也。"教育情怀的创造性即个体在教育生活中"成己"的凸显，但同时又是"成物"的过程，人面对的并非本然的存在，也非完整的世界。从教育情怀的视角窥视，世界存在着未完成性，也是人类不断"开垦""建设"的未完待续过程，教育情怀一方面生成于、内在于本体，但另一方面又作为本体不断改变、作用于认识的对象，也自此展开了教育情怀"成己"与"成物"的人性逻辑。

（一）教育情怀的实践逻辑承续了儒家"成己"的价值观念

"成己"指征自我的完善[①]。成己指征的对象更多依赖于对自身的认识和成就，人出生伊始，便依靠"有吸收力的心智"成为儿童，在相当程度上表现为一种本然的存在。从教育情怀的内涵中不难看出，它是教师在与学生相处的教育生活实践中产生的一种道德情感体验，而这种道德体验在不断完

[①]　杨国荣：《成己与成物——意义世界的生成》，北京师范大学出版社，2018，第2页。

善的过程中，使教师获得自我肯定、自我满足的精神享受，它承续了儒家
"成己"的价值观念，诠释了个体作为"类"的存在与"动物"相区别的突
出特质。《中庸》开篇说："天命之谓性，率性之谓道，修道之谓教。"意思
是"人的本性是由天命所赋予的，按照人的本性去行事即为道，教育本质为
修养人性之善"①，教育情怀承续了儒家"善"的本性，诠释了人"本体向
善""劝人为善""以善为教"的"成己"逻辑。离开了"成己"的过程，
人便失去了生存的品格与情怀，从而难以真实地"在"世。

"螳臂当车"出自汉代韩婴的《韩诗外传》。齐庄公出猎，有一虫举足
将搏其轮。问其御曰："此何虫也？"对曰："此所谓螳螂者也。其为虫也，
知进不知却，不量力而轻敌。"庄公曰："此为人而，必为天下勇武矣。"回
车而避之。

螳螂凭一臂之力与车较量，不可能不失败，但是在齐庄公眼里，螳螂的
秉性如若发挥好，必是一个英雄，齐庄公避开螳螂绕路行走，尊重螳螂的英
勇，窥视出了螳螂性情之伟大。所以，将"螳螂"放于价值论之中，这种行
为显而易见是无价值、无意义的，但是将"螳螂之举"放入本体论中，透过
现象学窥视，人们会更加关注"螳螂"的天性，观测天性中"善"的意识，
透视出世界表现形态的多重性。如果人们单单以价值论来思考螳螂的举动，
那么"螳螂的举动意味着什么"这种思考本身就是无价值、无意义的。但齐
庄公从本体论角度来思考螳螂的举动，就转向了"世界与'螳螂'之间应
该是一种什么样的关系"，这一层思考就具有了意义性，呈现的并非"我与
它"的关系，而是"我与你"的存在，诠释了人类"成己"中的"本体向
善""劝人为善""以善为教"的价值逻辑。陶行知面对用泥块砸自己同学
的学生，借由"对话"而引向真实的存在，反映出教育情怀价值性在于基于
"对话"而引人向善的过程。人们在一定时期内规避劳动异化导致的人本身
异化的过程，也便是规避人性能力被异化为外在手段和工具的可能的过程。
马丁·布伯的《我与你》中有一句话"凡真实的人生皆是相遇"，在相遇中
走近，彼此真正地认识对方，这一思想与老子"无为无不为"思想不谋而

---

① 崔际银：《中国传统文化举要》，南开大学出版社，2023，第122页。

合，马丁·布伯赞许老子思想是中国智慧，因此还围绕老子哲学写过一篇文章《道的学说》。这从侧面也说明，教育情怀的培养不是教人成功、不是教人成才，而是教人成人，让人成为人，此乃"仁也"。教育情怀的实践价值也在于承续儒家经典的"成己"的价值观念，因为人性本身具备与生俱来的"知"与"能"，即具有自然性和道德性，承载着"善"的源泉。"成己"的价值观念为主体提供行动的方向与指南，该指南视教师为"具有自主生命意识与活力的且能主动选择和创造的教育主体"，如同 B1 教师"青涩萌芽→经年积淀→拓展深化→走向成熟"的历程诠释了"以自身的认识和成长为指向"，更使其确立了自身身份，明晰投入教育事业的责任感与使命感。

（二）教育情怀的实践生成承续了儒家"成物"的规定性

海德格尔在《何为物》一书中阐释了"物"的不同表象，一者指代具体可见的实物，二者指代发生于世间之"物"，即本然之物与交织之物，后者依赖于前者的知、行过程的具体呈现。从物理学角度进行分析，如同地表发生陷落而引发的地震一样，属于物理事件，但是从心理学角度进行分析，人们想象着居住的城市因为地表陷落而发生地震的事件，属于心理事件，与"物"相应的存在与后者关系紧密，但依然也是通过前者的"物"而建立的，此时之物扬弃了"物"之本然形态，而进入了"人"化过程。教育情怀的实践观照向我们透视了个体"成物"的过程。这一点在实际访谈中，B4 教师祖辈、父辈家庭成员的谆谆教诲，与其产生从教愿望不无相关。人一方面在认识自己、了解自己，一方面又游离于自己，按照个人目的与理想变革着世界、变革着自我，"成物"的过程不仅仅表现为对实然的把握，更依赖于按照人的需要和理想成就相关之"物"。

中国哲学其实很早就注意到"物"与"事"相连，《大学》中指出："物有本末，事有终始，知所先后，则近道矣。"前者"物有本末"是从本体论角度出发阐释，后者"事有始终"则就人的活动而言，更侧重于实践性。朱熹在《大学章句》中对"格物致知"进行了具体而全面的研究，"格"指代的是研究，"物"指代的是世间万物，"格物"即研究世间万物背后的道理。王阳明早期也提出了"格物"，他在龙场悟道时感悟中国古人一脉相传的真理是"格物致良知"，这里的"格"是搏斗、革除的意思，"物"指人内心世界的意念。如同马丁·布伯在《我与你》中描述的，人无"它"则不可生存（驻足于经验世界的必须性），但仅仅依靠"它"生存则不复为人（失去与他者的联结，即失去平等的交融关系，只剩相互利用的目的化的唯我论）。人注定要厮守在时间的无限绵延之中，固之，他不能不栖息于"你"之世界，又不可不时时返还"它"之世界，往返于"我—你"的唯一性与"我—它"的包容性之间，此种二重性便是人的真实处境。教育情怀的价值便在于使教师因对"你"的炽烈而不断反抗它，超越它，正是这种反抗造就人的精神、道德、艺术，正是它使人成为人。

（三）"成物""成己"为教育情怀培育提供了价值逻辑

教育情怀培养既是政府、学校、社会、他人等外部"物"的力量作用的结果，也是教师个体"己"的力量发挥作用的过程，"成物"与"成己"融会贯通为教育情怀的培育提供了行动上的价值遵循。从价值层面看，"成物"与"成己"的过程相互支持，但从"成物"与"成己"的实践逻辑上看，二者存在固有的缺陷，具体可分为三个层次。第一层次为"物→己"的过程，如政府、学校、社会、他人等力量通过政策、培训等手段干预激发个体情怀的生成与养成阶段，但缺失在于忽略了教师"成己"的力量，对情怀的生成没有决定性的影响作用。第二层次为"己→物"的过程，有赖于教师个体自身的认识和成就，教育情怀的成长不受外在规定性的限制，自由成长、独立成人，但这一过程容易滋生出"异化"现象。第三层次为"己→物→己物"的过程，受政府、学校、社会、他人等的影响，教师拥有了一定的教育情怀观念，个体积极、主动关注情怀的生成，最终实现教育情怀外在于物、内在于形的自觉转化。从教育情怀培养的实践层面来看，"成己"与"成物"的过程相互依存、相互转化。第一层次的"成物"激发第二层次的"成己"。在教育情怀培育的初级阶段，教师对于教育情怀的认识仅仅源于个体主观经验或经验承袭，停留在教师潜意识之中，具有表层化、浅层次性。第二层次的"成己"过程决定第三层次"成物"的过程，教师"己物"的程度越高，形成新的"成己"过程的程度就越高，教育情怀幻化程度就越高，因此使教师从"物己"转向"己物"是教师教育情怀培育的重要实践价值。

二　认知层面：诠释了"情知意行"的理论遵循

从认知层面看，教育情怀根植于历代中国教育家精神之中，饱含了"情知意行"的道德体验，蕴含着"精神成长（情）→理寓其中（知意）→中国美学（行）"的精神内核。它们构成一个教育情怀生成的层次递进序列，使教育情怀内含的意蕴延伸至教育"真善美"的精神内核，承载着培育师范生教育情怀、构建人类命运共同体的原初情感，催生出"教育兴则国兴"的责任意识担当，诠释出传承中国教育家精神、观照实践与指向未来的责任担当。

（一）明晰了教育情怀"精神成长"的理性诉求

教育情怀的实践观照让我们明晰了个体追求"精神成长"的理性诉求，教育情怀的生成既诠释了个体在环境中的成长，亦诠释了个体在成长体验过程中享受自身幸福成长的过程，指向个体精神层面的认识过程。教育情怀的培养有助于防止教育过度外在化和空心化，一位对学生包容、关怀，迷恋学生成长的教师，不仅仅会经历"成己"的过程，亦会经历"成己"与"成物""双向奔赴"的过程。本书亦揭示了教育情怀"成物""成己"本身所具有的精神特性，虽关联事实之维，但指向以理解为核心的精神，如同马丁·布伯论述的，教育不单单是对"我与它"的关系勾勒，更是焕发"我与你"的情感诉求，不仅仅爱人，更要善己，走向的是一种"双向奔赴"。教育情怀的实践生成明晰了个体"精神成长"的理性诉求，也表明了个体成长是一个内化于心的精神体验过程。

教育情怀的精神成长价值主要表现为三个方面。

第一，教育情怀的精神价值性由人的心灵感受给予。教育情怀与感官感受、生命感受、纯粹的形而上学的精神感受相互区别，是产生于心灵的情感感受，在先验价值等级秩序中有其适配价值——精神价值，精神价值在心灵感受中才能够被给予。

第二，教育情怀的价值不能被分割或量化。不同于感官价值的可分割、可量化或生命价值的可量化，教育情怀的价值在空间上没有延展，是不可分割、不可量化的，这是由其价值载体的非物质性、非机体性决定的，而且教育情怀的价值也不是由纯粹的形而上学的精神感受所给予。

第三，教育情怀的价值是一种持久的价值，时间跨度大。相较而言，教育情怀的价值既长于感官价值如适宜性价值，也长于机体所承载的生命价值，因为感官的舒适只是一时的，生命的健康也会随机体的老化而消亡，而教育情怀的价值却能超越两者在一代代教师间传承，是一种与人的精神心灵偏爱法则有关的精神价值。

教育情怀的"精神成长"性呈现出一定的视域性（perspective），本体层面的教育情怀为认识层面的教育情怀提供了前提与背景，既通过不同层次的凝练提升了人性能力，又通过凝练为内在视域提供了认识层面、价值层面的前置条件。没有教育的生命是空白单调，甚至低级的，没有生命的教育就好比一潭死水，失去了它应有的波澜和活力。教育情怀所传递出的精神性价值一方面使人性能力及其作用获得了内在依据，另一方面又从认识层面、价值层面为教育情怀的现实存在提供了依托。

（二）诠释了教育情怀"理寓其中"的认知境界

"理寓其中"（teleological approach）的思想最早源于古希腊哲学家柏拉图，柏拉图在其哲学体系中提出了著名的"理念世界"理论，其中包含"理念、认识和现实"等思想。"理"在亚里士多德的思想中被理解为"原因"和"理论"，他通过对事物的观察和推理，试图找到存在事物的根本原因和本质。亚里士多德的理论方法被称为"理寓其中"，意指通过追溯事物的目的和最终目标来理解事物的本质。亚里士多德认为，事物的存在和运动都有一个目的，而追求这个目的是事物自然的倾向。他使用"理性活动"和"幸福"这些概念来传达人类追求其最高目标的意义。教育情怀的实践观照透视出了"理寓其中"的理论遵循，抽象的理念伴随着形象，有效地提高学生的认识水平。钱钟书先生在《谈艺录》中有云："若夫理趣，则理寓物中，物包理内，物秉理成，理因物显。"[1] 教育情怀的最高境界也是将哲理与

---

① 钱钟书：《谈艺录》，中华书局，1984，第232页。

逻辑融于教育教学之中。对教育情怀生成路径的探寻凝练了"理寓其中"的哲学省思，呈现了教育情怀的表达境界，当教师怀揣教育情怀，其往往会对教材、课程设计、文本意义等方面有更加精深的理解和把握，实现"理寓其中"之"意远"之境。

  随着新时代的到来，习近平总书记特别提出要弘扬中华优秀传统文化，提出"四个自信"，其中就包括"文化自信"。从这个时候开始，我开始大量诵读国学经典，包括对"四书"，即《大学》《中庸》《论语》《孟子》，以及《易经》等经典名著的阅读，读的过程对我自身家国天下的情怀、教育的情怀形成了无形的浸染，像通过读《论语》我更加理解了人与人（包括教师与学生）的和谐相处，读《孟子》使我更加爱国，国学经典增强了我的文化自信，使得我更加爱自己的民族，更加爱祖国的教育事业，在诵读中加深了自身的家国情怀、教育情怀。我开始用这样的情怀去引领学生，提出了"通过诵读国学经典用六年奠定人的一生"的理念，带领学生阅读国学经典，在读中体悟、感悟千年以来大人君子、古圣先贤做好人、行好道于人世间的思想观点与行为。让他们成为一个立足天地之间的、有浩然正气充斥于心胸的大人君子，利国利民利他的大人君子，将来为国家作贡献的人才，这与新时代的教育理念相吻合。自从开始吟诵以后，我发现学生的精神变得饱满，在自我提升、自我管理方面有了很大进步。（C1）

以上是C1教师访谈过程中的具体描述，这一描述透视出"理寓其中"的理论遵循，教学有时候是一个赋能的过程，知识本身是思想的材料而并非思想的目的，教师只有具备"理寓其中"的观念与意识，才能够真正实现"传道、授业、解惑"。"理寓其中"并非认知上的一种能力，而是一种"实然"的表现，是教育情怀诠释到一定程度的实际结果，而这一结果，有助于教师达到更高的精神境界，并产生长期坚守以及不断求进的崇高愿景。

（三）传承了"中国美学"的精神意蕴

教育情怀根植于中国悠久的历史文化中，存在于中国教育家精神的深层次结构之中，与中国美学精神和教育家本体之美精神存在着内在一致性。教育情怀诠释出了中国美学精神之意蕴，强调了教育者与自然、与社会基于真善美的深层次互动，这种互动离不开中国传统美学的精神滋养。豫派名家教育情怀生成路径，透视出了他们对于审美的理解、审美的重构以及重构过程中所表现出的审美愉悦。2018 年 1 月，《中共中央 国务院关于全面深化新时代教师队伍建设改革的意见》提出："创新教师培养形态，突出教师教育特色……造就学科知识扎实、专业能力突出、教育情怀深厚的高素质复合型教师。"这表明教育情怀已成为新时代教师队伍建设的重要内容。依循豫派名家教育情怀生成路径不难发现，蕴含教育情怀的教师审美能力与审美情操高度发展，能够不断感知生活中的真善美，并将生活中的真善美融入教育教学范畴。教育情怀作为沉淀于主体内心的多种综合维度的价值体系，与中国美学以真善美为核心的价值体系一脉相承。教育情怀是人本体层面的"善己爱人"的体现。孔子的"仁道"原则，孟子的性善论与仁政主张，汉儒的"先之以博爱，教以仁也"，宋儒的"民吾同胞，物吾与也"等，亦是对仁爱思想的具体阐发，均是指向个体从内心情感层面展开与外在社会的联结。梳理历史名家的教育情怀不难发现，教育情怀诠释了"中国美学"的至高境界，指向了师生交往过程中的最高意境，体现了以人文主义为核心的终极价值追求，它并非单纯追求手段美、形式美、方法美、教材美、教具美等外在形式美，而是将学生当作目的，呈现关爱、体贴、尊重的真善美育人过程，表现为生命的觉解、释放。

　　从教近 30 年，我担任过任课教师、副班主任、班主任、班级组副组长、年级长……随着角色的变化，我开始从被他人影响的人变为影响他人（包括学生、身边的同事）的那个人。在校内，我精心呵护学生成长，开设花样课堂，自编《小苹果》版的《中国近代化探索之歌》，让学生"唱着学"。为学生设立各种各样的社会大课堂，把课堂开到黄河边、二七塔、烈士陵园、博物馆；除此之外，我还探索网络课程，借助 CCtalk 平台为学生开设网络直播课，一不小心就成了不一样的"网红"

主播。在校外，我参加了"互动计划""彩虹花"等一系列网络公益行动，与全国各地的师生一起分享、交流学习经验，我还积极参加线下的支教活动，包括新疆、贵州、重庆、江西以及河南省内的驻马店、安阳、三门峡等地，通过自身的力量像老教师一样"传帮带"式地用自身的教育情怀影响他人。（B4）

B4 教师通过行走感知中华美学的历史魅力，将课堂开设至黄河边、二七塔、烈士陵园、博物馆，以自身认知的理念让学生增强对从教的情感认同，它的更大意义在于让学生能够回归历史学习中的主体性地位，从传统的机械性记忆，转而回归到对美学精神的重构学习。同时，B4 教师利用网络平台成为"网红"主播，传播网络公益活动，增加了学生学习过程中的审美愉悦感，使学生能够调动自身全部的情感，达到至善至美、至真至乐的奇妙境界。

三 实践层面：幻化出"外铄内生"的行动指南

我国关涉教育情怀的研究已有一定的积淀，呈现出了不同的研究视角。从逻辑结构上看，教育情怀包含教育主体对教育的理解、体悟和表达；从价值研究方面看，教育情怀承载着中国教育家精神的精髓，是中国教育精神的源泉之一。但从总体上看，实践层面的教育情怀研究在全国范围内还未全面普及开来，尤其是对关涉到一般主体意义的教师教育情怀的研究。本书从"成己""成物"的人性逻辑延伸出了教育情怀认识层面的理论遵循，又从实践层面幻化出了"外铄内生"的行动指南，可以为教育情怀培育提供实践方法上的借鉴。

（一）提供了教育情怀实践培育的方向思路

本书以质性研究方法展开教育情怀研究，探究了情怀成长"外铄内生"之道，明晰了"成物""成己"的理论逻辑，教育情怀的培育必须实现从情怀意识自发到情怀意识自觉的转化，教育情怀的实践必须完成从教育情怀观念自觉到实践自觉的转化，即以"外铄内生"为核心的基本分野。教育情怀培育与实践经过情感投入、合理认知、课程适切、机智转化四个阶段，主要包含从情怀外铄建立情怀认知（物），到情怀内生建立情怀精神状态（己），再到情怀外铄建立情怀践行状态（己物）三个重要环节。"外铄"与"内生"通过不同方式作用于情怀实践，而教育情怀实践的不同阶段也赋予了"外铄"与"内生"不同的内涵。

第一阶段的外铄（物）包含实体之物与精神之物，是"外在力量"，即从外在经验场（个体实践）、课程、教材等获得的教育，利用外在政策、培训等形塑的刚性情怀。

第二阶段的内生（己）是行为动词，是"以自身为目的"，不同于单纯的手段、工具，作为目的本身，它具有内在价值性，聚焦于认识自我与改变自我（成己）的内在规定性，是实现"己物"的过程。

第三阶段的内生（己）通过外铄（物）得以呈现。现象学提出的本质直观和范畴直观亦指此境界，已非简简单单运用感官（物）的"看"，而是渗透于理解之中的理性之"观"或理性之"看"，交融于概括、推论、归类等作用，在"己物"阶段，当然外铄、内生之间并没有明显的分水岭，也无法隔绝。以"己"为源强调"己物"的双效引领，可以为教师和家长教育情怀的生成、为我国教师队伍教育情怀的培养提供借鉴。

（二）实现了培育对象由情怀感知向情怀表达的转化

布雷钦卡说过："在世界的等级结构中，教育现象属于所有现象中最富前提性的现象，即它属于人的行动和指向他人的行动。"[1] 本书探究了教育情怀的生成路径，依循此路径，有助于实现师范生由对教育情怀的感知（成物——被动客体）向对教育情怀的表达（成己——主动客体）方向发展。

教育情怀生成过程指引着教师在变革世界（成物）与变革自我（成己）的过程中获得更高层次的精神享受，释放出对学生的关怀，这种关怀是相互之间的关怀，使两者之间产生连接，形成新的神经通路，使教师做出超越世俗之举。如同教育家陶行知先生"捧着一颗心来，不带半根草去"的崇高情

---

[1] 〔德〕沃夫冈·布雷钦卡：《教育目的、教育手段和教育成功：教育科学体系引论》，彭正梅译，华东师范大学出版社，2008，第3页。

怀，既体现了陶行知先生厚植教育情怀的个体认知，又诠释了其坚定不移的教育信念。由此可见，教育情怀的发展离不开教师个体的内驱力，只有从心底热爱教师这个职业，感受学生心灵的纯净，完善自身专业能力，拓展自身专业知识，才能够更好地服务于教育事业的发展。

教育情怀的实践培育是一项系统工程，基于中国教育名家、豫派名家的教育情怀生成路径提炼，教育情怀的培育从抽象的理论落实到具体实践成为可能。本书借由体验偶发、经验传递、理论自觉三条路径，总结出教育情怀"成己成物""情知意行""外铄内生"的价值意蕴。教育情怀的生成过程并非单向的知识传递、理论灌输、价值传导的过程，而是伴随着个体体悟与省思螺旋式上升与循环的过程，这让我们对于不同研究对象情怀培育过程产生计划性省思，也为接下来教育情怀培育过程中的应然路径提供了具体方向性指引。

第四章 教育情怀的应然路径

进入新时代，社会各界都对教师素养提出了更高的标准和要求。培养能够坚持躬耕杏坛、有深厚教育情怀的人民教师是更好地把握新时代背景下教育发展所面临的新机遇、应对新挑战，更好地回应"办好人民满意的高质量教育"的社会诉求。教育情怀作为教师专业素养的重要组成部分，是激励教师专业发展的强大内生动力。真正的教育情怀能够引导教师职业道德从"他律规制"走向"德性自觉"，激发教师对教育事业始终如一的热爱，使教师在面临教育实践中的困境、问题时，能够积极、主动、智慧、执着地处理，从而在此过程中不断提升自身专业素养，获得精神的愉悦和情感的满足①。因此，对教育情怀进行研究具有十分重要的意义。

在教育实践中，教育情怀被高水平教师在不同教育情境中生动地演绎。教育情怀从何而来？教育情怀的应然路径是什么？这一系列问题在引起我们关注的同时，也让我们理性审视教育情怀的体验性、内隐性、情境性和个体差异性。在前面的研究中，为了使得教育情怀可描述、可传递、可培养，我们选取教育现象学的研究方法，回归到教育实践中的教育情怀现象本身，对教育情怀的实践样态、实践生成路径进行了自下而上的"还原"与呈现。通过对教育情怀的实践样态和实践生成路径展开理性审视，对鲜活教育实践中的教师教育情怀进行了把握。为了真正解决教育实践中教师教育情怀发展不到位的问题，使教师教育情怀的生成路径涵盖所有寻求教育情怀发展的教师主体，本书提出要在承认教师教育情怀发展过程中存在个体差异性、内隐性的基础上，调动教师发展自身教育情怀的自觉性、主动性与积极性，使其明晰自身教育情怀的发展方向，自觉关注自身教育情怀发展水平。

---

① 王萍：《"优师计划"师范生的教育情怀及养成策略》，《河南教育》（教师教育）2023年第6期。

从教育现象学角度而言，教育情怀能够促使教师把对学生成长的迷恋、与学生相处的智慧、献身教育的承诺由外在的责任义务转向内在的个人品质需要，实现职业道德之内化、攀升，"教育情怀是教师对学生、对教育的一种关系性体验"[①]，更是一种道德情感体验。教育情怀是与教育相关的个人内在情感的自然显现，主要表现为教师对教育事业、学生发展的执着承诺与始终坚守，其能够内化为教师教育实践行动的精神助推器[②]。因此教育情怀既属于教育现象学的研究范畴，同时也属于情感现象学的研究领域，是两者共同的研究对象。情感现象学为我们理解教育情怀的情感之维及应然生成路径提供了一种全新的可能。

因此，本部分从情感现象学的全新研究视角出发，在情感现象学视域下对教育情怀的应然路径进行重新审视，尝试从"教育情怀的情感特性""教育情怀的生成路径"等入手，对教育情怀及其应然路径进行解读，从而为提出教育情怀的生成策略提供理论借鉴，同时助力教育实践中教师教育情怀的培养和发展。

第一节　教育情怀的情感特性

教育情怀作为一种"情感现象"，存在于教育的实践场域之中，展现在许许多多优秀教师、高水平教师个体的身上和他们日复一日的教育工作行动之中，是教师对学生和教育事业的特殊情感，源于教师对教育生活鲜活、真实的体验。从这个意义上说，教育情怀是情感现象学的研究范畴，我们可以在情感现象学视域下审视其情感特性。

一　教育情怀具有心灵感受性

教育情怀作为人的情感的一种，并非属于感官感受或生命感受的体验范

[①]　王萍、李雨露：《教育情怀的情感之维及生成路径——基于情感现象学的视角》，《教师教育研究》2022 年第 4 期。

[②]　王萍：《教师的教育情怀及其养成——基于教育现象学的视角》，《当代教育科学》2020 年第 9 期。

畴，它不是依靠身体局部或整体所产生的情感感受，而是与人的心灵密切相关，是在与人的心灵联系中逐步产生的。教师的教育情怀具有心灵感受的情感特性。教育情怀区别于个体肉体局部低阶的感官感受（如疼痛、麻木、苦涩），或整体的生命感受（如健壮、衰弱、疲惫等），是直接和我们的心灵发生关联的，同时它又与最高层次纯粹的形而上学的精神感受不同（主要体现在两者关涉对象的不同）。在情感现象学视域下，教育情怀的心灵感受性主要表现在：教育情怀的可传递性，教育情怀的意向主体、意向对象通过心灵相联系以及教育情怀对于身体具有相对独立性三个方面。

第一，教育情怀的可传递性。教育情怀不受时间、空间壁垒限制，可以在不同教育主体之间实现有效传递。教育情怀的可传递性是其高层次情感的表现之一。正如我们所知道的，教师职业有自身的特殊性，具有较强的师带徒特性。在新教师入职时，为了使其更快熟悉教育场域、"驾驭"课堂教学技能，往往采用经典的师带徒模式，而学徒观察、学习的不仅是教学技能、语言表达等外显信息，更是隐性的情感态度、价值观。教育情怀作为在特定教师群体中可以互相理解的特殊情感，是可以在不同教师之间相互传递的，具有可传递性的特点。例如，在对中原名师 H 老师进行访谈时得知，每年高考结束之后，H 老师都会自发到 X 地区的两所偏远农村中学进行免费、义务的送教下乡活动，为乡村的孩子送去名师课堂，而随着名师工作室的成立，更多的中青年教师开始近距离感受到 H 老师这种无私支持乡村教育发展、助力山区孩子圆梦的感人情怀，自主、积极地加入 H 老师送教下乡的队伍之中。随着时间的推移，H 老师带领的送教下乡队伍不断壮大——现已包括省级名师 5 位、市级名师 8 位以及一些正在快速成长中的教师，队伍中的人员数量现在还在不断增长。这正是教育情怀在不同年龄、不同性别教师主体之间进行传递的具体显现。

第二，教育情怀的意向主体、意向对象通过心灵相联系。教育情怀是一种发生于个体心灵的意向性运动，它的意向主体、意向对象通过人的心灵实现联系，而不是依靠身体的某一感官或生命整体来获得，它的意向主体是包括教师在内的一切教育实践中的全部教育主体，意向对象是教育生活世界中或具体教育情境中的学习主体乃至整个教育事业的方方面面，如果失去人的心灵感受的支撑，教育情怀将难以为继或不复存在，可以说人的心灵共感决定了教育情怀这一特殊情感的萌发与持续发展。

第三，教育情怀对于身体具有相对独立性。教育情怀的相对独立性体现在教育情怀与我们的感官和整体生命感受状况没有本质上的联系，是教师在和学生、教育事件发生意向性的意识关系时随之在心灵上产生的，是一种具有特殊意蕴的活动，其相对独立性表现在它本身并不仅仅是对身体状况的直接感受，而是基于整体生命感受产生的、独立于身体状况之外的、更高级的心灵感受，因此相对而言受当下身体状况限制的程度更小，这更凸显出了教育情怀作为一种人的特殊情感的高层次性。例如相关教师主体能够通过回忆自己或他人产生教育情怀的特定事件，实现多次反复感受自我或他人的教育情怀，而不受到当下所处环境或者其他方面的影响。

二 教育情怀具有客观先验性

教育情怀是通过对人的各种不同教育情怀感受进行本质还原所发现的先验事实，是个人的情感同时也是非个人的客观存在。例如不论是甲教师还是乙教师的教育情怀，教育情怀的本质始终是不变的，不会随着主体的不同而转变、变质，它作为观念由先验自我通过意识活动而构造，停留在人的意识领域之中，是人的意向性情感运动。总体而言，教育情怀的客观先验性也表现在三个方面：教育情怀是先验的感受关系，教育情怀以感官感受、生命感受为前提以及教育情怀超越感官感受、生命感受。

首先，教育情怀是先验的感受关系。先验的感受关系指的是先天固有地存在于感受承受载体与感受对象之间的一种关系，无论是哪位教师的教育情怀，都始终和他的心灵存在本质联系。教育情怀通过人的心灵感受产生，不以认识主体和认识时间、空间的不同而改变，离开了和人的心灵的此种关系，教育情怀就会失去依托，不可能继续存续、发展。因此，教育情怀和人的心灵之间的关系就是一种先验、固有、特定的感受关系。

其次，教育情怀以感官感受、生命感受为前提。教育情怀虽然是一种由人的心灵而产生的特殊感受，与心灵关系密切，但同时也需要借助相关主体局部感官或生命整体所对应的客观先验感受类型——感官感受、生命感受而进一步产生，也就是说，教师的教育情怀必须在人的感官或整体生命对周围事物的感知、探索中，基于一定的感官和生命整体感受而产生和发展。在教育过程中，教育情怀必须基于教师与学生"沉浸式"、完全式的相处，生动的教育实践生活于教育主体而言就如同水之于鱼，而脱离开来的教师教育情怀则难以有效萌发。例如新手教师初登讲台，看到一个又一个学生对自己崇拜的眼神，情不自禁产生要竭尽全力引导这些学生的意志和行为，如此教育情怀得以萌生。因此，教育情怀自身也是一种客观先验的情感感受，是基于低阶的、客观先验的情感感受而形成的客观先验的心灵感受。

最后，教育情怀超越感官感受、生命感受。教育情怀作为一种特殊的心灵感受，虽然以感官感受和生命感受为产生前提，但是不同于并超越二者。具有教育情怀的相关主体可以承受感官感受、生命感受所带来的负面体验，也可以忽视感官、生命整体所呈现的正面刺激，而追求自身教育情怀的成长。例如，全国教书育人楷模张桂梅老师因常年繁重的工作，身体患有多种疾病，每天都要大把大把地吃药，还要在双手、颈背贴满止痛膏药，忍受病痛带来的折磨的情况下坚守在教育一线。张桂梅老师没有屈服于身体的病痛，而是始终心怀教育理想，至今仍然坚守着改变大山里女孩命运的教育情怀。张桂梅老师可以为了心灵上的"幸福"而甘愿"承受"或"忽视"感官或身体上的"疼痛""疲劳"，这种感官感受和生命感受为教育情怀这一心灵感受让位的表现正是教育情怀超越二者的具体、生动的体现。

三 教育情怀具有精神价值性

教育情怀作为人的特别的心灵感受，有自身的固有价值意蕴，它所带来的价值属于精神价值。教育情怀的精神价值性表现在三个方面：教育情怀的精神价值性由人的心灵感受给予、教育情怀的价值不能被分割或量化以及教育情怀价值是一种持久的价值。

第一，教育情怀的精神价值性由人的心灵感受给予。教育情怀与感官感受、生命感受、纯粹的形而上学的精神感受相区别，是产生于心灵的情感感受，在先验价值等级秩序中有其适配价值——精神价值，精神价值与感官价值和生命价值相比而言，是一种更高级的价值形式。精神价值只有在人的心灵感受中才能被给予，是心灵感受所对应的特有价值等级，离开心灵则不再存有，不能被任意赋予到其他类型的情感体验中。

第二，教育情怀的价值不能被分割或量化。不同于感官价值的可分割、可量化或生命价值的可量化，教育情怀的价值在空间上没有延展，不存在粗暴分割和量化的可能性，这是由其价值载体的非物质性、非机体性决定的。价值载体的非物质性、非机体性是精神价值不可忽视的、区别于其他价值样式的重要特点，它们共同决定了教育情怀这一情感感受的价值特性。在这里需要补充的是，教育情怀的价值也不是由纯粹的形而上学的精神感受所给予的，因为两者所关涉的对象不同。

第三，教育情怀价值是一种持久的价值。教育情怀价值不是稍纵即逝的，而是一种在时间维度上具有大跨度的价值，这是教育情怀价值的特点之一。相较而言，教育情怀的精神价值既长于感官价值如适意性价值，也长于机体所承载的生命价值，因为感官的舒适只是一时的、短暂的，生命的健康也会随机体生命的逐渐老化而彻底地消亡，两者都在时间维度上受到不同程度的限制。教育情怀的价值与以上两者不同，它能超越感知主体肉体的衰亡，在一代又一代不同教师主体之间传承、发展，实现教育者代际的无限传递，是一种与人的精神心灵偏爱法则有关的长久的精神价值。例如"全国敬业奉献模范""最美奋斗者""扁担校长"张玉滚，他出生、成长在农村，在大学毕业后毅然选择回到自己家乡的小学——南阳市镇平县高丘镇黑虎庙小学，用年轻的肩膀接过老校长手中的扁担，踩着老校长的脚窝窝，日复一日地往返于崎岖的山路之间，挑起一摞摞承载无限期望的学习教材、文具、办学用具等等，也挑起大山里孩子教育的未来。即使在某次为学生们买书的路上发生车祸痛失爱女，受到令人无限悲痛的打击，张玉滚校长也没动摇扎根山村做教育的信念，把大山谷底的学校建设成了众多山村孩子心中理想的教育殿堂①。黑虎庙小学老校长、张玉滚校长两位校长这种坚定的献身山村教育的精神信念，正是他们的教育情怀所产生的一种持久的精神价值，带给无数从教者宝贵精神力量，在教育历史的时间长河中历久弥新，谱写出教育工作者教育精神力量的新华章。再例如，张桂梅老师的学生周云丽在大学毕业后，毅然放弃已经考取的编制，重新回到母校丽江华坪女高，接过身体状况已不再适合继续留在教学一线开展教育教学工作的恩师手中的粉笔，站到三尺讲台上，为一届又一届的乡村学生托起接受教育的希望，这正是教育情怀代际传承的意义②。

此外，教育情怀的精神价值有自身固定的价值样式，具体呈现为三种价值类型，即审美价值、是非价值、认识价值。教育情怀的审美价值也就是相关教育主体辨别教育过程中的美与丑和引导学生辨别生活中事物的美与丑的价值。在审美价值方面，教师一方面可以提升自我的专业素养，逐步实现专业成长；另一方面可以引导学生形成自身的审美意识与能力，发展出科学的、个性化的、符合社会主义科学审美观的审美行为。是非价值即教育者辨别教育事件是与非以及塑造学生是非观的价值。在是非价值方面，教师能够引导学生获得对于生活中发生的复杂事件以及存在的形形色色的事物的是与非的判别意识，帮助他们逐步建立起成熟的是非观念，不被错误信息所诱导，避免走向成长的误区。认识价值即教师把握教育规律、鉴定教育因果真与假及影响学生辨别事物真假能力的价值。同样地，在认识价值方面，教师一方面可以发展自身辨别复杂教育场域中教育真相的意识；另一方面可以引导学生提高对周围世界进行辨别的能力，为其发展健全的世界观、价值观、人生观筑牢基础。总的来说，教育情怀作为一种心灵感受，契合先验精神价值的三种类型，是完全符合这一价值等级层次的，拥有精神价值完整的三种价值样式，因此教育情怀具有精神价值的价值特性。

---

① 王占伟：《张玉滚：让生命有光》，《中国教师报》2021年6月30日，第9版。
② 李楠桦：《长大后我就成了你丨张桂梅学生：接力张老师，不抛弃不放弃任何一个学生》，云南网，https://yn.yunnan.cn/system/2022/05/01/032059574.shtml。

第二节　教育情怀的生成路径

教育情怀受自身内隐性、情境性与个体差异性等特性的影响，在教育教学实践中容易受到教师或其他相关教育主体的忽视。在教师专业素养的发展过程中，部分教师只注重对专业知识、专业能力等方面素养的培养，而不关注自身的教育情怀，把教育情怀搁置于专业能力培育的边缘位置，忽视了教育情怀根本性的应然地位，这十分不利于教师专业素养提升和自身的专业化发展。与教育情怀带给人们的固有印象不同，教育情怀并非抽象、难以把握的，而是有自身的规律性，具有可描述性。为此，我们需要在把握其规律的基础上，进行教育情怀应然路径的合理探索。

教育情怀是共现于许许多多优秀教师身上的一种真实存在，体现教师对学生和教育事业超越世俗的爱，而且这种爱是一种客观先验的、具有精神价值的爱，是教师认识教育真相、教育规律的前提，正如舍勒所言："在人是思之在者或意愿之在者之前，他就已经是爱之在者了。"① 可见，教育情怀对于教师而言具有至关重要的价值。

教育者身处于由鲜活的人、物、教育活动共同编织成的复杂教育世界，一切由教育主体通过体验、观察所认识、把握的事物，以及所有与其意志抉择、行动相关的教育活动，都与自身教育情怀——教育之爱的心灵感受密切相关。没有爱就没有教育，日常教育生活中的人、事或物使教育主体的心灵和情感不断产生"动荡"与变化，在此过程中，教师教育情怀的爱之特性及生成路径不断显现。教师教育情怀的发展历程与生成路径内隐于对学生的爱和关心的行为之中，对学生爱的行动能够凸显教师教育情怀的生成路径，教育情怀把教师带入对学生的无限关爱与呵护体验中。在情感现象学理论下，教师应从"爱者"的角度出发，关心学生各方面素养的成长，通过分析教师对学生的各类爱的行为以及与学生相处的教育环境，我们可以描述不同教师主体教育情怀的动态生成轨迹，从而较为全面、客观地把握教育情怀的应然

---

① 〔德〕马克思·舍勒：《爱的秩序》，林克等译，生活·读书·新知三联书店，1995，第48页。

路径。那么，教育情怀是如何生成的？在应然层面如何合理地描述？为了回应以上问题，本书尝试从教育情怀的情感之维出发分析教育情怀的生成路径。

教育情怀的应然生成路径从理论上先见于一个又一个不同的教师个体，他们身上具有的个性特点鲜明的教育情怀，可称为教师个体的教育情怀，此时的教育情怀内隐于教育实践场域中不同教师与学生相处的鲜活体验故事中，具有个体体验性、情境性、偶发性的特点。教师个体的教育情怀可能源于重要他人的教育情怀（导向或精神资源）、个体与学生相处过程中的真实感受（外在要素）、个体对教育真相认识的心理需求（内驱力），最终经个体伦理德性过滤而成。一个又一个有教育情怀的教师的教育情怀体验故事让教师群体的教育情怀成为可能，比教师个体的教育情怀更进一步，此时的教育情怀共现于有教育情怀的特定教师群体身上，可表现为同一层次或同一区域教师群体的教育情怀，经过特定教师群体经验的汇集而聚类，此时的教育情怀具有群体共享性、共识性、可传递性的特点，特定教师群体的教育情怀可能源于群体成员共同的教育经验（外在要素）、群体成员对教育真相认识的共同心理需求（内驱力）、其他教师群体的教育情怀（导向或精神资源），最终经群体伦理德性的过滤而成。普遍性的教育情怀是教育情怀发展的最后阶段，也是最高阶段。普遍性的教育情怀需以教师个体的教育情怀和教师群体的教育情怀为基础，在审视、还原教师个体的教育情怀和教师群体的教育情怀的过程中，完成最终建构，同时又超越教师个体的教育情怀与教师群体的教育情怀，具有心灵感受性、客观先验性与精神价值性（见图4-1）。

一 体验奠基：教师个体的教育情怀

教师个体的教育情怀是萌发于教师个体心灵的特殊个人情感，教师个体的教育情怀产生于教师与学生相处的日常点滴，内隐于教师与学生相处的体验故事中，具有个体体验性、情境性、偶发性。教师个体的教育情怀可能萌发于其作为实习教师第一次走上讲台，看到教室中学生渴求知识的目光，从而心中升起对学生和教育的情感；也可能产生于与一个调皮孩子一次次的深

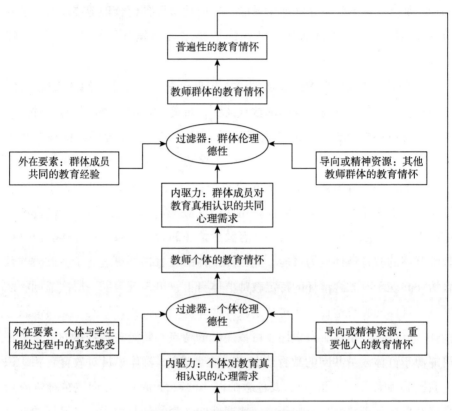

图4-1 教师教育情怀生成路径

入接触，最终发现孩子另类行为的背后隐藏着的真相，即源于对教师关爱的渴望；还可能产生于个体的求学过程中，曾经的老师用言行激励了自己、改变了自己的发展轨迹，从而体验到教育的神奇魅力……总而言之，教师个体的教育情怀以教师个体生活体验为基石，是一个个鲜活的教育生活体验故事，于个体而言，一个又一个的故事累积、沉淀使个体的教育情怀最终得以形成、凸显。雅斯贝尔斯说："教育的本质是一棵树摇动另一棵树，一朵云推动另一朵云，一个灵魂召唤另一个灵魂。"① 那么如何用一个灵魂召唤另一个灵魂呢？便是通过教育之爱的力量，用爱的力量引领学生成长，在奉献教育之爱的过程中为学生成才助力。对于教师个体而言，个体的教育情怀表现

---

① 〔德〕雅斯贝尔斯：《什么是教育》，邹进等译，生活·读书·新知三联书店，1991，第11页。

为一种基于个体教育体验感知的、萌发于教师个体心灵的且符合个体伦理德性的教育之爱，此时的教育情怀还是一种主观的、具体的、个体化的情感，带有教师自身个人特色。此外，教师个体的教育情怀受到外界和自身内在等因素的影响，遵循特定的生成路径。

首先，教师个体与学生相处过程中的真实感受是其教育情怀生成的外在要素。具有个体差异性的学生和形形色色的教育生活事件，是每位教师在每天的教育工作中都会接触或体验到的，构成了教师职业生命的重要场域。教育情怀作为一种特殊的心灵感受，不是凭空而生的，它依赖于特定的外在环境和教育要素。教师个体的教育情怀作为一种对学生、教育生活的生动情感体验，在教师与学生相处的日常教育实践中才能萌发而来。教师个体的教育情怀产生于一个个鲜活的、具体的与学生相处的特定教育情境之中，在教师个体对教育情境的体验、好奇与敏感之中逐渐萌生、发展、壮大，如果脱离了具体的教育情境，教师个体的教育情怀将变成无源之水、无本之木。在这里对"情境"一词进行阐述，情境在此处指的是某个人在时间及空间维度上所占据的位置、条件或要素，因此教育情境由特定对象和一定的外部要素共同构成。一方面，教育情怀生成于教师个体与特定对象的相处活动与体验之中，教育情怀作为与教育生活世界紧密相关的道德情感，必然是在与学习者（包括但不限于在学校学习的学生个体）这一特定对象日复一日复杂、持续深入、教育性的接触与交往中产生。另一方面，教育情怀生成于由学校、教室、教学内容等不同实体要素共同组成的教育情境之中，教师教育情怀的生成，依赖于一定的外部教育情境，这些相同或不同空间的媒介、场景的存在是教育情怀得以生发、成长的外在前提条件。在复杂的教育实践场域中，教师需要面对的是一个个具体的、个性化的教育生活情境和处于发展过程中的学生，在充满不确定性的教育环境里，教师唯有在对教育生活实践中历经的教育困境进行沉思，在理性审视中逐步把握教育的意义之后，才能从中淬炼出对教育、对学生的真正的情怀，达到情怀的逐步递进与升华，使自身对教育和学生的情感不会轻易变质，向着拥有真正的教育情怀发展。

因此，每一位教育工作者都不能仅仅把教育工作当成一份用来获取薪资酬劳的常规工作，而是要认识到"为党育人，为国育才"的特殊教育使命，把自身"归置"于周围的教育生活和教育实践场域中，"沉浸式"地体验与学生之间的每一次珍贵的、不可复刻的、价值非凡的相处，在不断自我反思的过程中，催生个体独特的教育情怀。教师个体教育情怀不是抽象的，而是被无数教育工作者在教育实践中生动诠释。例如著名教育家于漪老师，在从事"乱班乱年级"教学工作以及与班上调皮学生日常相处的经历中，树立克服教学困难的信心，通过长久的坚持，不断地寻问、反思自身作为教师的感情与责任问题[①]，在敏锐的观察中把自身体验到的教育生活实践变成了教育情怀成长的"温床"，从而成长为一名有理想信念、有道德情操、有扎实学识、有仁爱之心的模范教师。

其次，个体对教育真相认识的心理需求是教育情怀发展的内驱力。个体对教育真相认识的心理需求，也就是教师个体解决教育困惑、认识教育本质以满足自身专业发展需求的一种带有驱动力的心理力量。个体对教育真相的认识与探索，是每位教师在面对、解决教育问题时不可回避的，是突破教育困境、发展瓶颈的有效手段，存在于每位教育工作者身上。因为教育情怀是教育之爱（对学生和教育事业的热爱），教师个体对教育真相的认识和探索，需要以教育情怀作为情感的支撑，没有教育情怀的情感支撑，教师可能会失去对教育真相探寻的热情及持续动力，最终收获很少。所以相应地，教师个体对教育真相认识的强烈心理需求会反过来对其自身的教育情怀产生深层次的影响，也就是个体对教育真相认识的心理需求会有效驱动教育情怀的持续、有力发展。不可否认的是，正是在对教育真相的追寻过程中，教师能够实现自我教育情怀的日渐增长。因此，教师个体要树立在日常教育生活中经常反思教育真相的意识，并养成探索、追寻教育真相的良好工作习惯，端正自身在专业成长过程中学习与专业发展的态度。在日常教育生活中，对待教育工作要时刻严肃、认真，对待每个学生都要充满爱心、耐心以及责任心，保持对教育实践场域持续、敏感的反应力、观察力。教育者对待教育工作切不可敷衍塞责、应付了事，唯有如此，才能真正地推动教育情怀的持续

---

① 于漪：《岁月如歌》，上海教育出版社，2015，第 147~152 页。

衍生。

最后，重要他人的教育情怀是教师个体教育情怀发展的精神资源。重要他人的教育情怀是不可忽视的，教育情怀作为一种与教育相关的道德情感，具有感染性与传递性，教育情怀的萌生和发展依赖于人和人之间的互动。通过与身边可能成为自身教育情怀成长榜样的潜在学习对象进行接触，教师可以切身地体悟到榜样的高尚情感，体察其所带来的深刻影响，推动自身教育情怀的生成和升华。因此，身边重要他人的教育情怀对于教师个体的教育情怀形成而言具有至关重要的作用，增加与有教育情怀的重要他人相处的机会可以有效提升个体教育情怀发生的概率。此外，当教育情怀在外在要素和内驱力的推动下发展到一定水平时，难免会遇到自我发展瓶颈，此时身边重要他人的教育情怀可以在一定程度上为个体教育情怀的进一步成长提供新的指引与方向，助力教师突破教育情怀发展的阶段性瓶颈，实现有效发展。所以身边重要他人的教育情怀是教师应当重视的宝贵的精神资源。

在教育实践中，教师个体一方面要注重在自身所处的特定教育环境中（如任教学校、名师团队或继续教育学习小组中）寻找拥有教育情怀的领导、同事、朋友等任何可以作为学习对象的重要他人，结合自身实际发展诉求，合理筛选可能成为自身下一步学习对象的潜在人选，从而明确努力的方向；另一方面要在确定好学习对象的基础上，始终把自身的学习需求放在第一位，在教育工作中积极主动地创造交流、学习的多种机会，向学习对象表明自身热切的学习愿望，在征求对方同意的基础上结成一对一或一对多的教育情怀观摩学习小组，助力自身教育情怀纵深发展。

综上，教师个体的教育情怀的生成过程已然明晰，内含内驱力、外在要素、导向或精神资源以及个体伦理德性的"过滤器"的共同作用。需要说明的是，在此我们引入"伦理德性"的概念，伦理德性指的是人的非理性灵魂接受理性的指导、约束，与理性相融合而成的心灵品质①。本书认为，伦理德性是一种遵循道德理性的个体或群体的心灵品质，因为教师个体生命的教育情怀只有经得起自身伦理德性的检验，符合伦理德性要求，才能成为真正

---

① 韩延伦、刘若谷：《教育情怀：教师德性自觉与职业坚守》，《教育研究》2018 年第 5 期。

的教师个体的教育情怀。教师个体教育情怀是教育情怀应然路径第一个环节，为后续教育情怀的发展奠定了基础。

二　经验汇集：教师群体的教育情怀

对教师群体经验汇集的教育情怀进行审视，我们首先需要说明群体的概念。从心理学角度来看，群体是指在且只在某些特定条件下，群体成员自觉的个性消失，思想情感表现出一种互相统一倾向的人群结合体①。因此，本书认为，教师群体就是指在教育生活的特定情况中，教师个体的个性消失，表现出非个体化的新特点，教育情感和想法都指向同一个方向的教育人群结合体。教师群体作为社会历史群体之一，拥有属于特定自我群体的教育情怀，具体表现为基于教师群体共同教育经验感知的、萌发于教师群体心灵且符合教师群体伦理德性的教育之爱，教师群体的教育情怀具有群体共享性、共识性、可传递性的特点。由于教育实践中教师、教育者群体数量众多且存在差异性，因此，在此以同一层次教师群体或同一区域内教师群体的教育情怀为例开展研究（同一层次或同一区域教师群体的教育情怀较为相似，受其他影响因素干扰的概率较低，研究的可行性和价值更高，对教师群体教育情怀生成路径的分析以同一层次或同一区域内具有代表性的某个教师群体为切入点展开更为清晰）。具体来说，教师群体教育情怀的生成遵循与个体教育情怀生成相类似的路径。

首先，群体成员共同的教育经验，即同一层次或同一区域内教师群体在特定教育生活实践中共同经验的教育生活等是群体教育情怀形成的外在要素。因为教师群体中个体成员接触的学生数量有限且经验过的教育生活带有自身的局限性。为了囊括群体成员更广泛的教育经验，需要把特定群体中所有成员感知的教育经验进行叠加、汇集，为教师群体成员提供教育情怀成长的外在基础，满足教师群体教育情怀形成的前提条件。同一层次或同一区域内的教师群体身处较为相似的教育实践环境之中，在特定教师群体中，群

---

① 〔法〕古斯塔夫·勒庞：《乌合之众：大众心理研究》，马晓佳译，民主与建设出版社，2018，第4页。

体成员共同接触过的教育环境、教育生活、学生主体等教育实践场域中的人、事或物共同影响教师群体教育情怀的形成。因此，同一层次或同一区域内的教师群体，可以借助传统或现代媒介的力量打破时空屏障。例如可以以某一学校、某一区域的教师群体为单位，编写群体教育经验汇集册或电子日志分享到特定网络平台，把本群体成员所体验的教育生活、与学生相处中有意义的教育故事，把具有价值的、鲜活的教育现象、教育事件、教育经历以群体教育日志、教育反思等灵活多样的形式收编在册，以供其他群体成员翻阅、浏览、感悟与反思。这样，教师群体成员就在一定程度上跨越了时间、空间壁垒，可以有效共享彼此不同的、具有价值意义的教育经验，扩大教育感知对象与范围。

其次，群体成员对教育真相认识的共同心理需求，即同一层次或同一区域内教师群体中成员对教育真相认识的共同心理需求是教育情怀发展的重要内驱力。同一层次或同一区域内教师群体中成员对教育真相认识的共同心理需求对于教育情怀发展的作用是不可忽视的，教育是一场充满境遇的人生旅行，每个人正是在与周围各个重要他人的沟通交往、共情之中，持续地走向深入的生命体验历程[1]。在教育生活中，在与其他教育者、学习者的相处中，个体或群体逐渐揭开教育真相的神秘面纱。探求教育真相是每位教育者在职业生涯中不可回避的功课和应该始终坚守的目标。正如教师个体对教育真相认识的心理需求会反过来对其自身的教育情怀产生影响一样，同一层次或同一区域内教师群体对教育真相认识的心理需求也会影响群体教育情怀的发展，特定教师群体里每个渴求教育真相的个体心理组成了群体共同的认识需求，这保证了教师群体共同心理需求的稳定性、强烈性及持久性，形成了较为坚固的群体心理结构，为群体教育情怀的形成提供了充足的驱动力。因此，同一层次或同一区域内的教师群体，要在自我群体内部推选对教育有良好思考习惯的先进成员为榜样，群体中的成员榜样可以是一个，也可以是多个，在发挥榜样力量的过程中，带动所有群体成员思考教育真相的良好意识

---

① 姜勇、郑楚楚：《教育是一场充满"境遇"的人生旅程——从"哲学史上的暗流"来看教育的"不可测度性"》，《基础教育》2016 年第 3 期。

与行为，从而形成以一带多、以"点"带"面"的群体教育情怀发展的效果，凝聚成特定教师群体成员认识教育真相的稳定的、共同的心理需求，当群体共同心理需求达到一定程度时，就可以实现倒驱教师群体教育情怀快速、有效发展的目的。

最后，其他教师群体的教育情怀是同一层次或同一区域内教师群体教育情怀进一步发展的导向或精神资源。其他教师群体的教育情怀对于特定教师群体教育情怀发展的益处是良多的，是教师群体教育情怀发展不可忽视的导向与精神资源。对其他教师群体教育情怀经验的感知是某一层次或某一区域教师群体教育情怀发展的有效手段，一个又一个重要他人群体的经验在关键时刻为特定教师群体提供的帮助，成为特定教师群体教育情怀发展的有力"推手"，帮助特定教师群体有效克服、突破发展的瓶颈和新、老问题，朝着更深层次的教育情怀发展，从而形成具有个性特色的特定群体的教师教育情怀。

具体而言，教师群体的教育情怀在总体上具有特定群体成员之间达成的共识性内容。当特定教师群体的教育情怀发展到一定程度时，在群体成员内部不排除甚至大概率会产生发展难题，因此此时教师群体教育情怀的产生仅靠内部成员会较难突破群体的认识瓶颈和认知盲区，可能会陷入发展的停滞期。此时，对于同一层次或同一区域内某个教师群体能够起到重要引领作用的，就是其他教师群体的教育情怀。因此，与个体教育情怀相类似，一方面，同一层次或同一区域内的教师群体要注意寻找存在于周围的，通过互联网等多种媒介可以接触到的其他拥有教育情怀的教师群体，确定至少一个作为自我教师群体学习的对象；另一方面，要创造与其他教师群体交流、学习的机会，搭建"桥梁"，积极与学习对象之间开展常态化的交流，定期学习、沟通，以实现不同教师群体之间教育情怀的有效性传递，助力自我群体教育情怀的发展。

教师群体教育情怀的生成遵循特定路径。在此，教师群体教育情怀的形成不是"空中起高楼"，而是需要以群体中个体的教育情怀为基础。教师群体教育情怀遵循的应然路径能够有效催生群体情怀，群体的教育情怀是个体教育情怀发展的进一步深化，二者均对于形成普遍性的教育情怀具有重要意义。

三　理论升华：普遍性的教育情怀

普遍性的教育情怀是教育情怀应然生成路径的最高层次，是从教师个体教育情怀和教师群体教育情怀中抽离出来的，不依赖于具体个体或特殊群体。在此基础上形成的教育情怀，经过现象学还原，表现为一种具有普适意义的、客观先验的且符合社会伦理德性的教育之爱，具有心灵感受性、客观先验性与精神价值性的情感特性。需要说明的是，这里的爱已经不是一种主观的、经验的爱，而是由个体或群体身上表现出的喜欢、欣赏等爱的具体情感形式中升华而来的客观的、先验的爱，是爱之为爱的本质。客观、先验的爱并不神秘，它是人在心灵上与世界存在的吸引关系，这种关系是先天存在的，而不是后天形成的，它不会随着主体和时空的变化而改变，因此，普遍性的教育情怀就是人在心灵上与教育世界存在的紧密吸引关系，这种关系符合社会伦理德性，且对所有人具有普适性的意义。

教育情怀的教育之爱，在教育世界和教育精神中具有第一性。也就是说，它在教育生活实践中扮演着最基本也是最首要的角色，是一切教育认识、教育行为的奠基者。在爱与认识的关系方面，舍勒认为："爱是激发认识和意愿的催醒女（爱是认识的基础），人的爱之丰盈、层级、差异和力量限定了他的可能精神和他与宇宙的可能的交织度的丰盈、作用方式和力量。"[1] 那么，对于教育之爱而言亦是如此，教育之爱是认识教育真相、把握教育规律的前提。教育之爱既优先于认识，也优先于教育者个体的欲求和意愿，它构成了相关主体认识特定教育对象或教育实践活动的基础，这就决定了，只有在以教育之爱为核心支撑的各类教育现象中，教师才能获得完整而深刻的职业生命体验，教育者才可能达到对教育世界和教育价值的真正认识、把握。教育之爱正是蕴藏在教育场域、教育现象之内的教师教育情怀的应然归属和本质所在。否则，教育情怀作为教师对教育生活的一种道德情感体验，将面

---

[1] 〔德〕马克思·舍勒：《爱的秩序》，林克等译，生活·读书·新知三联书店，1995，第47页。

临失去认识教育现实这种本源价值归宿的风险，从而陷入一种形而上学的虚无主义，这一点是需要明确的。

教师群体的教育情怀要上升为普遍性的教育情怀，从应然层面而言，需要把现实世界中所有存在的教师群体的教育情怀置于情感现象学的视域之下，把教师群体的教育情怀中成员主观的、感性的教育之爱上升为作为认识基础的、对所有人具有普适意义的客观先验教育之爱，如此才能构建出具有普适意义的教育情怀。为此，教师群体要想掌握普遍性的教育情怀，必须尽可能多地对身边群体教育情怀进行理性分析，从各种教育之爱的主观形式中把握舍勒所言的真正的、客观的爱，唯有此，才能完成对教育情怀深刻完整的认识，实现教育情怀的理论自觉。

普遍性的教育情怀基于对所有群体的教育情怀的理性分析与理论升华，经过了现象学的审视与还原，是真正意义上的教育情怀。普遍性的教育情怀有自身的特殊性，其具有知识的可传授性和可学习性，可以在职前的师范生培养或职后新、老教师的继续教育中进行传授，使相关主体把握教育情怀的重要意义，了解教育情怀在教育实践中的实践样态和典型故事，进而形成自身对教育情怀的理论自觉，增强自我的理论自觉性，在教育实践场域更加自觉、更快、更好地形成自身教育情怀。如同我们上面所论述的内容一样，与教师在日常教育生活实践中无意识状态下自发形成的教育情怀有所不同，具有教育情怀理论自觉的教师主体，在教育情怀理论认知的指导下，会在教育实践中有意识地、主动自觉地关注自身教育情怀，因而其可以在教育实践场域中更快、更顺利地形成个体教育情怀。也就是说，教育情怀理论自觉能够使教师更有效地突破教育情怀的发展困境，突破现有思想束缚，增加对教育情怀的认识深度，使教师认识到自身教育情怀在教育实践中存在的问题，达到为下一步发展指引方向的目的。

教师教育情怀的理论认知可能源自接受师范教育期间对相关师范生教育培养课程内容的学习，也可能源于职后参与的继续教育培训、教育情怀理论知识的相关培训。需要说明的是，教师形成教育情怀理论认知并非可以一蹴而就的，而是一个需长期坚持，并通过教育实践反复、多次锤炼的过程，是一个从理论到实践，再从实践到理论的反复的过程。教师教育情怀的理论认知在最初阶段并不一定是对教育情怀理论知识系统、成熟的认识，可能源于对理论知识的碎片化学习，甚至可能陷入认知的误区，是一个逐步修正、递进的过程。随着教师教育情怀理论学习的逐步深入，教师自身教育情怀在实践中的发展也由浅入深、趋向成熟，这是每一个自觉发展教育情怀理论、锤炼教育情怀的教师必须经历的过程。

那么至此而言，由体验奠基的教师个体的教育情怀、由经验汇集而成的教师群体的教育情怀以及由理论升华而来的普遍性的教育情怀三者就形成教育情怀生成应然路径的完美闭环。由不同教师主体或教师群体的情感、价值等构成的各具特色的教育情怀，以及主体意向中所蕴含的教育使命、教育志向是教师身处逆境时长期坚守的动力。无论是职前师范生，还是已经走上教育岗位的在职教师，无论是青年教师，还是老教师，都肩负着进行教育情怀自育的使命。我们要以教师的生命成长和职业成长为重点，以个体教育情怀自我培育为出发点，引领其自觉成长。作为道德主体的教师应该从简单的"道德服从"转向深层次的"道德认同"，实现教师职业道德和自身教育情怀的不断攀升。

第三节　教育情怀生成路径的研究意义

根据以上论述，能够发现教育之爱是教育情怀的重要底色。情感现象学视域下教育情怀的生成，对教师发展提出了新的要求：教师应改变传统的"教书匠"的角色，重塑职业身份，成为教育场域中的"爱者"，对学生的成长进行无限的关爱与呵护。每位教师都应该真正从内心接纳、包容、尊重教育世界中遇到的每一个具有"可爱性"的学生个体，"沉浸式"体验教育生活世界，把握教育规律，扮演好自身角色，助力学生的每一步成长。正如我们前面提到的，一方面，教师的教育情怀外显于教师与学生日常相处的教育生活和各种具体的教育教学实践活动当中；另一方面，对于部分教师主体而言，在教育情怀应然路径的启发下，在日常的教育实践中也可以有意识地展自身教育情怀，驱动自身专业素质快速发展。

有教育情怀的教师应当始终把对学生、对教育的爱放在第一位。情感现象学视域论下，教师应该始终主动卷入、融于具体生动的教育环境之中，爱教育世界中的某些特定对象，包括自我、周围的人、陌生人，甚至教育场景中的动植物等在内的一切人类的物质世界、知识。具体地说，第一，要爱和关心教育世界中的所有人，包括工作伙伴、领导、学生家长、学生等。除了在自己的小圈子里完善职业道德和教育情怀，在与教育世界中的陌生人与远离自身的人相遇时也要具有爱和关心。第二，对非生命的教育之爱，要关心教育实践生活中的动植物、学校物质环境等，关心自己所处的物质世界，例如各类物品和工具，包括物品的安排、维护、制造与修理等。第三，爱知识——所有人类智慧凝成的一切学科知识。教师不仅仅应该爱自身所教学科领域以内的知识，还应拓宽自身的专业知识结构，爱一切人类所创造的知识。人类生命和非人类生命共同构成了教育之爱的对象。事实上，教师围绕"自我教育情怀发展"目标开展的活动，正是来源于在教育生活实践中围绕包括学生在内的各类爱的对象的各式各样的活动。这些所有形式的教育之爱的活动都应以促进学生的健康成长与发展为最终目标，在爱学生主体的过程中，要时刻关注学生，关心、关注学生的健康管理、同伴交往关系、兴趣爱好等，关心学生在自己任教学科和其他学科的学业成就，必要时可以延伸出相关种类的学校课程。在对教育对象关心的过程中，以及在对自我行为的反思过程中，教师教育情怀得以生成并进一步发展。

同时，需要认识到的是，对教师教育情怀应然路径的研究，其根本落脚点在于帮助学生获得发展，培养全面发展的人。教育实践生活中的交往实际上是一种人与人之间的关系，它基本的表现形式是两个主体间的联结、接触。教师要善于与学生进行联结，在双方相处之中，一方（教师主体）主动联结，付出关心，另一方接纳对方发出的信号，在一次次的相处中实现自身的成长。但并非双方有联结或接触就可以获得成长，要使这种关系变为能够促进其中一方或双方共同成长的关系，需要满足以下条件：一是教师在与其他主体相处时，要始终保持开放、尊重、接纳的心理状态，需要以教育之爱与动机移位为特点，专注双方相处的过程；二是在教育场域的交往过程中，双方主体都需要对对方的行为进行积极回应，这些回应对主体成长而言是最好的方式、方法。

情感现象学理论把教育情怀视为一种教育之爱，把教师在日常教育生活中对学生的爱和关心行为视为教育情怀的内涵构成，具有重要的意义。学校正是教师把教育之爱变得具体可感的重要场所，即教育之爱的中心。在学校里，一个又一个有教育情怀的教师让学生们感受到别样的温暖与关怀，同时发挥自身的榜样作用，使得学生自身也被鼓励去爱和关怀身边他人，使得学生在与他人交往的过程中，获得进一步的成长，形成一种良性循环。教师要帮助每个学生获得成长，并帮助学生们确定自己所真正关心、关注的领域。这些领域可以满足学生在今后的职业发展与业余生活中各方面的兴趣，有助于学生特殊能力与才能的发挥、合理人生态度的形成，以及有效人际交往能力的培养。

教师教育之爱为学生带来的影响是至关重要的，有教育情怀的教师要时刻关注、关怀学生的自我。教师教育情怀的发展首先要确保与学生教育之爱关系的建立。作为爱者而存在的教师最看重的是学生与自己教育之爱关系的建立以及其对学生生活、道德发展产生的影响，教育之爱对学生在教育实践中各方面的成长具有催化作用。如果没有教师的教育之爱，没有被关心的体验，学生自身很难实现充分、持续的成长。因此，教师要通过对学生的教育之爱为其带来正面的影响。需要补充的是，正如上文提到的，教师与学生爱的关系的建立，需要教师与学生双方共同付出努力。教师是爱的行为的发出者，爱的行为是否成功也取决于学生是否感受到这种行为是善意的、关怀性的，从而对这种带有教育意义的爱的行为产生积极回应。也就是说，学生的成长内隐于其对教师教育之爱的回应中。其次是在教育之爱的关系中进行对话。对话发生于拥有教育情怀的教师和能够主动回应这种爱的学生主体之间，教师要积极与学生进行对话，其间教师必须全身心地投入，无差别地向学生开放心扉，倾听学生的心声，对话的主题不设限制，包括学术性的话题，人类生活、生存的相关问题等，如知识、爱、恐惧、希望等都可以在课堂内或课下公开探讨。再次是在教育情境中进行反思。教师的教育之爱实践是各种各样的，在师生两者关系中，会产生一些具有价值与意义的教育体验事件，教师要有对自身和学生的爱的行为的敏感力与反应力，学生能如老师所愿学会自主自觉发展是最使教师感受到开心的，尊敬老师、愿意为其分担一些课堂杂务、协助其教低年级的学生都是学生成长的具体表现，也是教师教育之爱所带来正面影响的具体表现。但是，在一些不太顺利或与教育目的设想不太一致的相处中，教师的教育之爱实践需要一些基础的技巧。教师应当在真实、复杂的学校情境或社会情境中主动地进行反思，以助推自身教育情怀的提升，对教育之爱及行为的反思机遇是转瞬即逝的，可以采取自我反思和他人帮助等多种形式相结合的方法。最后是对自我教育情怀的真正认可。认可是现实性与理想性恰当的结合点，教师有关自我多种角色（作为学习者、朋友、自我等）的一般感受是增强或减弱其自身教育之爱认知和发展的重要因素，来源于教师的各类反思是教师重塑自我形象的影响源，在对自身教育情怀的不断认可中，教师可以产生力量感，逐渐变得更好。

教师教育情怀的培养，能够使教师更好地从事教育活动，在教育教学实践中促进学生发展，推动教育教学活动顺利开展。拥有深厚教育情怀的教师主体对于学生道德的发展起到榜样的引领、示范作用，丰富多彩的教育生活为两者提供了生动的道德实践情境，教师可以不受时空限制与作为在者的学生主体进行多种形式的对话，在树立榜样、展开对话、生动实践与获得认可等环节中促进个体发展，培养全面发展的人才。从这个角度而言，教师应重视和谐师生关系的建立以及其对学生发展产生的影响。

总之，对教师教育情怀应然路径的研究，有助于唤醒教师主动生成教育情怀的意识，助力培育更多具有教育情怀的教师。具备教育情怀的教师，能够在教育教学实践中更好地践行"以生为本"的教育思想，提升学生学校生活的幸福感，促进学生在思想品德、学业成绩、身心健康、艺术素养以及社会实践等各方面素质发展，提升教育质量；能够关心、爱护每一位拥有无限发展可能的学生，关心其学业、生命安全、身体健康以及情感等各方面，在

日复一日的教育生活中淬炼出自我真正的教育情怀，成为一个道德高尚、具
有影响力的教育者；能够真正地做到心中有目标、眼中有学生、胸中有情
怀，向着成为一名有理想信念、有道德情操、有扎实学识、有仁爱之心的
"四有"好老师扎实迈进，不辜负党和人民对教育发展的殷切期望。

第五章 教育情怀培养的行动研究

教育理论可以指导实践，教育实践的持续改进与变革离不开教育理论的指导。"教育情怀是教师心灵对学生和教育事业超越世俗的爱，并且是客观先验的、具有精神价值的爱，这种爱是教师对教育认识的前提。"[①] 基于前期的理论研究，我们尝试对师范生开展教育情怀的行动研究，一方面检验前期的理论研究效果，另一方面落实本研究的最终目的：培养师范生的教育情怀。

第一节 教育情怀培养行动研究的理论基础

教育情怀的培养尤其是职前教师教育情怀的培养，不仅需要教师相关知识的积累，更需要教师在教育情境的熏染中陶冶情操，在潜移默化中习得并持续提升。"学习的过程必须融入人类的体验，这种体验通过彼此间的交流而被分享与理解。"[②] 美国著名社会心理学家、教育家大卫·库伯精研的体验学习为教育情怀的养成研究提供了理论基础，也为教师教育实践的改革提供了理论指导。

一 体验学习理论的演进历程及其基本内容

体验学习强调从实践中学习，重视学习者的主体性和体验过程。它通过具体体验、反思观察、抽象概括和主动实践四个环节构成循环模型，促进知识的构建与创造。

（一）体验学习的演进历程

"体验学习"（experiential learning），也称为"体验性学习""体验式学

[①] 王萍、李雨露：《教育情怀的情感之维及生成路径——基于情感现象学的视角》，《教师教育研究》2022 年第 4 期。

[②] 〔美〕大卫·库伯：《体验学习：如何让体验驱动学习与发展》（第 2 版），伍新春等译，人民邮电出版社，2023，第 15 页。

习",起源于美国学者约翰·杜威(John Dewey)的"经验学习"。在杜威看来,学校教育要为学生提供一定的材料,才更有利于人类经验的传承和改造,而且,真知的获得,需要借助实践活动,即"做中学"。毕业于牛津大学的哈恩(Kurt Hahn)博士认为,学校教育难以满足学生的发展需要,甚至导致学生缺乏自信、不会感恩,而让学生参与诸如野地探险、沙漠求生、攀岩等具有挑战性、冒险性的活动,有助于激发学生的活力,培养其生存能力。为了训练海员的生存技能,英国海军邀请哈恩开发一套行之有效的海员训练计划。1934年,哈恩创办了外展训练学校(Gordonstoun School),专门用于海员训练,并取得了较好的实效。此后,体验式训练逐步引入学校教育中,训练目标也从单一的体能、生存训练拓展到对人的心理、人格等的训练。20世纪50年代,外展训练受到美国的推崇。1964年,罗伯特·培契(Robert Pieh)在北明尼苏达学校开发了PA(Project Adventure)课程,广受中小学生的喜欢。到20世纪80年代,美国建立了很多所户外学校。

体验学习理论与理性主义、认知主义学习理论、行为主义学习理论等有着本质的区别,理性主义、认知主义学习理论将学习看作习得、加工和回忆抽象符号,行为主义学习理论对学习过程中意识与主观体验的重要作用的关注不足,而体验学习尤为重视体验在学习过程中的重要作用。

（二）体验学习的基本内容

体验学习以社会心理学、哲学、认知心理学的智力传统观点为理论根基,构建了教育、工作和个体发展之间的关系的框架,如图5-1所示。体验学习在工作、教育与个体发展间发挥着桥梁与纽带作用。体验学习理论构建了能够描述工作需求和相应教育目标的能力体系并认为体验学习方法能够在课堂与真实世界间建立联系。体验学习将工作场所也视为一种学习环境,它不仅有助于正规教育的发展,也能让个体在工作中获得发展。

第一,体验学习是对学习者的原有观念、行为习惯不断进行调整的过程。体验学习理论认为,知识观念在学习者的体验中不断被构建或重组,学习是在体验中发生的,并在体验中不断被修正。学习是在学习者持续的顿悟中发生的,学习的结果只代表学习者过去的学习记录,简单用学习的结果来定义学

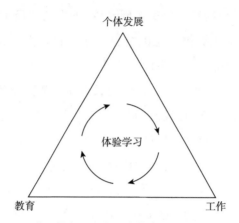

图 5-1　联系教育、工作和个体发展的体验学习过程

资料来源：〔美〕D. A. 库伯《体验学习——让体验成为学习和发展的源泉》，王灿明、朱水萍等译，华东师范大学出版社，2008，第 4 页。

习，不利于真正学习的展开。就学习过程而言，只有当学习者观念和习惯得到调整时，才能说学习者实现了学习的适应性调整。"只有经过发明与再创造，通过坚持不懈的、热切期待的、持续的、充满希望的探究，知识才能够产生，人类才能够继续生存在这个世界上，以及与这个世界及万物继续共存。"[1]　与被动地接受、记忆、重复式学习相比，体验学习更为重视学习者的主体性，鼓励学习者在质疑、实践中成长为有自主意识的、主动寻求发展的个体。

第二，学习者的"体验"是体验学习的基础。知识是在学习者的体验中产生的，这些知识也在学习者的体验中得以验证。体验具有连续性特征，主要表现在如下两个方面。一是过去的经历是体验得以产生的基础，但已获得的体验并不是一成不变的，而是可能会在未来发生的事情中产生改变。二是当个体处于不同情境中时，其在一种情境中获得的知识技能可能会成为其适应另外一种情境的基础[2]。在进入学习情境之前，每个人都带有自己的主观想法。教师在教学中需要重视并有效利用学习者先前积累的经验，在学习过

---

① 〔美〕大卫·库伯：《体验学习：如何让体验驱动学习与发展》（第 2 版），伍新春等译，人民邮电出版社，2023，第 50 页。

② 〔美〕大卫·库伯：《体验学习：如何让体验驱动学习与发展》（第 2 版），伍新春等译，人民邮电出版社，2023，第 51 页。

程中引导学习者积累新的经验，注重对学习者原有的错误经验进行修正，即教师需要了解、检验学习者所秉持的信念及其坚持或形成的理论体系，在此基础上，引导学习者将更完善的观念融入其已有的知识体系，以让学习过程更有意义。

第三，运用辩证方法解决冲突是体验学习的一贯做法。体验学习理论认为，冲突是学习的主旋律，冲突的解决需要学习者具备较强的具体体验能力、反思观察能力、抽象概括能力以及主动实践能力等，在具体体验与抽象概括、反思观察与主动实践中习得新的知识、技能、观念。这就要求学习者以开放的姿态融入新的体验之中，多视角反思自己的体验，并能够在觉察与理论间建立概念，能够借助理论解决问题、做出决策。"在学习的过程中，学习者处在不断的变化中，在行动者与观察者中转换，在具体感受者与一般分析者中转换。"[1] 体验学习的开展，离不开对学习者具体体验、反思观察、抽象概括以及主动实践等能力的培养。

第四，体验学习是个体适应世界的过程。体验学习囊括在人生的所有阶段之中，"描述了人类适应社会环境和物理环境的核心过程"[2]，而且体验学习在人类活动的所有领域都存在。这就意味着，体验学习的应用范围非常广，个体适应世界的过程实际上也是个体体验世界的过程。

第五，体验学习是个体与环境之间连续不断地展开交互作用的过程。传统教育认为，学习是个人化、内在化的过程，教材、教师及教室是学习得以展开的外在条件，不存在或鲜有个体与环境的相互作用，真实世界被隔离在教育系统之外。体验学习理论则认为，"体验"是连接人与环境的"桥梁"，"体验"既指个人的内部状态或内在感受，也指客观的、累积的经验。"体验学习的本质就是交互影响的过程，学习者试图影响或控制事情的发展，并满足个人需求。"[3]

---

[1] 〔美〕大卫·库伯：《体验学习：如何让体验驱动学习与发展》（第 2 版），伍新春等译，人民邮电出版社，2023，第 54 页。

[2] 〔美〕大卫·库伯：《体验学习：如何让体验驱动学习与发展》（第 2 版），伍新春等译，人民邮电出版社，2023，第 2 页。

[3] 〔美〕大卫·库伯：《体验学习：如何让体验驱动学习与发展》（第 2 版），伍新春等译，人民邮电出版社，2023，第 59 页。

学习发生在个体与环境的交互作用过程中，学习者不仅要关注自我内部的状态，还需要注重对客观环境的体验。

第六，体验学习的过程也是知识创造的过程。社会知识主要是人类文化知识的积累，个体知识是个体在认识世界、改造世界的过程中所积累的具有明显个体特征的经验积累，体验学习就是要实现个体知识与社会知识间的转化。基于此，学习也可被认为是体验的转换以及知识创造的过程①。

此外，体验学习理论认为，"学习是通过对体验的转换而创造知识的过程"②，而知识源自对体验的理解与转换的过程。理解体验是个体在与外界环境交互作用的过程中个体接收并理解信息的过程，转换体验是个体在理解信息的基础上对信息作出一定反应的过程。具体体验和抽象概括是理解体验的两种辩证方式，反思观察和主动实践是转换经验的两种辩证方式，真实的学习就发生在具体体验、抽象概括与反思观察、主动实践之中，如图5-2所示。

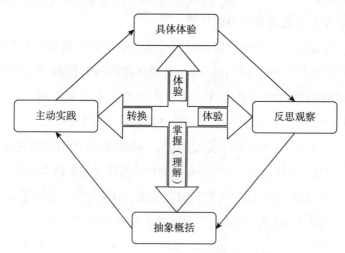

图 5-2　体验学习循环模型

资料来源：〔美〕大卫·库伯《体验学习：如何让体验驱动学习与发展》（第 2 版），伍新春等译，人民邮电出版社，2023，第 62 页。

---

① 〔美〕D. A. 库伯：《体验学习——让体验成为学习和发展的源泉》，王灿明、朱水萍等译，华东师范大学出版社，2008，第 33 页。
② 〔美〕大卫·库伯：《体验学习：如何让体验驱动学习与发展》（第 2 版），伍新春等译，人民邮电出版社，2023，第 62 页。

　　体验学习理论认为，体验学习的展开需要了解学习过程、尊重学习者特征以及分析学习对象。

　　首先，了解学习过程。库伯提出"体验学习圈"的概念，认为体验学习圈是由具体体验、反思观察、抽象概括和主动实践四个部分构成。具体来说，具体体验是个体开展学习的起点，个体在此基础上进行反思观察，反思观察的内容经同化、提炼形成抽象概念，进而让抽象概念指导自身的行动和实践，并在行动中检验抽象概念。概念的具体化也可以指导学习者创造新的体验。事实上，体验学习是一个开放的循环系统或者说是一个螺旋式上升的过程。也就是说，体验学习并不是到主动实践环节就结束了，而是在学习者的主动实践中开启新一轮的具体体验、反思观察、抽象概括和主动实践，如此循环往复，在持续的转换之中，学习者不断获取并创造新的知识。此外，直接的具体体验势必会引起反思，但脱离体验的反思可能会导致学习者难以融入所处的环境，进而导致学习者难以得出结论，遑论在实践中检验结论。

　　其次，尊重学习者特性。库伯指出，个体的学习风格是其在与环境持续互动的过程中，通过动态调整具体经验感知与抽象概念领悟、主动实践拓展与反思观察意向的双重认知策略，逐步形成的一种相对稳定的适应性状态。在此基础上，库伯进一步提出，体验学习有四种基本的学习方式。第一，辐合式学习方式。辐合式学习方式需要学生具备较强的抽象概括能力和主动应用能力，采用该学习方式的学生具有较强的解决问题、制定决策以及实际应用的能力，但处理人际问题的能力较为薄弱。第二，发散式学习方式。发散式学习方式需要学生参与具体体验和反思观察。主要采用该学习方式的学生具有非常丰富的想象力和敏锐的观察力，感情充沛。第三，同化式学习方式。同化式学习方式需要学生具有较强的抽象概括能力，并积极进行反思观察。以该学习方式为主的学生具有较强的推理能力和创造理论模型的能力，但对人的问题的关心不够。第四，顺应式学习方式。顺应式学习方式需要学生参与具体体验，并能主动应用体验。采用这种学习方式的学生能够抓住机会，善于冒险和行动，直觉性强，能较好地与他人相处，但缺乏耐心。若学生能将这四种学习方式结合使用，将会取得更明显的成效。

最后，分析学习对象。"个体的学习风格由社会知识结构塑造，并通过个体的创造性行为而形成。要充分理解学习，我们必须理解人类知识的本质和形式，理解知识创造与再创造的过程。"[1] 库伯非常重视知识结构，将其作为开展体验学习的基本要素。根据个人的学习取向，库伯提出了四种基本学习模式，即具体体验取向、反思观察取向、抽象概括取向和主动实践取向。每一类学习模式代表着学习者不同的学习偏好，也表征着学习者擅长的学习方式。具体体验取向的学习者更为注重个体感受，对现实的独特性和复杂性更感兴趣，擅长以一种直觉的、艺术的方法解决问题，通常能更好地处理与他人的关系，他们的直觉特别灵敏，常常能借助直觉正确处理复杂的事情。反思观察取向的学习者更为重视对事物的仔细观察、客观描述，将其作为理解、解决问题的主要依据，擅长从多角度观察事物，并发掘隐藏在现象背后的本质、规律。抽象概括取向的学习者更为重视思考，关注用通用的理论来认识和感受事物，倡导用科学的方法处理问题，擅长作系统规划及处理抽象符号等。主动实践取向的学习者更为重视实际应用及行动，具有较强的冒险精神，目标明确[2]。

二　体验学习理论与教育情怀的耦合

教育情怀的培养，仅仅依靠知识的学习是难以取得实质性成效的，主要有以下几方面原因。

首先，从既有研究者对"教育情怀"的概念界定来看，形成教育情怀需要触动教师的灵魂。有研究者从关系论的视角提出，教育情怀是教师对社会、对教育事业、对学生、对自身的一种特殊情感，如刘炎欣、王向东认为"教育情怀是教育者对教育事业产生的心境和情感依附，反映了教师对于教

---

[1] 〔美〕大卫·库伯：《体验学习：如何让体验驱动学习与发展》（第2版），伍新春等译，人民邮电出版社，2023，第3页。

[2] 〔美〕大卫·库伯：《体验学习：如何让体验驱动学习与发展》（第2版），伍新春等译，人民邮电出版社，2023，第117~118页。

育的理解、热爱、忠诚和信念程度"①；肖凤翔、张明雪提到"教育情怀是指教师对待社会、学生和自身表现出来的人文情怀，是一种高层次的生存境界"②；王萍从教师与学生的关系的角度提出"教育情怀是教师对学生成长的迷恋，是教师与学生相处的智慧，也是教师献身教育的承诺"③。也有研究者从教师情感、教师能力的角度提出，教育情怀是教师的一种特殊情感，也是一种独特的能力，如陈太忠、皮武认为，教育情怀是"教师基于对教育价值的深刻理解和认同而产生的关切和喜爱之情，是关于教育的道德感、理智感和美感的综合，表现为乐于从教的态度体验以及享用教育生活的独特能力"④；姚炎昕、雷江华提出，教育情怀是"一种超验的行动意识，是渗透于教育行动的意念，也是教师践行立德树人使命，从事教育活动的动力源泉和自身专业发展的情感内驱力"⑤。虽然既有研究者对教育情怀的概念界定迥异，但总体而言，研究者们大都认为，教育情怀是教师对教育事业的一种积极情感。换句话说，教育情怀也是教师的一种内在自觉。这种内在自觉的唤醒，需要长期的教育引导和真实的情感体验，要能触动教师的心灵。而"心灵的培育是运用各种文化的养分来陶冶、孕育和熏陶的，它是潜移默化的过程，是小心翼翼的过程，是人文淬砺的过程"⑥。因此，教育情怀的养成需要多种文化养分，在潜移默化之中培养并厚植教师的教育情怀。

其次，从既有研究者对"教育情怀"培养的对策建议来看，教育情怀的培养需要多措并举才能取得实效。有研究者立足于微观视角，对教师自身在教

---

① 刘炎欣、王向东：《论教育情怀的生成机制和升华路径——基于文化存在论教育学的视角分析》，《中国人民大学教育学刊》2018 年第 2 期。

② 肖凤翔、张明雪：《教育情怀：现代教师的核心素养》，《河北师范大学学报》（教育科学版）2018 年第 5 期。

③ 王萍：《教师的教育情怀及其养成——基于教育现象学的视角》，《当代教育科学》2020 年第 9 期。

④ 陈太忠、皮武：《教育情怀：基于"需要—满足"框架的阐释与生成》，《教育理论与实践》2021 年第 19 期。

⑤ 姚炎昕、雷江华：《教师教育情怀：人性逻辑、德性素养与智慧生成》，《中国教育科学》（中英文）2023 年第 2 期。

⑥ 姜勇、刘静、戴乃恩：《"文化存在论教育学"视野下的教师成长》，《教师发展研究》2017 年第 6 期。

育情怀培养中的主体作用提出了要求，认为教育情怀的培养需要教师的德性自觉、人文支撑以及实践层面的个性修炼①；也需要教师充分认识教育功能，要有献身教育的责任感，要有对教育生活的审美体验以及要关爱学生②。有研究者从宏观层面提出，"尊师重教"是教育情怀生成的社会文化资源和社会心理环境，教师专业化是教育情怀生成的制度保障和观念引领，要将教育情怀教育与教师专业发展、师德师风建设、教师激励、课堂教学相结合，同时，还需要教师自育自建主体自觉③。"人的本质不是单个人所固有的抽象物，在其现实性上，它是一切社会关系的总和。"④ "教师"不管是作为个体的人的存在，还是作为群体的人的存在，都需要处理教师与社会、教师与他人以及教师与自身的关系，而教育情怀就是教师在处理各种关系中生成的。这就意味着，教育情怀的培养需要社会支持、健全的教育制度保障以及教师自身的内在自觉。

最后，笔者在教育教学实践中发现，教育情怀的养成尤其是职前教师教育情怀的培养需要长期的教育引导、情感浸润。以笔者的一次授课经历为例，在主讲"关爱学生：教师职业的灵魂"一节内容时，学生在谈及对"河南'白发校长'张鹏程"的教育故事的感受时提道："这些故事看起来好像很感人，但是因为看得多了，也就没有什么感觉了，基本都是讲老师关爱学生的，很难让我产生很大的震撼，也很难唤起我去乡村学校任教的欲望。"学生的这种感受固然跟平时接触的类似故事过多有一定的关系，由于"司空见惯"而产生疲劳感，但更主要的原因在于，学生仅仅获取了相关的知识信息，而缺乏对这些知识信息的深度加工，也即戴维·保罗·奥苏贝尔（David Pawl Ausubel）所说的机械学习。奥苏贝尔认为，有意义的接受学习更有助于学生在短时期内获取大量有用的知识，这是因为有意义的接受学习是学生在教师的指导和帮助下、在新知识与已有的知识经验相互作用的过程

① 姚炎昕、雷江华：《教师教育情怀：人性逻辑、德性素养与智慧生成》，《中国教育科学》（中英文）2023年第2期。
② 陈太忠、皮武：《教育情怀：基于"需要—满足"框架的阐释与生成》，《教育理论与实践》2021年第19期。
③ 韩延伦、刘若谷：《教育情怀：教师德性自觉与职业坚守》，《教育研究》2018年第5期。
④ 《马克思恩格斯文集》（第1卷），人民出版社，2009，第501页。

中产生的，这种学习方式不仅经济、快捷，还被实践证明最为有效。知识的获取是培养教育情怀的基石，而积极情感、态度、价值观的唤醒则是培养教育情怀的主要目的。因此，在培养教育情怀的过程中，在学习方式的选择上，需以有意义的接受学习和有指导的发现学习为主。

正如有研究者所言，教育情怀在丰富的教育实践中逐渐生成并不断升华，教育实践是教育情怀的出发点和归宿①。而体验学习理论认为，学习是一种建立在精心设计的体验之上的社会化过程，学习过程必须融入人类通过彼此对话而建立的、能够被共享并能被理解的个人体验之中，体验是个人学习和发展的源泉②。将体验学习理论运用于对师范生教育情怀的培养之中，具有很好的适切性。

体验是个体发展的基础。教育情怀是教师对学生、对教师职业的一种特殊情感，这种情感的获得需要个体对教师职业具有一定的体验。在问及师范生"为什么选择师范专业"时，很多师范生的回答是"受某位或某些老师的影响"。"我印象深刻的老师就是我高中的班主任，他虽然对我们有些严厉，但是对我们的关心照顾却是无微不至的。他经常带我们去他家吃饭，课后单独辅导我们的学习。因为我家离他家很近，很多时候，我都是坐着他的车子到学校来的。我觉得他是一位非常负责任、有爱心的好老师，以后我也想成为他那样的老师。"（学生 W）叶澜教授在对教师专业发展阶段进行划分时，将教师专业发展阶段分为"非关注阶段、虚拟关注阶段、生存关注阶段、任务关注阶段和自我更新关注阶段"，其中的"非关注阶段"即个体正式进入教师教育之前的阶段，可以是从孩提时代到正式接受教师教育之前，因为该阶段具有从教潜能、有志于从教的个体在无意识之中可能会形成较为稳定的从教信念③。"体验"一词既可以理解为领悟、体察、设身处地，这主要强调个体的内部心理感受，也可以理解为实行、实践、以身体之，这主

---

① 姚炎昕、雷江华：《教师教育情怀：人性逻辑、德性素养与智慧生成》，《中国教育科学》（中英文）2023 年第 2 期。
② 〔美〕D. A. 库伯：《体验学习——让体验成为学习和发展的源泉》，王灿明、朱水萍等译，华东师范大学出版社，2008，第 3 页。
③ 刘义兵主编《教师专业发展》，高等教育出版社，2017，第 38 页。

要强调个体外部的亲身经历①。从对"体验"一词的意义阐释来讲，处于"非关注阶段"的个体虽然尚未进入师范专业，但受教师尤其是授业教师的影响较大，这种影响体现为个体在与教师接触的过程中，基于个体的领悟、反思或在模拟情境中扮演教师角色等而产生教育情怀的萌芽，这种萌芽进而使得个体将教师职业作为未来专业选择或职业选择的首选。概言之，体验是个体产生教育情怀的基础。体验学习理论把学习看作体验（experience）、感知（perception）、认知（cognition）与行为（behavior）四个方面整合统一的过程②。在此过程中，体验是个体学习与发展的基础。因此，以体验学习理论指导教育情怀的培养，具有较好的实践价值。

教育情怀的生成机制与体验学习圈相贴合。教育情怀内隐于教师与学生相处的体验故事中，可能源于重要他人的教育情怀的引导、个体与学生相处过程中的真实感受、个体对教育真相认识的心理需求，经个体伦理德性的过滤而成为教师个体的教育情怀。众多有教育情怀的教师个体聚在一起，教育情怀经由群体经验的汇集而聚类，最终由群体伦理德性的过滤而成为群体成员的教育情怀，再由理论升华至具有普遍性的教育情怀③。体验学习理论认为，体验学习圈主要由具体体验、反思观察、抽象概括和主动实践四部分组成。事实上，体验学习圈与教育情怀的生成路径具有高度的一致性。具体而言，体验学习圈中的具体体验对应教育情怀形成初期的初步感知，具体体验和初步感知都是个体在与外界环境相互作用的过程中个体对外界环境的反应与知觉；体验学习圈中的反思观察对应教育情怀形成过程中的个体伦理德性过滤阶段，即是说，个体伦理德性过滤阶段也需要个体自身的反思与观察，个体在持续的反思与观察中获得对学生、对教育事业、对教师职业的积极情感；体验学习圈中的抽象概括对应教育情怀形成过程中的群体经验的汇集与

① 刘海藩主编《现代领导百科全书——文学与艺术卷》，中共中央党校出版社，2008，第328~329页。
② 〔美〕D. A. 库伯：《体验学习——让体验成为学习和发展的源泉》，王灿明等译，华东师范大学出版社，2008，第21页。
③ 王萍、李雨露：《教育情怀的情感之维及生成路径——基于情感现象学的视角》，《教师教育研究》2022年第4期。

聚类阶段，抽象概括是在反思观察的基础上经由同化、提炼而形成抽象概念的过程，众多具有教育情怀的教师个体集聚在一起，在相互作用的过程中，经由群体伦理德性的过滤而达成共识，形成教育情怀；体验学习圈中的主动实践与教育情怀形成过程中的行动相对应，主动实践即是个体在获得抽象概念后，用个体的行动和实践验证抽象概念，这既是本轮循环系统的终结，也是下一轮循环系统的开端，同理，达成共识的教育情怀需要经由群体成员的行动检验，在此过程中，个体的教育情怀可能会被深化，从而更好地以教育情怀指引个体的教育教学行为，部分被行动实践证明是无效的或效果微弱的抽象概念则会被剔除。而且教育情怀的概念随着时代的发展、教师角色的演进及学生的发展而具有不同的意涵。

综上，本次行动研究以体验学习圈为理论指引，以教育情怀为核心关注点，以河南大学师范生为主要研究对象，以师范生的课堂教学为抓手，借助行动研究法深入探究师范生教育情怀培养的基本过程。在体验学习圈的分析框架下，经过多轮的行动研究，本书将教育情怀的培养分为四个阶段，即"体验—分享—共识—行动"，如图5-3所示。

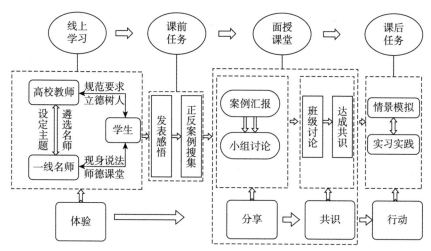

图5-3　基于"体验学习"的线上线下混合式教学设计

在体验阶段，根据师范专业认证标准，围绕立德树人根本任务，组建以拥有教师教育相关专业背景的高校教师为主体，"全国教书育人楷模""时代楷模""河南最美教师""中原名师"等基础教育一线优秀教师积极参与的课程团队，通过高校教师的理论讲解与案例分析，结合基础教育一线教师的现身说法，积极鼓励师范生发表感悟并搜集与教师职业道德、教师专业发展相关的典型案例。在此过程中，师范生借助重要他人的教育情怀的引导以及个体对教育真相认识的心理需求，对教育情怀产生初步的感知与体验。此处的"体验"并不是亲身实践，而是领悟、体察。在分享阶段，各小组在教师的引导下进行正反案例汇报，并开展小组讨论，明晰正反案例中行为的可取之处与不足。针对案例中的"道德两难情境"开展班级讨论，进而在积极的辩论与适时的教育引导中达成共识。在行动阶段，师范生借助情景演绎尤其是实习实践，检验教育情怀，不断升华教育情怀。

第二节　教育情怀培养的行动研究设计

本书聚焦"以课程为主要载体，能否有效涵养师范生的教育情怀？如何有效培养师范生的教育情怀？如何评价师范生教育情怀发展情况？"三个关键问题，以河南大学正在修习或已完成"教师职业道德与专业发展"课程的师范生为研究对象，以"教师职业道德与专业发展"课程为载体，在多轮的行动研究中探究课程在涵养师范生的教育情怀中的重要作用及其实施效果。

一　研究缘起及研究问题

教育情怀是师范生获得职后专业成长的持续力量，也是师范生成长为优秀教师乃至教育家型教师的精神品性。

（一）研究缘起

如前所述，"教育情怀是教师对学生成长的迷恋，是教师与学生相处的智慧，也是教师献身教育的承诺"[①]。对于教师个体而言，教育情怀能帮助教师树立正确的教育观、教师观、学生观、课程观，坚定其从教信念，引导教

[①] 王萍：《教师的教育情怀及其养成——基于教育现象学的视角》，《当代教育科学》2020 年第 9 期。

师持续追求自身的专业成长，始终以学生的全面发展为己任，并在育人的过程中收获幸福感、获得感和满足感。正如陶行知先生所说的"捧着一颗心来，不带半根草去"，正如人民教育家于漪所说的"一辈子做教师，一辈子学做教师，这绝不是一句空话，我一辈子都在学，不断完善健全自己的人格"，也如"时代楷模"张桂梅所说的"只要我还有一口气，我就要站在讲台上，倾尽全力，奉献所有，九死亦无悔"，还如朴实的"白发校长"张鹏程所说的"农村的孩子，总要有人来陪"。对于教师群体而言，教育情怀影响教师群体在社会中的声望与地位。"教师是人类灵魂的工程师""教师是辛勤的园丁""教师是人梯""教师是红烛，点燃自己，照亮别人""教师是春蚕，吐尽自己最后一根丝线"等等，社会对教师的这些角色定位实际上是教师教育情怀的外部表征，也是对教师的教育情怀的肯定与赞扬。而且，社会对教师的角色定位反过来也会成为教师尤其是职前教师和新入职教师涵养教育情怀的重要参考。调研发现，部分师范生选择教师职业的主要原因是教师的社会地位和声望，认为"教师是太阳底下最光辉的职业""教师是人类灵魂的工程师""教师是人类文明的传播者"等，并用社会对教师的角色定位来规范自身的从教行为，自觉涵养教育情怀。

为此，党和国家高度重视师范生教育情怀的涵养。2011 年 10 月，《教育部关于大力推进教师教育课程改革的意见》提出："营造良好教育文化氛围，激发师范生的教育实践兴趣，树立长期从教、终身从教信念。""长期从教、终身从教信念"是教育情怀的基本表征之一，该文件体现了国家对师范生教育情怀的高度重视，也为师范生教育情怀的培养指明了方向。与此同时出台的《教师教育课程标准（试行）》提出，教师教育课程设置要兼顾五个领域，其中之一是职业道德与专业发展。2012 年 2 月，教育部印发《中学教师专业标准（试行）》，将"师德为先"置于基本理念的首位，要求教师要热爱中学教育事业，具有职业理想，关爱中学生，尊重中学生人格，富有爱心、责任心、耐心和细心，为人师表，教书育人，以人格魅力和学识魅力感染中学生。《中学教师专业标准（试行）》虽然没有明确提到"教育情怀"，但其中提到的"热爱中学教育事业""具有职业理想""关爱中学生""富有爱心、责任心、耐心和细心"等，均是教育情怀的外在表征，也是教育情怀在具体教育情境中的基本表现形式。为规范引导师范类专业建设，构建完善的教师教育质量保障体系，2017 年 10 月，教育部印发了《普通高等学校师范类专业认证实施办法（暂行）》，提出要分级分类开展师范类专业认证，坚持"学生中心、产出导向、持续改进"的基本理念，实行师范类专业三级监测认证，即第一级定位于师范类专业办学基本要求监测，要求经教育部正式备案的普通高等学校师范类本科专业和经教育部审批的普通高等学校国控教育类专科专业参与认证；第二级定位于师范类专业教学质量合格标准认证，有三届以上毕业生的普通高等学校师范类专业可自愿申请参加第二级认证；第三级定位于师范类专业教学质量卓越标准认证，有六届以上毕业生并通过第二级认证的普通高等学校师范类专业可自愿申请参加第三级认证。其中，《中学教育专业认证标准（第二级）》明确提出，专业制定的毕业要求需涵盖"践行师德""学会教学""学会育人""学会发展"（简称"一践行三学会"）。在"践行师德"维度，要求毕业生要遵守师德规范，拥有教育情怀。《普通高等学校师范类专业认证实施办法（暂行）》为师范类专业建设进一步明确了发展方向，有助于师范院校对标提升教师教育质量。

河南大学创建于 1912 年，最初命名为"河南留学欧美预备学校"。1923年，更名为中州大学，设置文科和理科，归属于文科系列的教育学专业在此时得以设立。1930 年，学校更名为河南大学。20 世纪 50 年代初，河南大学与平原师范学院合并，改称为河南师范学院，后更名为河南师范大学，直到1985 年再次更名为河南大学①。至今，河南大学已成为一所拥有文、史、哲、经、管、法、理、工、医、农、教育、艺术、交叉学科等 13 个学科门类的综合性、研究型大学，全日制在校生 5 万余人。虽然河南大学的校名几经变更，但师范教育一直是河南大学的重要组成部分。经过百余年的发展，河南大学目前有 18 个师范专业，全部为国家一流专业建设点，全日制在校师范生 2 万余人，逐步建立了较为完善的以教育研究引领职前职后一体化发展的教师教育体系。在培养目标的定位上，各师范专业认真贯彻落实党和国

---

① 《历史沿革》，河南大学新闻网，https://news.henu.edu.cn/info/1232/100195.htm。

家的教育方针政策，坚持立德树人根本任务，以培养德智体美劳全面发展的社会主义建设者和接班人为总体目标，立足中原，面向全国，致力于培养思想政治素质良好、师德高尚、人文素养和教育情怀深厚、专业知识扎实、具有一定国际视野和终身学习能力、优秀的研究型中学教师。2018 年 2 月，教育部等五部门印发了《教师教育振兴行动计划（2018—2022 年）》，明确提出："鼓励高水平综合性大学成立教师教育学院，设立师范类专业，招收学科知识扎实、专业能力突出、具有教育情怀的学生……推动实践导向的教师教育课程内容改革和以师范生为中心的教学方法变革。"在此背景下，河南大学成立了教师教育学院，由其统筹全校 18 个师范专业、15 个教育硕士专业领域方向和 14 个二级学院的国培和省培工作。

为贯彻落实《普通高等学校师范类专业认证实施办法（暂行）》，在对标《中学教育专业认证标准》的基础上，2019 年 10 月，河南大学教师教育学院面向全校遴选有教育学专业背景尤其是教师教育专业背景的教师组建研究团队，聚焦于"教育情怀的时代意蕴是什么""教育情怀是否可教""如何涵养师范生的教育情怀""如何评价师范生的教育情怀发展情况""如何以教育情怀的涵养助推师范类专业建设"等问题，开展系列集中研讨活动。在专家指导、集体研讨及吸收借鉴其他院校课程建设经验的基础上，教师教育学院决定以师范生教育情怀的涵养为主要目标，以"教师职业道德与专业发展"课程为载体，积极吸纳"时代楷模""全国教书育人楷模""中原名师""'出彩河南人'之最美教师"等基础教育一线优秀教师，组建由高校教师和基础教育教师构成的课程团队，并明确了"教师职业道德与专业发展"课程的课程目标定位、课程大纲、课程内容、课程评价方式等。

2020 年 9 月，教师教育学院率先在化学、生物科学两个师范专业开设"教师职业道德与专业发展"课程，旨在帮助师范生掌握中学教师道德规范和专业标准的基本要求，具备教师职业道德与专业标准的知识素养；通过分析和评价中学教师职业道德与专业发展的典型案例，形成正确的职业道德价值判断能力、道德实践能力和专业发展能力；在此基础上达成情感目标，即引导学生深入理解体会习近平总书记关于"四有好老师"、"四个引路人"、

"四个相统一"及教育家精神等的重要论述,增强师范生对教师职业的价值认同,坚定其从教信念,涵养教育情怀。随着该门课程教学工作的顺利展开,该课程逐步向全校师范生开放,并由最初的师范生选修课转为师范生必修课。由此,该门课程成为培养师范生教育情怀的重要物质载体。自2020年9月至今,"教师职业道德与专业发展"课程已运行了七个学期。课程团队始终坚持"学生中心、产出导向、持续改进"的基本理念,以大卫·库伯的体验学习理论为引领,以线上线下混合式教学为基本教学模式,以发展性评价理念统领下的综合评价为主要评价方式,在多轮行动研究中持续开展教学改革,以期以课程教学改革深化师范生的教育情怀。

如前所述,"教师职业道德与专业发展"课程是培养师范生教育情怀的重要载体。那么,该门课程如何培养师范生的教育情怀呢?该门课程能否有效培养师范生的教育情怀呢?如何开展以教育情怀的培养为主要目标的行动研究呢?为深入探究这些问题,课程团队展开了以教育情怀的培养为主要目标的教育行动研究。

(二)研究问题

此次行动研究主要聚焦于以下三个问题。

(1)课程能否有效培养师范生的教育情怀?

(2)如何有效培养师范生的教育情怀?

(3)如何评价师范生教育情怀发展情况?

二 研究对象和研究目的

研究以河南大学正在修习或已完成"教师职业道德与专业发展"课程的师范生为研究对象,在多轮的行动研究中探究"教师职业道德与专业发展"课程在培养师范生的教育情怀中的重要作用及其实施效果。

(一)研究对象

此次行动研究的研究对象主要是河南大学正在修习或已完成"教师职业道德与专业发展"课程的师范生。"教师职业道德与专业发展"课程是专业基础平台课(教师教育必修课程),主要面向学科教学(师范)方向的本科生，为培养师范生的教育情怀服务。

（二）研究目的

以"教师职业道德与专业发展"课程为载体，在多轮的行动研究中探究"教师职业道德与专业发展"课程在培养师范生的教育情怀中的重要作用及其实施效果，以期厚植师范生的教育情怀，坚定其从教信念，引导师范生以"四有好老师""四个引路人""四个相统一"为指引，在教育家精神的召唤下，牢记为党育人、为国育才的初心使命，自觉投身强国建设、民族复兴伟业之中。与此同时，在行动研究中不断总结凝练教学改革经验，以为其他高校开展教师教育课程改革提供一定的借鉴与参考。

三　研究资料的收集

本次行动研究收集的资料既有师范生成绩单、个人师德发展状况自评报告、师范生教育情怀自评量表等量化材料，也包括师范生搜集的教师职业道德典型案例、师范生小组讨论汇报材料、师范生描述的印象深刻的好老师案例、师范生的课堂发言以及平时作业等质性材料。在课堂教学中，课程团队有意识地收集相关的数据材料，以为行动研究提供循证支持，进而在循证实践中不断改进课堂教学。

第三节　教育情怀培养的行动研究实施

聚焦"课程能否有效培养师范生的教育情怀""如何有效培养师范生的教育情怀""如何评价师范生教育情怀发展情况"等问题，本次行动研究以"教师职业道德与专业发展"课程为物质载体，通过重构教师职业道德与专业发展的内在逻辑实现课程内容的创新，以体验学习理论为指导构建线上线下混合式教学模式实现学法的创新，以发展性评价为理念引领开展综合评价实现课程评价的创新，以雨课堂、虚拟仿真实验室等为中介创设沉浸式学习环境实现教学体验的创新。经过三个周期七轮的行动研究发现：课程在培养师范生的教育情怀中发挥着重要作用，不仅能深化师范生对教育、对教师、对学生的积极认知，坚定其从教信念，还能激发师范生的专业自觉，唤醒其乐教爱生、甘于奉献的仁爱之心；基于个体体验、小组分享、班级讨论达成共识的行动等，都能有效培养师范生的教育情怀；基于体验式学习理论的"体验—分享—共识—行动"的线上线下混合式教学模式有助于培养师范生的教育情怀；课程团队研发的《师范生教育情怀自评量表》以及运用课堂观察法、内容分析法（师范生作业、期末考试卷、"谈印象深刻的好老师"、师范生选取的教师职业道德典型案例等）都能较为全面客观地评价师范生教育情怀的发展情况。

自2020年9月至2024年6月，"教师职业道德与专业发展"课程已开设了七个学期（每年两个学期），该门课程也由初始阶段的教师教育模块选修课转为必修课。这七轮的行动研究，根据教学模式的调整与变革以及师范生教育情怀渐变的过程，可分为三个阶段：他者经验传递教育情怀阶段、小组分享共识培养教育情怀阶段、情景模拟践行教育情怀阶段。

一 他者经验传递教育情怀阶段

虽然教育情怀具有明显的个体性、内隐性和主体自觉性的特征，但教育情怀并不是先天赋予的，而需要经过后期的有意识地培养，他者经验传递教育情怀即是后天培养教育情怀的基本路径。具体而言，在他者经验传递教育情怀阶段，一方面，师范生通过高校教师的理论引领对教育情怀有了初步的认知，了解了教育情怀相关的理论知识，在同化与顺应中尝试构建个体关于教育情怀的理论分析框架；另一方面，"全国教书育人楷模""中原名师""'出彩河南人'之最美教师"等中小学优秀教师的现身说法增强了师范生在情感层面对教育情怀的认知，尽管此时的具象体验来自他人对自身经历或经验的讲述或概括，但强烈的情感唤醒能够激发师范生对抽象教育情怀的具体感知。在理论引领与现身说法的双重交互作用下，师范生有了更为积极正向的教育观、教师观、学生观，逐步树立了较为坚定的从教信念，自觉追求自身的专业发展和职业道德素质的持续提升。本书按照行动研究的基本范式即"计划—行动—观察—反思"展开第一阶段的行动研究，具体开展过程如下。

（一）计划

事实上，本轮行动研究的"计划"阶段是从2019年开始的。为更好地贯彻落实《教师教育课程标准（试行）》、《中学教师专业标准（试行）》以及《普通高等学校师范类专业认证实施办法（暂行）》等相关教育政策的要求，河南大学教务处委托教师教育学院对教师教育模块课程进行优化升级。在专家指导、集体研讨及比照部分师范大学设置的教师教育模块课程的基础上，结合本校实际情况及师范生的学习需求，在聚焦"培养师范生的教育情怀"的核心问题的基础上，教师教育学院拟开设"教师职业道德与专业发展"课程，并围绕该课程的开设做了如下工作。

1. 明确了课程的性质及拟解决的关键问题

"教师职业道德与专业发展"课程是专业基础平台课（教师教育选修课程），主要面向学科教学（师范）方向的本科生，开设学期拟安排在第四、第五学期。该门课程共 36 个学时，课程学分为 2 学分。该课程是为培养师范生的教育情怀服务的，通过高校教师的理论引领、优秀的中小学教师的现身说法及师范生自身的体验与反思，引导师范生在教师生涯准备期树立良好的教育价值观念，唤醒其长期从教、终身从教的信念，增进其对教育事业的高度认同感、责任感，成长为积极反思、主动实践、不断追求自我成长的专业化教师。

2. 丰富了教学方式与学习方法

"教师职业道德与专业发展"课程支持师范生的自主学习、合作学习和探究学习，鼓励团队成员进行教育教学改革，采用小组研讨、案例分析、情景表演等多种教学方法，实现理论学习与实践体验相结合，案例教学与反思体悟相结合，个人学习与小组合作相结合。

3. 构建了发展性评价理念引领的综合评价

"教师职业道德与专业发展"课程拟采用过程性评价与终结性评价相结合的评价方式。具体而言，过程性评价内容主要包括师范生的日常考勤（5%）、课堂讨论情况（5%）、课程作业（10%）、选择教师职业道德典型案例情况（5%）、"谈印象深刻的好老师"（5%），占该门课程总分值的30%；终结性评价以师范生的期末考试为主要形式，占该门课程总分值的70%。其中，课堂讨论情况、选择教师职业道德典型案例情况等由师范生小组组内成员互评为主；而师范生的日常考勤、课程作业、"谈印象深刻的好老师"以及期末考试卷等由任课教师进行评价。

（二）行动

"行动"是将"计划"付诸实践的过程，是教育行动研究的重要环节。以"关爱学生：教师职业的灵魂"这一章节为例，该章节主要是认识和处理师生关系领域的内容，最适合了解师范生教育情怀的现状，也最能有效引导师范生教育情怀的发展。该章节的内容包括了解教师职业道德规范的重要组成部分，以及教育实践中部分教师常出现的问题。如何帮助师范生内化关爱学生的规范与要求，是该章节的难点。因此，该章节通过高校教师的理论引领、一线优秀教师现身说法、拓展线上课程资源等方式，用4个课时展开教学。

1. 高校教师的理论引领

第一节"关爱学生的内涵解读"和第二节"关爱学生与学生体验"由高校教师王萍教授主讲。王萍老师以"体验学习圈"为理论引领，围绕"关爱学生的内涵及要求""关爱学生的意义""关爱学生与学生体验'错位'""有效关爱产生的学生体验类型""基于学生体验视角的教师有效关爱的建议"等方面的内容，将理论讲解与学生查找典型案例、发表体验感悟等相结合，帮助师范生理解关爱学生的规范和要求，引导师范生思考关爱学生的深层内涵，在正反案例的比较分析中，培养师范生正确的道德判断能力，引导师范生正确处理师生关系，做到关爱学生，并将其作为专业发展、职业道德发展的主要目标与行动方向。王萍老师的教学方法示意图如图5-4所示。

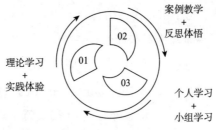

图5-4　教学方法示意

2. 一线优秀教师现身说法

根据学生的需求及学校的实际情况，本次课程邀请的一线优秀教师是河南省南阳市镇平县高丘镇黑虎庙小学校长张玉滚。张玉滚曾获"全国优秀教师"

"全国师德标兵""全国岗位学雷锋标兵""'感动中国'年度人物"等荣誉，并被中央宣传部授予"时代楷模"称号。张玉滚老师结合自身多年在乡村学校从教的教育教学经验，向师范生们深入阐释了教师应如何关爱学生，给师范生留下了深刻印象。实际上，在张玉滚老师开讲前，师范生们通过网上资料的搜集以及王萍老师的介绍，对张老师的教育事迹已有了一定的了解。"亲其师，信其道。"当张玉滚老师"现身说法"时，师范生们在惊喜之余，也被张老师的教育情怀所折服，很多师范生表示，以后要做像张玉滚老师那样的好老师。

3. 线上课程资源的丰富拓展

前两个课时结束后，王萍老师指引师范生利用网络资源搜集与"关爱学生"相关的正面案例和反面案例，用于课堂教学中的讨论环节。与此同时，爱课程平台开设的陈大伟老师的"教师职业道德"第六章的内容——"教师与学生相处的道德"是师范生自学的内容，学习情况计入师范生平时成绩。

（三）观察

通过课堂观察，结合师范生作业、期末考试等，课程团队有如下发现。

1. 师范生对课程的认知更加正向积极

课程结束时，师范生对教师这个职业的认同度有较大幅度的提升。有师范生"对教师职业道德乃至教师这个职业都有了全新的看法"，有师范生"加强了对于教师职业的敬畏和向往"，还有师范生写道："我以前只知道自己会成为一名老师，至于做什么样的老师，我还从未考虑过。怎样做一名优秀的老师，我也没有考虑过。但通过学习这门课、通过名师的讲解，我对老师这个职业有了新的认知，开始对自己以后的工作有了思考，对自己的未来有了方向。"

2. 师范生对教育情怀的体验更加深刻

一方面，师范生通过理论学习和实践体验，更加深刻地理解了教师职业道德与专业发展的关系，并在此基础上做出思维导图（见图5-5、图5-6、图5-7）。另一方面，师范生加深了对教育情怀的体验。如有学生写道："处于教师职业入门阶段（初步掌握教师的有关知识）的我收获的不仅仅是一些有关教师职业道德与专业发展的理论知识，更是几位名师以自己的切身感受所传达的真挚的成长经历与宝贵的教学经验。"

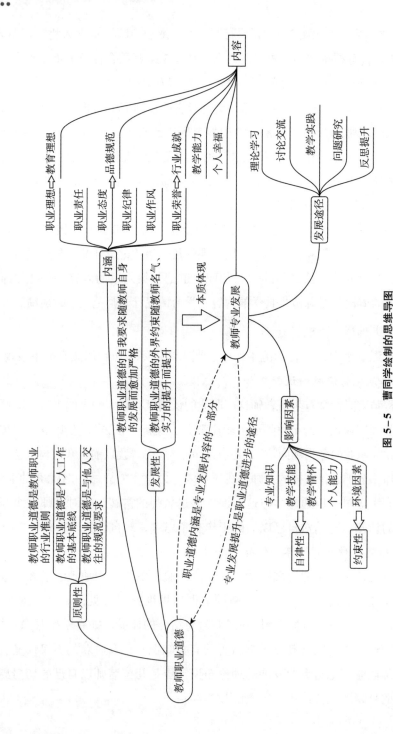

图 5-5　曹同学绘制的思维导图

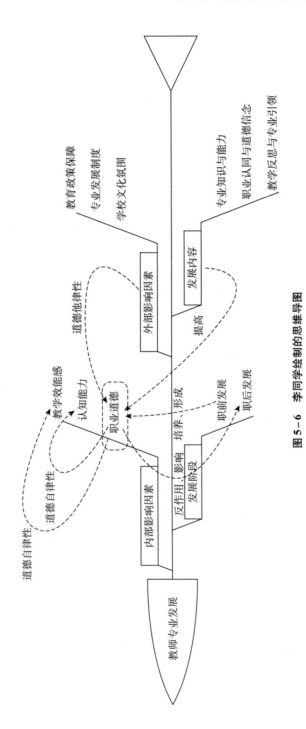

图 5-6 李同学绘制的思维导图

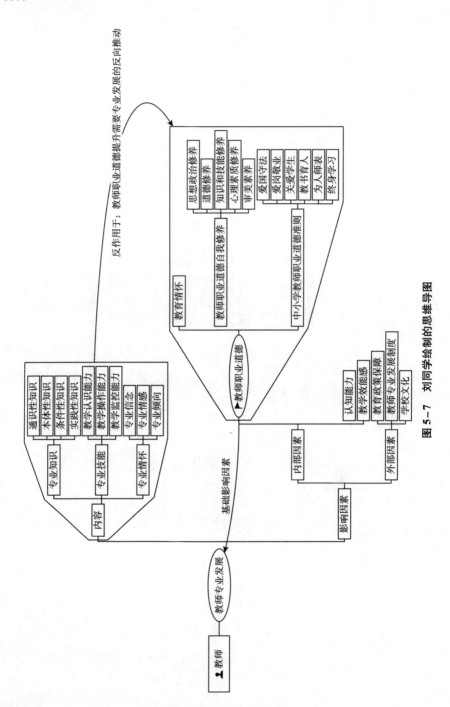

图 5-7 刘同学绘制的思维导图

3. 师范生逐步拥有教育情怀的理论自觉

课程将教育情怀作为优秀教师的道德追求，通过理论学习与优秀教师的讲解，师范生逐步有了教育情怀的理论自觉。有师范生写道："学习教师职业道德，我感受到每位老师都是一点微光，他们默默守护好这点点微光，汇聚起来，成为照亮孩子成长道路的明灯。希望将来，我也能成为学生的点点微光。"也有师范生写道："作为公费师范生，我要努力成为一名让学生感到温暖的老师。我希望身上有伤的孩子们可以得到治愈，展翅飞向更广阔的平台。"这种理论自觉将会帮助师范生走上工作岗位后更快、更好地养成教育情怀。

（四）反思

实践证明，基于"体验学习"的线上线下混合式教学确实有助于涵养师范生的教育情怀。但在教学实践中发现，该课程在实施的过程中也面临一些困境。

1. 课程认知存在偏差

部分师范生是为了修够学分而选择本门课程，部分师范生认为该课程以道德说教为主，枯燥乏味，没有意义。当被问及为什么选择"教师职业道德与专业发展"课程时，部分师范生表示"只是为了凑够学分"。

2. 课程效果有待提升

部分师范生虽然掌握了教师道德规范和专业标准的要求，基本具备教师职业道德与专业标准的知识素养，拥有正确的职业道德判断能力，但对教师职业缺乏高度的价值认同，教育情怀较为淡薄。有师范生说道："虽然我看了很多关爱学生、教书育人、爱岗敬业等等相关的案例，刚开始的时候，我觉得自己受到很大的震撼，也想奉献自己的力量，但是看得多了之后就没有感觉了。说实话，我也不想去乡村学校，条件太差了，我去了肯定待不住。"

3. 课程评价方式单一

传统的纸笔测试无法考查师范生的教育情怀发展情况。虽然师范生在学习"教师职业道德与专业发展"课程的过程中习得了教育情怀相关的知识素养，也具备了正确的道德判断能力，但其对教师职业的价值认同、教育情怀的发展情况、对教师职业的身份认同等却难以通过单一的纸笔测试呈现出来。

二　小组分享共识培养教育情怀阶段

由于第一次开设"教师职业道德与专业发展"课程取得了较好的成效，学校教务处和教师教育学院经研究决定，自 2021 年春季学期开始，将"教师职业道德与专业发展"设为全校师范生教师教育模块选修课程，共 36 个学时，2 学分。本轮行动研究主要聚焦三个问题，即解决"为了修够学分而选择课程"的尴尬、"上完课也学不会道德"的困境以及"考试能否评价道德"的质疑。

（一）调整计划

依据第一轮行动结果，适时调整本轮行动研究的计划，即进一步强化教师队伍建设、深入推进课程资源建设、变革课程评价。

1. 进一步强化教师队伍建设

由于"教师职业道德与专业发展"课程成为全校师范生的选修课，该课程在师范生培养中的重要地位决定了该课程需要建立一支师德高尚、结构合理、专业素质过硬的教师队伍。为此，扩充教师队伍、提升教师素质成为"教师职业道德与专业发展"课程的重要任务之一，这也是解决"为了修够学分而选择课程"问题的根本。

2. 深入推进课程资源建设

体验学习需要通过多媒体演示系统进行教学，教师通过网络平台与师范生进行互动交流，解答师范生问题，通过现场活动研讨和案例分析、实践作业提高师范生理论联系实际的能力。课程环境创设，也需要一定的多媒体技术、教学软件等进行辅助。

3. 变革课程评价

"教师职业道德与专业发展"课程的教学效果不能仅仅依据纸笔测试的结果，还需依据师范生对所学知识、所讲案例的内化实践。为了解决"上完课也学不会道德"的实践困境及"考试能否评价道德"的质疑，该课程以发展性评价为理念引领，将评价置于教育教学活动之中，使之成为教育教学活动的重要组成部分，同时，尊重个体差异，主张评价的多元化。教师、师范生个人、其他同学都是评价主体，课堂表现、平时作业、期末考试都是评价依据。课程评价一方面关注师范生小组合作交流情况、阶段性任务完成情况、课堂讨论参与度、学习反思等，综合考查师范生的学习成效。此外，尤其注重师范生对道德两难问题的独立思考和理解内化，探索建立小组学习电子档案。另一方面保留纸笔测试的形式，严格按照师范类专业认证的要求命题、评分、进行试卷分析，注重对师范生高阶思维的考查。

（二）优化行动

本轮行动研究主要通过加强课程团队建设、深入推进课程资源建设、变革课程评价、整合优化课堂教学环节四个方面完善"教师职业道德与专业发展"课程教学。

1. 加强课程团队建设

第一，加大教师遴选力度。继续在全校范围内遴选有教师教育相关专业背景、师德过硬、教学能力强的教师充实教师队伍，通过集体教研和分小组研讨的方式，对课程教学大纲、教案、课件等进行修订完善，并着手撰写具有学校特色的、兼具理论性与实践性的著作——《教师职业道德与专业发展》。此外，扩大对基层一线优秀教师的遴选范围。结合《中小学教师职业道德规范》提到的爱国守法、爱岗敬业、关爱学生、教书育人、为人师表、终身学习等六大维度，面向河南省全省甚至全国动态遴选"全国教书育人楷模""时代楷模""'出彩河南人'之最美教师""中原名师""中原教学名师"等充实教师队伍，让"时代楷模"深入课堂讲授爱岗敬业，"中原名师"结合学科专业讲授教书育人……高校教师和基层一线优秀教师共同构成了"教师职业道德与专业发展"课程的师资队伍，为构建高效课堂奠定了坚实的师资队伍。

第二，持续提升教师专业素质。课程团队非常重视教师专业素质的提升，多措并举，持续打造优质的师资队伍。首先，以研带教，教研结合。教师教学技能的提升及课堂教学的提质增效离不开科学研究，而且科学研究也是高校的基本职能之一。课程团队非常重视教学研究工作，着力构建以研带教、教研结合的教研创新体系。以"教师职业道德与专业发展"课程为依托，课程团队获批国家级课题 1 项，省部级课题 4 项，市厅级及校级课题 3 项，发表相关学术论文 8 篇。节选自该课程的"关爱学生：教师职业的灵魂"获河南省本科高校教师课堂教学创新大赛青年组一等奖。其次，多种专业发展路径协同推进。其一，以师徒制带动新手教师的专业发展。为了有效提升新手教师的教学能力和研究能力，帮助新手教师快速站稳讲台，教师教育学院本着自愿、互补的原则，为每位新手教师配备一名教学经验丰富、研究能力强、师德高尚的教师作为教学导师，鼓励新手教师积极向教学导师学习。其二，加强教师培训力度。通过开展线下新手教师培训、鼓励并引导教师积极参与高质量的网络培训等方式，持续提升教师队伍的专业素质。其三，以赛促讲。鼓励教师积极参与校级、省级及国家级教学技能大赛，并在备赛中为其提供多种教学资源。

2. 深入推进课程资源建设

课程资源是构建高效课堂的基石，"教师职业道德与专业发展"课程需要以丰富的课程资源作为支撑。为了推进课程资源建设，丰富课程资源类型，优化课程资源的结构布局，课程团队主要做了以下工作。

第一，以智慧教室作为体验学习的硬件支撑。"教师职业道德与专业发展"授课过程中，需要呈现大量视频资料、图片、音频、文本等，也需要小组充分合作进行案例分析与研讨，智慧教室的智慧白板、可随意组合的移动桌椅等是体验学习的硬件设施。课程团队以学校创设的高品质智慧教室为依托，以小组为基本单位，将理论知识授受与案例教学、一线优秀教师的现身说法相结合，多层面全方位增强师范生的体验，引导师范生在"身临其境"中厚植教育情怀。

第二，继续发挥雨课堂在体验学习中的作用。课前让师范生在雨课堂上完成问卷调查，将调查的结果应用在线下的课堂教学中，作为辅助数据支撑；在课堂上，采用弹幕、投票、问题推送等对课堂学习内容进行充分展示，让更多师范生能在课堂上充分发表观点、展示交流。

第三，"河南教育家云书院"平台为翻转课堂提供实时动态的优质资源。为培育一批扎根中原，具有高尚教育情怀、成熟教育思想、独特教育风格、广泛教育影响的教育家型教师和校长，推动河南省基础教育高质量发展，2021年3月，河南省教育厅依托河南大学成立了河南大学教育家书院（2023年更名为"河南教育家书院"），并同时上线了"河南教育家云书院"①。"河南教育家云书院"以师问教育前沿技术力量为支撑，致力于打造全方位、专业化、一站式、智能化学习平台，为教师专业发展提供坚实的外部支撑。"河南教育家云书院"早期上线的精品课程——"教师职业道德与专业发展十七讲"为"教师职业道德与专业发展"课程开展翻转课堂教学提供了优质的资源保障。

3. 变革课程评价

在本轮的行动研究中，课程团队尝试构建发展性评价理念统领的综合评价体系，如图5-8所示。

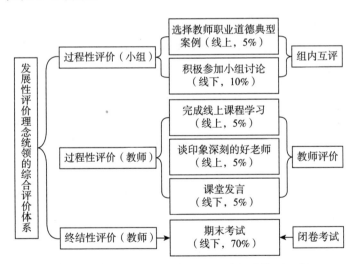

图5-8 发展性评价理念统领的综合评价体系示意

课程团队以发展性评价理念为引领，将过程性评价与终结性评价相结

① 魏俊浩：《培育教育家型教师和校长，河南大学成立教育家书院》，大象新闻，https://www.hntv.tv/yc/article/1/1377213882162089984。

合，教师评价与小组互评、学生个人自我评价相结合，线上评价与线下评价相结合，围绕线上课程学习、典型案例搜集、小组讨论以及谈印象深刻的好老师、课堂发言、期末考试等内容展开多元评价，以期丰富师范生的学习体验，激发师范生的高阶思维，破解"上完课也学不会道德"的实践困境，回应"考试能否评价道德"的质疑。

4. 整合优化课堂教学环节

翻转课堂也被称为颠倒课堂、翻转教学等，教师提供教学视频等学习资源，学生在上课前独自学习这些资源，然后在课堂上与教师和同学一起参与作业答疑、合作探究等活动①。"以学生为中心"是翻转课堂的最主要特征，主要表现在：学生是学习的主体，学生可根据自身情况随时调整学习进度；学习内容设置在学生的最近发展区，即学习内容能被学生接受；教师扮演着答疑解惑者的角色，学生的疑问与困惑是教师关注的重点。翻转课堂是对传统的"教师一言堂"的颠覆，有助于激发学生学习的主动性和创造性，也有助于打造高效课堂。

在本轮的行动研究中，课程团队采用翻转课堂教学模式开展教学改革。教师在雨课堂平台以"公告"的形式发布学习任务，要求师范生自主学习"河南教育家云书院"平台对应章节的课堂实录，并将学习过程中的困惑或思考发到课程群。同时，以小组为单位搜集与该章节内容相关的正面案例和反面案例。对于师范生提出的具有个性特征的困惑或问题，教师在课程群予以答疑解惑。教师围绕师范生集中反映的学习困惑或问题、各小组搜集的典型案例等开展课堂讨论。在热烈的讨论中，教师适时适当地引入科尔伯格的道德两难问题，以此估测师范生的道德发展水平。当师范生在道德两难问题中难以取舍时，教师给予恰当的教育引导，逐步引导班级师范生达成共识，提升师范生的道德判断力、道德敏感性和在道德问题上的行动抉择能力，进一步深化师范生的情感体验。课堂教学结束后，教师以课后作业的形式要求各小组进行情景模拟，并将拍摄的情景模拟视频发到课程群，作为观察师范

---

① 钟晓流、宋述强、焦丽珍：《信息化环境中基于翻转课堂理念的教学设计研究》，《开放教育研究》2013 年第 1 期。

生教育情怀现状及其变化趋势的主要依据。针对参与教育见习、教育研习、教育实习的师范生，要求其撰写反思日记，将之作为观察师范生教育情况状况的重要参考。

（三）再次观察

本轮行动研究主要聚焦于课程团队建设、教学资源建设及课堂教学变革等方面，经过两学期的教学实践，与简单混合阶段相比，选修"教师职业道德与专业发展"课程的师范生更多，师范生参与课堂讨论更积极主动，师范生的从教信念更为坚定，师范生的教育情怀得以深化。

1. 师范生课堂参与的内生动力更强

2020年，选修"教师职业道德与专业发展"课程的师范生有145人，师范生主要来自化学和生物科学专业。2021年，选修该门课程的师范生已达到200多人，几乎覆盖了全校所有师范专业。不管是"河南教育家云书院"的课堂实录学习，还是课堂教学的小组讨论、班级汇报以及课后的作业，师范生都积极参与其中，较为出色地完成了各个阶段的学习任务。在与部分师范生交流中得知，师范生选修该课程的主要原因在于"想成为一名优秀的教师"。也有师范生表示："刚开始选修'教师职业道德与专业发展'是因为想要修够学分，但是在课程学习的过程中，我觉得我能够学到很多东西，比如教师该如何关爱学生，教师怎样做到教书育人，我怎样才能成为一名好老师等等。"正因为师范生有了明确的目标（成为好老师），师范生的课堂参与更为积极主动，学习动力更强。

2. 师范生的从教信念更为坚定

坚定从教信念是师范生培养的重要任务，也是教师队伍稳定的根基。在职前教育阶段，从教信念影响师范生毕业后是否选择教师职业。而在职后发展阶段，从教信念影响职后教师坚守教师职业的时长。城镇化进程的快速推进以及受社会中"金钱至上""享乐主义""个人主义"等不良价值观的影响，部分教师面临身份认同困境，甚至有教师因此退出教师岗位而选择另择业，这不仅不利于教师个体的发展，也不利于学生的成长及学校教育的长远发展。因此，坚定从教信念是教师职前职后一体化培养的重要内容。"教师职业道德与专业发展"课程将"坚定从教信念"作为课程目标之一，符合师范生培养目标的要求，从长远来看，也有助于稳定教师队伍。

在本轮的行动研究中，通过日常观察及与师范生的访谈发现，基于"体验学习"的线上线下混合式教学有助于坚定师范生的从教信念。有师范生提道："虽然网上报道了一些关于支教的负面新闻，但以后如果有机会，我还会选择去支教，因为如果我们都不去帮助这些孩子，那么这些孩子就很难看到外面的世界。当我不知道外面的世界是什么样子的时候，我可能就心安理得地待在这个地方。可是，我一旦看到外面的世界了，那么就不能再选择继续久待在这里，因为我想去看看外面的世界，这样我的人生才是值得的。而这些孩子也是一样，我们不能让他们限于某一个地域，而应该让他们看看外面的世界，这样他们才能更好地认识世界，而我愿意做带他们看世界的人。所以，我觉得支教还是很有价值和意义的，至少对于我来说，我愿意去支教，以后我也会去做老师，带领孩子看见'光'，成为'光'。"从该师范生的表述中可以看出，该师范生有着坚定的从教信念，能够明晰自身担负的职责，也愿意积极主动去践行。

3. 师范生的教育情怀得以深化

与简单混合教学阶段相比，翻转课堂阶段通过课前学习任务的完成包括观看"河南教育家云书院"平台的课堂实录、优秀一线教师的"现身说法"，搜集正面案例和反面案例等，有效增强了师范生的师德体验。高校教师与一线优秀教师的协同育人有助于引导师范生将理论知识与教育教学实践相结合，师范生在对道德两难问题进行小组讨论及班级汇报的过程中，逐步提升自身的道德判断能力、道德实践能力和专业发展能力等，并将其运用于情景模拟、教育实习之中。实践表明，丰富且形式多样的课堂体验、高校教师与一线优秀教师的适时适当引导、多元且实时更新的课程资源等，有助于增进师范生的教育情怀，正如有师范生所言："在案例中，我发现这位老师特别机智，很有智慧，以后我也要关注教学机智，也要成为一名机智的教师。"

（四）再次反思

简单混合阶段的课堂教学虽然应用了线上精品资源共享课与线下授课相

结合的方式，但线上精品资源共享课主要依靠师范生的自学，师范生是否进行了深度学习、师范生的能力是否得到了有效提升以及师范生的情感态度价值观是否得以深化等等，教师对其的掌握较少。而且，线上精品资源共享课的内容有限，难以满足师范生多元化的学习需求。翻转课堂阶段的教学拓展了课程资源，教师自建云书院平台课堂实录，将其与线上精品资源共享课结合，为师范生开展深度学习提供了资源保障。引入翻转课堂教学方式，将师范生的学习由以"教师引领"为主转向"学生自学+教师引领"，这就大大提升了课堂教学的效率，也有效激发了师范生自主学习的积极性和主动性。然而，本轮行动研究在教学评价层面仍有一定的欠缺，即既有的评价主要以师范生课堂发言情况、参与小组讨论情况、谈印象深刻的好老师以及教师职业道德典型案例收集情况等为依据，评价材料以质性评价为主，对量化评价材料的搜集不足。如何更为精准地掌握师范生教育情怀的现状及其发展变化情况，进而有针对性地调整教育教学活动，仍然是"教师职业道德与专业发展"课程需要重点关注的问题。

三 情景模拟践行教育情怀阶段

在总结凝练前两轮行动研究的经验与不足的基础上，课程团队开始了第三轮的行动研究，即多平台深度体验学习阶段的行动研究。本轮行动研究主要聚焦两大方面内容：一是课程资源的拓展，二是对师范生教育情怀的测量由以质性方法为主转向质性方法与量化方法相结合。

（一）第三轮计划

本轮行动研究的计划调整主要聚焦于借助信息技术手段进一步丰富课程资源、制定师范生教育情怀自评量表两个方面。

1. 借助信息技术手段进一步丰富课程资源

当前，大数据、云计算、区块链、虚拟仿真技术、人工智能等正极大地改变着人们的生产生活方式，也对教育领域发起了挑战，推动着教育领域的变革。"教师职业道德与专业发展"课程需抓住技术变革的趋势，以先进技术助推课程育人目标的实现。虽然简单混合教学阶段和翻转课堂阶段都引入了信息技术手段，信息技术在课堂教学中的重要作用也得到了很好的彰显，但技术处于不断变革之中，尤其是大数据、虚拟仿真技术、人工智能等先进技术的出现及其在教育领域的运用，为课程学习带来了新的生长点。而且，师范生对优质教学资源的迫切需求也是助推教育变革的主要动因之一。本轮行动研究将继续关注课程资源建设，尤为关注新一代信息技术与课程的整合，借助信息技术优势助推课堂教学改革。

2. 制定《师范生教育情怀自评量表》

在前两轮的行动研究中，对师范生教育情怀状况的了解主要依靠师范生提交的课程作业、师范生的课堂发言及授课教师的日常观察等，以质性材料为主。为了更全面地掌握师范生教育情怀状况，尤其是经过课程学习后师范生教育情怀的发展情况，本轮行动研究拟制定师范生教育情怀自评量表，主要用在"教师职业道德与专业发展"课程第一次授课和最后一次授课、教育实习结束后、师范生毕业 1 年后、师范生毕业 3 年后，目的在于动态监测师范生教育情怀发展情况，适时适当地给予相应的指导，以持续深化师范生的教育情怀，引导师范生以教育家为榜样，培养其"心有大我、至诚报国的理想信念，言为士则、行为世范的道德情操，启智润心、因材施教的育人智慧，勤学笃行、求是创新的躬耕态度，乐教爱生、甘于奉献的仁爱之心，胸怀天下、以文化人的弘道追求"。

《师范生教育情怀自评量表》包含个人基本信息、量表题与开放性问题三个部分。其中量表题包括 3 个维度（教育情怀是教师对学生成长的迷恋、教育情怀是教师与学生相处的智慧、教育情怀是教师献身教育的承诺）18 道题，每个维度有 6 道题，采用李克特五点计分法赋值。初测问卷以电子问卷的形式发放，回收有效问卷 105 份，问卷的信效度符合标准问卷的要求。

（二）第三轮行动

在本轮行动研究中，继续使用中国大学 MOOC、爱课程、智慧树等多平台协同助推师范生教育情怀的涵养，正式投入使用《师范生教育情怀自评量表》，将《师范生教育情怀自评量表》中的开放性问题的回答结果做成词云图进行深入分析。

1. 多平台协同助推师范生教育情怀的培养

继续使用中国大学 MOOC、爱课程、智慧树等平台提供的国家级精品课程资源以及"河南教育家云书院"平台的课堂实录实施翻转课堂，借助雨课堂平台开展课堂教学工作。在"河南教育家云书院"平台开发了"师德课堂"栏目，邀请一线优秀教师定期开展系列师德讲座。引入河南大学李桂荣教授的国家级虚拟仿真实验教学项目——教师偶发事件处理与教育机智训练虚拟仿真实验教学项目，该平台依托虚拟仿真技术，突破了传统教学中学生无法亲历偶发事件的难题，为学生切身感受教育偶发事件的随机性、多样性、复杂性，并深刻体验偶发事件处置的紧迫性、多向性提供了可能，进而引导学生在虚拟情境中不断培养教育情怀。此外，借助学校的微格教室开展情景模拟和专业技能训练。

2. 《师范生教育情怀自评量表》正式投入使用

《师范生教育情怀自评量表》经初测并修订完善后正式投入使用。一方面，将师范生完成《师范生教育情怀自评量表》的情况计入师范生的平时成绩（占该门课程总成绩的 5%），将其作为课堂管理的一部分。另一方面，根据师范生对该量表的填答情况适时调整教学方案和教学进度，以持续提升课堂教学质量。

课程团队在 2024 年春季学期邀请选修"教师职业道德与专业发展"课程的师范生填写《师范生教育情怀自评量表》，共发放问卷 277 份，回收有效问卷 273 份，问卷有效回收率 98.56%。样本分布情况如表 5-1 所示。

表 5-1　《师范生教育情怀自评量表》样本分布情况统计（$N=273$）

单位：人，%

人口学特征		人数	占比
性别	男	59	21.61
	女	214	78.39
专业	文科	122	44.69
	理科	133	48.72
	艺术	18	6.59

续表

人口学特征		人数	占比
家庭所在地	城镇	111	40.66
	农村	162	59.34

（1）维度一：教育情怀是教师对学生成长的迷恋

由表5-2可知，绝大多数师范生拥有正确的学生观，明晰教师所担负的职责与使命，如63.74%的师范生非常同意"教师和学生是平等的主体"，80.59%的师范生非常同意"教师和学生是互相成就的"，73.26%的师范生非常同意"学生的身上蕴藏着无限可能"，83.81%的师范生非常期望"看到学生的成长"，32.23%的师范生非常愿意"无条件地接受、理解和信任每一位学生"，69.6%的师范生能够"时刻牢记教师教书育人的使命"。从调研结果来看，参与调研的师范生基本都具有良好的学生观和教师观，这是与他们先行修习了"教育学"和"心理学"课程，对教育教学、学生心理、师生关系、教育基本理论等有了明确的认识有一定关系，这些课程为学习"教师职业道德与专业发展"课程奠定了基础。

表5-2　维度一各题目填写情况统计

单位：人，%

题目	非常不同意	比较不同意	不确定	比较同意	非常同意
1. 我认为教师和学生是平等的主体	2 (0.73)	14 (5.13)	11 (4.03)	72 (26.37)	174 (63.74)
2. 我认为教师和学生是互相成就的	0	1 (0.37)	2 (0.73)	50 (18.32)	220 (80.59)
3. 我相信学生的身上蕴藏着无限可能	0	3 (1.1)	5 (1.83)	65 (23.81)	200 (73.26)
4. 我期望看到学生的成长	0	0	1 (0.95)	16 (15.24)	256 (83.81)
5. 我无条件地接受、理解和信任每一位学生	3 (1.1)	12 (4.4)	56 (20.51)	114 (41.76)	88 (32.23)
6. 我时刻牢记教师教书育人的使命	0	1 (0.37)	8 (2.93)	74 (27.11)	190 (69.6)

注：括号中的数据为占比，后同。

然而，从调研数据来看，仍有部分师范生缺乏正确的学生观和教师观，如0.73%的师范生非常不同意"教师和学生是平等的主体"，5.13%的师范生比较不同意"教师和学生是平等的主体"，还有4.03%的师范生对"教师和学生是平等的主体"的观点持不确定态度；0.37%的师范生比较不同意"教师和学生是互相成就的"观点，0.73%的师范生对"教师和学生是互相成就的"观点持不确定态度；1.1%的师范生比较不同意"学生的身上蕴藏着无限可能"的观点，1.83%的师范生对"学生的身上蕴藏着无限可能"的观点持不确定态度；0.95%的师范生对"期望看到学生的成长"的观点持不确定态度；0.37%的师范生比较不同意"时刻牢记教师教书育人的使命"这一观点，2.93%的师范生对"时刻牢记教书育人的使命"的观点持不确定态度。在"教师职业道德与专业发展"课程的教学工作中，课程团队需要有针对性地对该部分师范生进行辅导，帮助其树立正确的学生观和教师观。

（2）维度二：教育情怀是教师与学生相处的智慧

由表5-3可知，在"教师与学生相处的智慧"维度，从师范生的填答情况来看，绝大多数师范生对该维度的问题有着正确的认知，并将其落实在教育行动之中，如83.88%[①]的师范生同意"我对教师工作充满热情"，69.96%的师范生同意"我能识别并把握教育的时机"，96.33%的师范生同意"我关注学生的体验和感受"，94.14%的师范生同意"我能从学生的角度出发理解问题"，91.57%的师范生认同"我会经常反思自己的教育行为"，99.26%的师范生同意"我会努力提升自己处理问题的能力"。

表5-3　维度二各题目填写情况统计

单位：人，%

题目	非常不同意	比较不同意	不确定	比较同意	非常同意
1. 我对教师工作充满热情	2 (0.73)	8 (2.93)	34 (12.45)	102 (37.36)	127 (46.52)
2. 我能识别并把握教育的时机	0	5 (1.83)	77 (28.21)	110 (40.29)	81 (29.67)

① 该数据是将"比较同意"（37.36%）与"非常同意"（46.52%）的数据相加而得，下同。

续表

题目	非常 不同意	比较 不同意	不确定	比较同意	非常同意
3. 我关注学生的体验和感受	0	0	10 (3.66)	115 (42.12)	148 (54.21)
4. 我能从学生的角度出发理解问题	0	2 (0.73)	14 (5.13)	132 (48.35)	125 (45.79)
5. 我会经常反思自己的教育行为	0	2 (0.73)	21 (7.69)	124 (45.42)	125 (46.15)
6. 我会努力提升自己处理问题的能力	0	0	2 (0.73)	96 (35.16)	175 (64.1)

然而，从数据分析结果来看，仍有部分师范生教育热情不足。如 0.73%的师范生非常不同意"我对教师工作充满热情"，2.93%的师范生比较不同意"我对教师工作充满热情"，还有 12.45%的师范生不确定自己是否对教师工作充满热情；1.83%的师范生比较不同意"我能识别并把握教育的时机"，28.21%的师范生不确定自己是否能识别并把握教育时机；3.66%的师范生不确定是否能关注学生的体验和感受；0.73%的师范生比较不同意"我能从学生的角度出发理解问题"，5.13%的师范生不确定自己是否能从学生的角度出发理解问题；0.73%的师范生比较不同意"我会经常反思自己的教育行为"，7.69%的师范生不确定自己是否会经常反思自己的教育行为；0.73%的师范生不确定是否会努力提升自己处理问题的能力。据此，提升师范生在教育情境中解决问题的能力以及教育反思能力，进一步激发师范生对教师工作的热情，是"教师职业道德与专业发展"课程需要关注的内容。

（3）维度三：教育情怀是教师献身教育的承诺

由表 5-4 可知，绝大多数师范生对教育事业、教师职业充满热情和期待，乐于终身从教。82.42%的师范生同意"我觉得学生的成长离不开老师精心的指导与帮助"，83.52%的师范生同意"我对未来的教育教学工作充满期待"，98.17%的师范生同意"我觉得教育是对学生成长的引领"，93.77%的师范生同意"我会始终坚持做学生成长的引路人"，77.29%的师范生同意"我喜欢教育教学工作"，65.2%的师范生同意"我愿意终身从事教师行业"。

表 5-4 维度三各题目填写情况统计

单位：人，%

题目	非常不同意	比较不同意	不确定	比较同意	非常同意
1. 我觉得学生的成长离不开老师精心的指导与帮助	0	3 (1.1)	45 (16.48)	119 (43.59)	106 (38.83)
2. 我对未来的教育教学工作充满期待	0	2 (0.73)	43 (15.75)	120 (43.96)	108 (39.56)
3. 我觉得教育是对学生成长的引领	0	0	5 (1.83)	83 (30.4)	185 (67.77)
4. 我会始终坚持做学生成长的引路人	0	2 (0.73)	15 (5.49)	91 (33.33)	165 (60.44)
5. 我喜欢教育教学工作	4 (1.47)	11 (4.03)	47 (17.22)	98 (35.9)	113 (41.39)
6. 我愿意终身从事教师行业	11 (4.03)	12 (4.4)	72 (26.37)	75 (27.47)	103 (37.73)

然而，值得注意的是，仍有部分师范生对教育事业和教师职业缺乏认同感，1.1%的师范生比较不同意"我觉得学生的成长离不开老师精心的指导与帮助"，16.48%的师范生对该问题持不确定态度；0.73%的师范生比较不同意"我对未来的教育教学工作充满期待"，15.75%的师范生对该问题持不确定态度；0.73%的师范生比较不同意"我会始终坚持做学生成长的引路人"，对于该问题，5.49%的师范生持不确定态度；在回答"我喜欢教育教学工作"问题时，选择"非常不同意"的师范生占比达1.47%，选择"比较不同意"的师范生占比为4.03%，选择"不确定"的师范生占比为17.22%；在回答"我愿意终身从事教师行业"问题时，选择"非常不同意"的师范生所占比重达4.03%，选择"比较不同意"的师范生占比为4.4%，选择"不确定"的师范生所占比重达26.37%。师范生作为教师队伍的储备力量，关系着高素质专业化创新型教师队伍的建设。坚定从教信念、培养教育情怀是师范教育的主要目标之一，也是师范类专业认证参考的主要标准之一。部分师范生从教信念的不坚定，对教育事业、教师职业缺乏高度认同，这不仅不利于师范生自身的成长，也不利于师范教育的长远发展。因此，进

一步强化师范生从教信念教育，激发师范生对教育事业、教师职业、学生发展的热情和期待，是"教师职业道德与专业发展"课程的重要目标，也是该门课程的难点。

3. 开放性问题词云图：教育情怀成为高频词

为了更为深入地了解师范生的教育情怀状况，在《师范生教育情怀自评量表》中专门设置了开放性问题："请讲述一个你认为最能体现教师教育情怀的故事，可以是教过自己的老师的故事，也可以是其他人讲述过的教育故事。"将师范生对该题目的填答结果做成词云图，如图5-9所示。

图5-9　开放性问题词云

从开放性问题形成的词云图来看，"学生""教师""老师""学习""教育""教育情怀""关爱""教书育人""为人师表""职业道德""尊重""发展"等都是高频词，这就表明师范生在讲述具有教育情怀的教师故事时频繁提到这些词语。对师范生填答该题目的文本进行分析发现，绝大多数师范生是从"教书育人""为人师表""关爱学生""职业道德"等层面来讲述具有教育情怀的教师的教育故事。这就意味着，一方面，教师并不只是通过知识来影响学生，教书育人的天职、为人师表的基本要求、教师对学生的关爱等职业道德层面的内容对学生产生的影响更大，构成了教育情怀的重要组成部分；另一方面，调查结果表明，绝大多数师范生对教育情怀有着正确的认知，能够较为准确地表述教育情怀的基本构成要素。

4. 教学评价体系得以优化调整

丰富教学评价的内容，完善教学评价体系，是健全发展性评价理念统领的综合评价体系的基本任务。本轮行动研究对"教师职业道德与专业发展"的教学评价作了调整（见图 5-10）。一是将师范生"个人师德发展状况自评报告"纳入教学评价体系，作为教学评价的过程性评价的一部分。"个人师德发展状况自评报告"主要包括师范生定期作的教学反思以及学期初、学期末填写的《师范生教育情怀自评量表》，教师根据师范生完成该部分内容的情况进行评价。二是对部分内容重新赋值。"积极参加小组讨论"所占比重由原来的 10% 调整为 5%；新增的"个人师德发展状况自评报告"部分，占课程成绩的 5%；其他部分的评价内容所占比重不变。

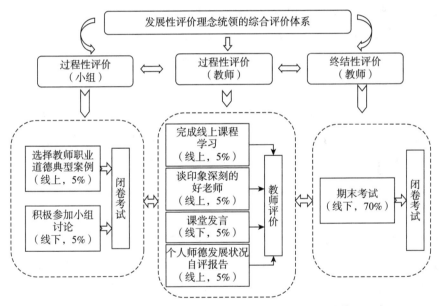

图 5-10　优化组合后的发展性评价理念统领的综合评价体系示意

（三）第三轮观察

经过课程团队的持续改进，"教师职业道德与专业发展"课程取得了良好的育人成效。一是课程团队的教学改革成果受到学校以及省厅级教育行政部门的肯定与认可。继 2021 年获批成为河南大学线上一流本科课程后，"教师职业道德与专业发展"课程于 2022 年获批成为河南省线上线下混合式一流本科课程，2023 年获批成为河南省本科高校课程思政样板课程，课程团队也被认定为课程思政教学团队。二是修习该门课程的师范生在教学技能比赛中获得优异成绩。在河南省教育厅举办的师范生教学技能比赛中，研修过"教师职业道德与专业发展"课程的师范生获得多个奖项。通过对部分获奖师范生进行访谈得知，很多获奖师范生认为"教师职业道德与专业发展"课程对其教学技能的提升、从教信念的增强、教育情怀的培养有着重要的影响。三是建立了教研相长的教学改革体系。以研促教，以教促研，教研相长，是构建高质量教学体系的基本保障。"教师职业道德与专业发展"课程所获得的教学成果离不开课程团队持续的科学研究，同样，课程团队所获得的科学研究成果多数是在开展"教师职业道德与专业发展"课程的教学活动中产生的。课程团队坚持以有组织的科研带动团队成员科研能力的提升以及科研成果的产出，团队成员有着共同的愿景——提升教学质量、厚实科研产出、服务学生发展，成员分工明确，各司其职。四是打造了多平台、多资源、线上线下混合、实时动态更新的课程资源库。在充分利用爱课程、中国大学 MOOC、智慧树等平台的精品资源共享课作为翻转课堂的重要课程资源的基础上，引入雨课堂作为线下授课的辅助，并通过打卡签到、课件上传、课堂实时记录、关联课程创设、学习任务发布、学时记录等等，持续完善雨课堂的资源。"河南省教育家云书院"平台丰富的资源也为"教师职业道德与专业发展"课程的学习创造了良好的机遇，尤其是与该课程紧密相关的"精品课程"和"师德课堂"栏目，为丰富师范生的师德体验、坚定师范生的教育信念、厚植师范生的教育情怀奠定了坚实的基础。此外，截至 2023 年底，"教师职业道德与专业发展"课程已积累了 PPT 课件 20 个，短视频 7 个，正面典型案例 25 个，反面典型案例 20 个，印象深刻的好教师故事 1043 个。这些课程资源仍在动态更新之中，以为培养师范生的教育情怀服务。

（四）第三轮反思

本轮行动研究主要聚焦于课程与信息技术的深度融合、《师范生教育情怀自评量表》的研制及其应用、教学评价改革等问题，以有组织的科研助推教学改革的持续有效推进。在课程团队的不断努力下，"教师职业道德与专业发展"课程逐步建立了较为完善的课程体系，其中包括集知识目标、能力目标、情感目标与思政目标于一体的课程目标体系，教师职业道德与教师专业发展相得益彰的课程内容体系，基于"体验学习"的线上线下混合式教学设计与教学实施体系，理论学习与实践体验相结合、案例教学与反思体悟相结合、个人学习与小组合作相结合的多元教学方法，发展性评价理念统领的综合评价体系，由高校教师与"全国教书育人楷模""全国优秀教师""全国师德标兵""全国岗位学雷锋标兵""中原名师""中原教学名师""'出彩河南人'之'最美教师'"等基层优秀教师组成的高素质、专业化教师队伍等，该课程也成为培养师范生教育情怀的重要载体。在后续的课程教学中，课程团队将在既有成果的基础上，紧跟教育政策需求，结合师范生教育情怀发展情况以及高质量教育体系建设的要求等，继续以行动研究助推课程育人目标的实现，充分发挥课程在师范生教育情怀培养中的重要作用，力求为教育强国建设提供师德高尚、业务精湛、结构合理、充满活力的高素质专业化创新型教师队伍。

第六章　教育情怀的培养策略

教师教育情怀在提升教师教育职业认同感、幸福感以及教师专业发展水平方面发挥着内隐、深刻的作用，其生成不是一蹴而就的，也不是简单的单一因素作用的结果，而是在日常的教育教学生活实践中由多重因素共同作用的动态过程。换言之，教师教育情怀的培养是多重因素相互作用、相互推进的一个过程。而在这一动态养成过程之中，教师自我养成意识的觉醒、外部力量的助推以及从教氛围的营造发挥着关键性的作用，是教师教育情怀培养的有效策略路径。

第一节　自我养成策略

教师教育情怀作为个体对教育、教学这一客体的认知价值与意义的感知和情感体验，其养成首先要依靠教师的自觉性、主动性。教师教育情怀的养成在很大程度是基于教师个体不尽相同的内在动机。教师教育情怀的体验者、拥有者是教师，教师也因教育情怀而使自身专业发展与学生成长建立起重要的关联，最终激发自身从教内在动力，进而实现专业发展的跃迁。因此，教师教育情怀的培养首先应当回归教师自身，从教师自我入手，唤醒教师教育情怀自我发展的自觉性与意识。

进一步来看，美国著名伦理学家麦金太尔指出："德性应该是指个体在把握自我和处理人际利益关系过程中稳定体现出来的以理性为基础、以积极道德心理为实践动力、以个人自觉趋向于既益己又利他的道德品质。"[①] 在麦金太尔看来，德性与实践紧密相连。教育情怀可以被看作德性的重要组成。教师教育情怀的形成正是教师个体在面对多样、鲜活、复杂的教育情境以及具体、个性化的学生时，在丰富、敏感的体验中聆听教育的召唤，从而使教育

---

① 〔美〕麦金太尔：《德性之后》，龚群等译，中国社会科学出版社，1995，第64页。

情怀觉醒、壮大，并最终成为引领教师专业发展与成长的稳定内驱力的过程。因此，教育情怀的养成与培养需要从教师自身出发，立足教师教育实践。

一　沉浸体验教育生活，呼唤教育情怀成长可能

教育情怀是教师依靠自身对周围教育生活体验的积累、积淀而产生的一种深厚情感。格奥尔格·齐美尔（Georg Simmel）指出，即使是最为普通、不起眼的生活形态，也是对更为普遍的社会和文化秩序的表达[①]。教育深深地植根于生活世界之中，教育、教师和生活有着枝附叶连、根深蒂固的关系[②]。离开了对教育生活的关注，离开了教育生活的事实、实际的生活过程，教育情怀的意义就会成为虚妄。教师正是"通过教育生活""在教育生活中""为了教育生活"不断体验教育的价值与意义，去展示自己生命的力量，生动诠释着"一棵树摇动另一棵树，一朵云推动另一朵云，一个灵魂唤醒另一个灵魂"这样一种美好的教育过程。教育生活是实施教育活动、发挥教育作用、检验教育价值并真正激发和发挥教育情怀价值和意义的最真实的场域。因此，教育情怀的培养首先应当让教师回到教师教育教学的真实场域之中，深深扎根于教育生活之中，沉浸地体验教育生活，从而唤醒教师对教育情怀的觉察，助力其教育情怀的持续成长。

事实上，正如前述所言，就教育情怀的生成、作用场域而言，教育情怀并非抽象难以把握，而是可以在教师日常教育生活的专业素养中得到很好的体现，并且教育情怀蕴含了教师在日常教育教学生活实践中对学生的人文主义关怀，是教师自我心灵对学生、教育事业的特殊的、复杂的道德情感体验[③]。苏霍姆林斯基也曾说过："请你记住，你不仅是自己学科的教员，而且还是学生的教育者，生活的导师……"[④] 因此，就教师自我养成教育情怀而言，教师要看到教育工作与教育生活的特殊性。教育情怀具有体验性，它以

---

① Simmel，G.，*The Metropolis and Mental Life*（New York：Free Press，1950），p. 413.
② 杜静、张抗抗等：《走向生活：教师教育理论研究》，科学出版社，2021，第 1 页。
③ 李雨露：《教育情怀的生成路径与养成策略研究》，硕士学位论文，河南大学，2022。
④ 〔苏〕瓦·阿·苏霍姆林斯基：《给教师的建议》（上），杜殿坤编译，教育科学出版社，1980，第 121 页。

教师鲜活的教育生活体验为基础，在与学生相处的教育生活的独特体验中，教师能够领略到教育独有的魅力。

具体而言，首先，教师在教育教学过程中，应当深入与学生互动，以个人的直接体验为出发点，敏锐地觉察教育情怀生成的萌芽。教师要在自身所处的教育生活环境中，积极主动地创造与学生正式或非正式的接触、交流机会。例如，在课堂内组织好教学活动，鼓励每一名学生踊跃发言，避免让课堂成为教师的"一言堂"。在课堂外，要自觉参与到学生丰富多彩的课余活动之中，以亦师亦友的姿态进一步了解学生。也就是说，教师要尽可能地把自身"归置"于周围的教育生活之中，以"沉浸式"的方式与学生共度时光，在日复一日的新鲜体验中，对教育和学生保持一颗好奇而敏感的心，从而孕育出属于自己独特的教育情怀。

其次，关注教师关键事件。在关键事件中体验，可以使无意识的、偶发性的教育情怀萌芽，逐渐演变为主动、有序的教育情怀生发过程。教育情怀的生成很多时候源自教师体验偶发的教育情怀，是教师依靠自身对周围教育生活体验的积累、积淀而产生的一种教育情怀，是教师在无意识的状态下生成的，具有个体体验性、情境性、偶发性。对关键事件的觉察与记录能够使教师形成对教育情怀的直接、深刻的感知，促进教师教育情怀养成。

最后，教师可以通过编写教育经验汇集册，形成教育情怀养成的"经验池"，教师间借由文本展开交流互动，间接地感知更多的教育情怀生成经验。经验即他人的体验，教师个体的时间、精力有限，对教育生活的体验具有一定局限性，而把不同教师的教育生活及其体验汇集到一起，并以文字为载体进行分享、传递，就可以打破主体、时间、空间壁垒，提升教师个体对教育生活体验的感知能力。为此，可以按照需求编写教育经验汇集册。例如，可以某一学校、区（县）等为单位进行编写，只要是教师们体验到的教育生活、与学生相处的故事，都可以及时收编在册。如此，教师可以通过浏览教育经验汇集册间接体验他人的教育生活，丰富自我的教育生活体验。

二 积极寻求教育真相，增强教育情怀发展内驱力

教育情怀的养成不仅要求教师回归教育生活，沉浸式体验教育生活，更

需要教师心理认知层面的觉知，驱动内在动力。这意味着教育情怀的养成需要教师聚焦自身在教育生活中的真实情境，体味教育问题，探查教育真相，通过不断发掘教育真相，激发内在的教育情怀生成动力，从而推动教育情怀的持续发展。

动机是心理学中的一个概念，指以一定方式引起并维持人的行为的内部唤醒状态，主要表现为追求某种目标的主观愿望或意向，是人们为追求某种预期目的的自觉意识。动机是由需要产生的，当需要达到一定的强度，并且存在着满足需要的对象时，需要才能够转化为动机①。一般来说，动机有外部动机和内部动机之分。外部动机指的是个体在外界的要求或压力的作用下所产生的动机，内部动机则是指由个体的内在需要所引起的动机。从行为动力机制来看，行为主体若是受到内部动机驱动，相较于那些仅受到外部动机驱动的主体，往往能够展现出更多的兴趣和自信。因此，从教师教育情怀养成的动机来看，受到内部动机驱动的教师更容易把职业成长视为一种内在需要，更能以顽强的意志力克服成长过程中遭遇的问题与挫折②。因此，要想驱动教师教育情怀的有效发展，就要增强其教育情怀发展的内部驱动力。

教师对于教育真相认识的自我心理需求是重要的内部驱动力。这种对教育真相认识的心理需求是教师积极解决教育困惑、认识教育本质以满足自身专业发展的心理需求。教师对教育真相的认识、探索需要以教育情怀作为情感支撑，而教师对教育真相认识的心理需求也会反过来对其自身的教育情怀产生影响，即教师个体对教育真相认识的心理需求会倒驱自身教育情怀的发展。

为此，为了推动教育情怀的养成，一方面教师需要在教育生活中保持对教育真相思考的意识，建立起经常性地对教育问题和教育真相进行思索的主体性意识。也就是说，教师应当对自身经历、体验以及外部观察到的教育现象与问题保持一定的教育敏感性，当相应的教育现象与问题出现时，保持对

---

① 萧浩辉主编《决策科学辞典》，人民出版社，1995，第89页。
② 林高标、林燕真：《动机的自我决定理论及其对教师专业发展的启示》，《教育发展研究》2013年第4期。

问题的思考意识和对真相的探索欲。教师只有不断地去觉察、思考教育现象、问题背后的真相，才能够更好地找到日常教育生活背后被隐藏、遮蔽的教育意义与价值，也才能够更好地在思索过程中逐步养成、夯实自身认识、追寻教育真相的良好的工作习惯，摆正学习与自身专业成长的态度，从而驱动个体教育情怀在教育生活中的发展。

另一方面教师应当聚焦教育生活中的问题，通过对教育问题的研讨与解决激发教育情怀。问题指向某种给定过程的初始状态与智能主体（人或机器）所要求的目标状态之间存在的差距①。可见，问题与人类的认识活动是紧密相连的，是人类进入新的认识领域的钥匙。英国科学哲学家波普尔（Karl Popper）曾指出，科学研究的第一个特征，就是它始于问题，始于实践及理论的问题②。他甚至强调，科学只能从问题开始，科学的发展和知识的增长永远始于问题、终于问题——越来越深化的问题、越来越能启发新问题的问题③。显然，问题是人类探索科学的宝库，不管是哪门学科都在回答人们实践中的一个个问题，也正是一个个问题构成了人类的文明发展史。事物在矛盾中前进，社会在不断解决问题中发展。

因此，针对教师在教育生活中的问题，组织召开正式或非正式的教育研讨会，对教师个体养成深厚的教育情怀具有重要的价值。例如，学校可以一周或一个月举行一次研讨会，使教师彼此之间分享自身的教育困惑以及对教育真相的思考，从而使其在相互交流的过程中解决依靠自身难以解决的问题，进一步推动其对教育真相更深层次的思考，在此基础上达成促进教师群体教育情怀发展的目标。只有当问题与人的生存实践活动相关联，它才能被视为真正的问题。因为问题是人和活动对象在一定的境遇中相互作用、相互碰撞而产生的，是人和对象共同参与并在其中相互设定、相互创造的。思想、观念、意识的产生最初是直接与人们的物质活动、物质交往以及与现实

---

① 林定夷：《问题学之探究与"问题"的定义——兼答魏发辰先生》，《哲学研究》1990 年第 4 期。

② 〔英〕卡尔·波普尔：《通过知识获得解放》，范景中、李本正译，中国美术学院出版社，1996，第 10 页。

③ 〔英〕卡尔·波普尔：《猜想与反驳》，傅季重等译，上海译文出版社，2005，第 318 页。

生活的语言交织在一起的。"人们的想象、思维、精神交往在这里还是人们物质行动的直接产物。"① 现实就是人的生存实践活动。从这个视角来看，教师教育情怀的养成必须根植于教师遇到的实践问题。教师通过对教育问题的觉察、探讨与解决，使零散的、无序的、偶得的教育情怀萌芽真正蜕变为稳定的、有力的教育情怀。

三　重视身边重要他人，在价值澄清中实现发展

教师身边的重要他人指的是能够在其专业情怀、专业知识等专业素养各方面的发展过程中起到有效助推与引领作用的其他人。教育情怀在教育生活实践中呈现出鲜活多样的实践样态，包括浓郁的情感投入、合理的教学认知、适切的课程理解以及巧妙的教育机智。不同教师的教育情怀也会因个体经历的不同、教育情境的不同而遵循不同的生成路径。因此，就教师个体自我教育情怀的养成而言，重视对身边重要他人教育情怀经验的感知，以身边重要他人教育情怀生成经验、理论作为自身教育情怀的生长点，将能够帮助教师在价值澄清中实现自身教育情怀的生成。

在教师教育情怀的养成路径之中，经验传递是重要的养成路径。经验传递的教育情怀，不是依靠教师对教育生活的直接体验而生成的教育情怀，而是在对他人教育情怀经验间接感知的基础上而逐渐生成的一种教育情怀，具有共享性、共识性、可传递性。经验传递教育情怀的产生与教师和有教育情怀的其他主体的相处有关，内隐于教师与相关主体的相处故事中。尤其是对一些优秀教师而言，教育情怀作为一种客观存在，在这些优秀教师身上都有所体现，并被不同教师在具体的、个性化的教育情境中所演绎。故而，教师重视身边重要他人教育情怀养成的经验、方法，有助于其构建自己的教育情怀养成体系。

身边的重要他人可以是青少年时期的老师，也可以是从教的家庭成员、工作上的同事等。这些人有一个共同的特点，即都拥有深厚的、能够对他人产生影响的教育情怀。在教育情怀发展的过程中，教师对重要他人教育情怀

---

① 《马克思恩格斯文集》（第 1 卷），人民出版社，2009，第 524 页。

经验的感知是此类教育情怀成长的起点，一个又一个重要他人在关键时刻提供的帮助，都会成为教师教育情怀发展的有力推手，使其能够克服发展瓶颈，朝着更深层次的教育情怀发展，最终形成自身具有个人特色的教育情怀，从而成长为新一代能够影响其他主体教育情怀成长的教师。因此教师教育情怀的培养离不开身边重要他人的影响，甚至是以对身边重要他人教育情怀的感知为基础。具体而言，教师自身在实践中可以采取以下行动策略来助力自身教育情怀的养成。

第一，教师要在自身所处的教育环境中，主动寻找拥有教育情怀的重要他人，比如身边的领导、同事、朋友等，这要求教师要时时刻刻对教育情境保持敏感，调动自身敏锐的观察力，在日常教育生活中时刻注意观察他人对待教育工作的态度、学生成长的态度以及开展教育教学的方法，从细微之处发掘可以引领自身教育情怀发展、可以作为自身学习对象的榜样。

第二，组建教育情怀观摩、学习小组。教师在确定好适合自己的学习对象的基础上，要在教育工作中积极创造交流机会，搭建与学习对象顺畅沟通的"桥梁"，主动表明自己虚心求教的意图，并在征得对方同意的基础上，在一段时间里结成一对一固定的教育情怀观摩、学习伙伴关系。在每天观察学习对象的过程中，对标学习对象身上的教育情怀，通过价值澄清的方式方法展开自身合理反思①。例如，定期与学习对象进行深入的交谈，重点围绕自身在教育情怀养成过程中的困惑、目前存在的主要问题以及下一步发展的方向与学习对象展开讨论。通过与学习对象的交流，在学习对象潜移默化的引领与影响下认清、接受自己目前的教育情怀发展水平，突破教育情怀的发展瓶颈，推动教育情怀向更高的水平迈进。

四 与教育、学生建立"我—你"关系，引领教育情怀自觉攀升

教育情怀的发展从来不是一蹴而就的，而是一个从无到有、从有到优逐渐深入的过程。当教师的教育情怀发展到一定程度后，就需要进入更高的层

---

① 王萍：《教师的教育情怀及其养成——基于教育现象学的视角》，《当代教育科学》2020 年第 9 期。

次。在这一阶段，就教师而言，其教育情怀发展的最重要的任务就是实现进一步攀升。这种攀升并非指教师开始关注所谓形而上学的对象性，而是关注现实活动的、交互主体性的对象性。换言之，处于攀升阶段的教师教育情怀的养成需要教师以在一定境遇中生成的具有交互主体性的事物、现实、感性为研究对象，遵循的是一切将成的生活世界观，旨在突破教师与学生的主、客体二元对立。也就是说，这一阶段的教师以一定的事物、现实、感性为研究对象，事物、现实和感性不再是单纯静观认识的、被表象的、被动的、形式的客体存在，而是教师和对象共同参与的存在。教师与教育、学生构建起了"我—你"关系，并在和教育的"我—你"关系之中，实现自身教育情怀的继续提升。基于马丁·布伯的观点，教师教育情怀从"我—它"关系走向"我—你"关系是教师情怀攀升的重要特征。就教师个体教育情怀而言，需要引导教师逐渐与教育建立"我—你"关系，从而实现其自身教育情怀的跃升。

具体而言，一方面，教师要树立以教育为志业的教育理想，形成教师职业认同感与幸福感。教师个体教育情怀的自觉攀升离不开教师对职业的热爱及兴趣。兴趣是最好的教师，一个师德高尚的教师必定对教育事业抱有兴趣，满怀热情，进而积极地投入教育事业中。此外，教师教育情怀的激发与升腾、持续发展也离不开教师对职业本身的认同及其职业理想。教师的职业认同指向教师通过正在从事着的教育事业来回答"我是谁"的问题[1]。"我是谁"的问题引领教师回归到人的本质的价值追求上，教师不是空有躯壳，而是有血有肉，他会对工作投入极大的热情，并不断寻求生命的本真。当教师形成职业认同时，他的身体会蕴藏着巨大能量，并感受到工作带给他的幸福感和成就感[2]。同时，一位热爱教育事业、具有职业认同和职业理想的教师在与外界交流沟通时能够时刻保持对自身职业身份的自豪感，传递自身的正能量，职业已经不再是其谋生的手段，而是自我价值实现的手段。因此，

---

[1] 杨春茂主编《师德修养培训教材——师德修养与师德建设理论与实践》，首都师范大学出版社，2014，第109页。

[2] 杜静、张抗抗等：《走向生活：教师教育理论研究》，科学出版社，2021，第184页。

教师个体教育情怀实现攀升需要教师形成强烈的职业认同感、崇高的职业理想，并探索与教育、学生"我—你"关系的构建，把其作为终身志业。"我—你"关系是一种亲密、相互平等、开放舒适的关系①，在这段关系中，"爱"伫立在"我"与"你"之间，"我"奉献并且领承"你"②，这也就要求教师之"我"不能把学校当作普通的工厂、公司，把教育工作当成一份用来获取薪资酬劳、维持自我生命和家庭生活正常运转的常规工作，而是要摒弃功利、世俗、谋取利益的想法，在对教育、对学生的热爱中积极寻求与教育、学生之"你"的相遇。

另一方面，教师要在教育教学实践中积极履行对学生的引导责任。很难想象，一个脱离实践的教师能够有效地组织教学，并促进自身和学生的发展。教师唯有通过实践思维的锻造，才能正确地理解教学知识的基础、教学知识的源泉以及教学过程的复杂性，才能真正"从技术熟练者走向反思性实践家"③，也才能真正使教师教育情怀的养成成为"有源之水，有根之木"。因为教师教育情怀作为一种特殊的教育实践，其具有很强的实践性，在脱离实践的情况下，很难真正生成并发挥其价值。而教学对象的无限发展性、教学活动的生成性、教学情境的多变性、教学空间的延展性等都决定了教师必须投入实践，投入实际的教学情境，在实践中寻求教育规律，由此才能真正地激发教育情怀，达成自身与教育"我—你"关系的建立。毕竟即使某个教师拥有丰硕的理论成果，如果他不投入实践，这些理论成果也不过是纸上谈兵，从而导致职业生活的空洞无味及专业生活的止步不前，教育情怀的产生也就无从谈起。同时，教师与教育、学生之间建立的"我—你"关系并不是一种抽象的关系，而是在教师主动肩负起各种各样教育责任、履行对学生具体引导责任的过程中形成的。不投入实践的教师没有办法检验自己的教学理念是否符合学生的发展需要，自己的教学方式是否与教学内容匹配，自己的理论成果是否经得起历史的、实践的考验，也没办法真正地实现自身教育情

---

① 〔德〕马丁·布伯：《我与你》，陈维刚译，商务印书馆，2015，第129~130页。
② 〔德〕马丁·布伯：《我与你》，陈维刚译，商务印书馆，2015，第9~18页。
③ 钟启泉：《教学实践模式与教师的实践思维——兼评"特殊教学认识论"》，《教育研究》2012年第10期。

怀的攀升。也就是说，教师作为"我"领承了对教育、学生之"你"的责任，教师在学校日常的教育生活实践中要注重对学生各方面的引导，把对学生的引导责任落到实处，在这个过程中体验作为教师的收获感，感悟职业幸福感，从而实现自身教育情怀的进一步发展。

第二节　外力助推策略

教师教育情怀的培养除了需要依靠教师自身的主动性、主体性之外，也离不开来自外部各方力量的共同作用。二者共同支撑教师教育情怀的生成与跃升。这是因为教师教育情怀是一种内隐性的存在，在推进教育改革、提升教育质量上往往发挥着隐性的作用，很容易被忽视，也容易受到其他各类外部要素的影响，故而很容易在其生成过程中遭遇各类阻碍。因此，教师教育情怀的培养要在激发教师自身主体力量的基础上，利用好各种外部力量，通过外部力量的助推使教师教育情怀在发展过程中遇到困难时得以克服。

从教师教育情怀培养所处的外部环境和所需的外部条件来看，相应教师情怀政策的制定、专业化的教师情怀课程内容体系的建立以及职后教师系统的教育情怀培训活动的开展、教育情怀评价体系的建立是影响教师教育情怀发展的关键外力。因此，从外部力量来看，教师教育情怀的外力助推策略主要可以从制定教师教育情怀发展激励政策、开发师范生教育情怀课程、积极开展职后教师教育情怀培训活动、促使教师在关怀中生成教育情怀等方面入手。

一　政策先行：制定教师教育情怀发展激励政策

任何教育改革、教育议题的生成与发展都离不开相应教育政策的助力与推进，教师教育情怀的培养更是如此。事实上，当前教师教育情怀之所以没有获得教师群体的普遍关注与重视，一定程度上是因为我国教育政策在教师情怀培养方面缺乏关注。政策引领的缺失使得教师教育情怀的培养缺乏最关键的外部助力，故而，要推进教师教育情怀的发展，就需要完善相应政策，提供有针对性引导。目前，我国有关教师教育情怀培育的政策文件主要包括教育部颁发的《普通高等学校师范类专业认证实施办法（暂行）》《关于实施卓越教师培养计划 2.0 的意见》《中学教育专业师范生教师职业能力标准（试行）》等。这些文件都涉及了教师（师范生）教育情怀的相关内容，对教师（师范生）教育情怀在新时代背景下的发展方向作出了一定引导。

但相较于教师教育情怀在教师专业发展中的引领作用以及整个教育政策的体量而言，当前有关教师教育情怀的政策仍然比较匮乏。因此，要想推动教师教育情怀深入、持续发展，应该进一步制定有关教师教育情怀发展的激励政策，从各个方面助推教师教育情怀的持续发展。需要指出的一点是，教师教育情怀政策的出台不能仅从宏观层面着手，而是应该形成包含宏观、中观、微观的政策体系，确保教师教育情怀能够获得多重政策的支持，从而获得更好的发展。

从宏观国家政策层面来看，国家在教育政策制定层面应当加强教师情怀发展的激励政策引领。激励是一种促使事物发展的有效手段或方法，教师教育情怀的发展不仅是教师个人的事情，它事关国家教育事业的发展和师资队伍整体素质的提升，仅仅依靠教师个人的力量很难完成。目前在国家政策层面，只是把教育情怀纳入了教师（师范生）职业能力的范畴，而缺乏专门针对教师教育情怀发展的激励政策。教育部颁布的《中学教育专业师范生教师职业能力标准（试行）》等文件中，已于教师的"师德践行能力"部分规定教师需从职业认同、关爱学生、用心从教、自身修养四个方面积极涵养自身的教育情怀。这标志着在政策层面已经明确教育情怀是教师职业能力不可或缺的重要组成部分，这可以为教师职业能力评价体系的重新构建提供启发。因此，国家政策在指导思想层面，扮演好"风向标"的角色，继续加强对各省、市教育情怀发展激励政策的引导，引起各地区对教师教育情怀发展激励政策的重视；另外，在教师教育专项经费的划拨上，可给予各地区一定比例的财政补贴，从而为各地区制定教师教育情怀政策提供一定的资金支持。

从中观层面来看，教师教育情怀的落地离不开各地区教师教育政策的支持，因此，各地区政府及教育行政部门也应根据本地区的教育发展与需求情况出台适合本地区教师教育情怀发展的具体激励政策，通过相应激励政策的实施，激发一线教师的教育情怀。政策激励可以兼顾精神激励和物质激励，从而双向促进教师教育情怀的生发。在马斯洛的需求层次理论中，人类的需求被描述为五级模型。从模型的底部向上，需求分别为：生理（食物和衣服）、安全（工作保障）、社交（友谊）、尊重和自我实现。这五级需求又可分为缺陷需求和增长需求。前四个级别需求通常被称为缺陷需求（D需求），而最高级别需求——自我实现被称为增长需求（B需求）。马斯洛指出，人们需要动力去实现某些需要，有些需求优先于其他需求，且人在每一个时期，都有一种需要占主导地位，而其他需要处于从属地位。

因此，一方面，针对在教育教学工作中表现出深厚教育情怀、良好育人效果的人民教师，政府部门可以授予其"最具教育情怀教师"称号，使其获得更多精神方面的成就感、满足感与收获感。另一方面，给予此类教师物质方面的激励。比如可以在教师的基本薪资水平、课时费用、交通补贴以及住房保障等方面做出适当倾斜，以解决教师及其家庭潜在的生存、生活压力，使其更加心无旁骛地把自身精力放在教书育人、奉献教育事业方面。如此，从精神、物质两个方面制定教师教育情怀激励政策，为教师提供教育情怀发展的充足动力。同时，各级政府还应该强化教师情怀评价体系的搭建。首先，各地区政府及教育行政部门要提高站位，提升对教师教育情怀评价的重视程度，树立把教育情怀纳入教师职业能力评价范围的意识，认识到对教师教育情怀进行评价的重要性和迫切性。其次，积极行动，聘请高校专家组成专项小组，构建本地区包括教育情怀在内的教师职业能力评价新体系，把教育情怀评价与教师其他方面职业能力的评价挂钩，以积极响应国家教师教育新政策，并对下级相关部门展开教师教育情怀的进一步评价工作做出指导。最后，面向学校的领导、教师组织开展教育情怀评价培训活动，使其意识到教育情怀是可评价的。教育情怀虽然具有内隐性的特点，却鲜明地显现于与学生相处的各类教育事件中，通过详细的分析与考察可以达到唤醒相关主体在日常教育生活实践中的评价自觉的目的。

　　从微观层面来看，各级各类学校也应当制定行之有效的教师教育情怀养成体系，保证一线教师在教育情怀的养成中能够有具体可行的方向引领。任何事物的发展都需要将相对准确、客观的反馈作为下一步行动与改进的依据，对于教师的教育情怀而言亦是如此。具体而言，各级各类学校应当首先形成教师情怀的制度体系，包括教师教育情怀的养成制度、评价制度等。

　　就教师教育情怀的养成制度而言，各级各类学校应当在认真、系统地学习相关政策的基础上，根据学校自身需求，制定有助于本校教师生成教育情怀的校本政策，为一线教师教育情怀的养成提供适切的制度依托。比如，形成教师教育情怀的教研制度、课程学习制度等。同时，各级各类学校还应充分发挥教师教育情怀评价制度的优势，进一步帮助教师养成教育情怀。当前，各级各类学校在具体实施教师评价的过程当中，缺乏针对教师教育情怀行之有效的评价方案，关于教师师德和教育情怀的评价存在教师教育情怀评价主体缺位、评价内容不明确、评价方法不成熟等问题。因此，为了对教育情怀展开评价，以达到以评价促发展的目的，制定一套适合本校实际的、科学的、可操作性强的教育情怀评价方案是重中之重。

　　一方面，在落实上级教育部门对教育情怀评价的指导思想和具体的教育实践中探索本校教育情怀评价方案，可以从厘清评价主体、细化评价内容、明晰评价方式方法等方面入手。如在教育情怀的评价主体方面，可采用教师自评和学校领导、身边同事、学生以及学生家长等主体他评相结合的方式，把学校领导、身边同事、学生、学生家长等评价主体都囊括在内；在评价内容方面，可参考教育部文件《中学教育专业师范生教师能力标准（试行）》等中规定的教师教育情怀的四大维度——"职业认同、关爱学生、用心从教、自身修养"酌情添减；在评价方式方面，可根据实际情况选用量化、质性或两者相结合的评价方法，必要时可请高校相关评价专家予以指导。另一方面，教育情怀评价方案不是空中楼阁，而是要落到实处。因此，学校领导、教师在日常开展教师评价工作的过程中要积极促进评价方案的"落地"，使得评价方案的顺利实施成为助推本校教师教育情怀发展的"利器"。

二　课程为引：开发师范生教育情怀课程

就教师情怀的生成而言，无论是从日常教育生活的体验中偶发而来的教师教育情怀，还是来自身边重要他人的经验传递，抑或基于一种自身对教育情怀的理论认知而生发的教育情怀，最终都需要在立足自身在日常教育生活实践中表现出的教育情怀实际的基础上，对教育情怀形成理论自觉，在克服理想与现实矛盾的过程中逐步生成自身的教育情怀。所谓教育情怀理论自觉就是相关主体对与教育情怀相关的理论知识进行认识、掌握，从而产生的一种发展自身教育情怀的主动性与自觉性。这种理论自觉的生成与作用的发挥需要教师以一定的理论基础作为依托。在教育情怀理论认知的指导下，教师在教育实践中有意识地、主动地、自觉地关注自身教育情怀的发展与提升，因而能够相对更快地生成自身的教育情怀。这种理论自觉与理论认知可以通过系统的课程内容学习得以夯实。因此，就教师教育情怀养成的外部策略而言，以课程为引领，开发系统的课程体系，有助于教师教育情怀的养成。换言之，教师师德、教育情怀课程是各师范院校开展师范生教育情怀培养活动的重要载体，在职前教师专业素养培育的过程中扮演着重要的角色，可以为教师教育情怀培养提供具体的方向指引。因此，教师教育情怀课程的重要性不言而喻。陈向明教授将教师的知识分为两类：一类是理论性知识，包括学科知识、学科教学法、教育学、心理学等方面的知识；另一类是实践性知识，包括教师的教育信念、教师的自我知识、教师的人际知识、教师的情境知识、教师的策略性知识、教师的批判反思性知识等[①]。鉴于此，推进教师教育情怀课程体系的搭建，开发师德、教师情感教育、教育情怀等相关理论课程与实践课程将成为教师教育情怀养成的重要外部支持。

就理论课程而言，加大力度开发师德、教育情怀等理论课程。理论知识与教育之间有着紧密的关系。理论知识是进行教育活动的前提，它是教育过程中所传递的主要内容，有了理论知识教育才不至于成为无米之炊。教师只有拥有完善、广博的知识体系，才能够更好、更有效地组织教育教学，实现

[①]　陈向明：《实践性知识：教师专业发展的知识基础》，《北京大学教育评论》2003 年第 1 期。

自身价值和学生的全面发展。有教师指出，师范学习期间的教师职业道德课程中与教育情怀相关内容的影响，是自身教育情怀成长的出发点。教育情怀理论课程可以引领师范生从理论层面对教育情怀进行认识与学习，主要包含教育情怀的内涵、特点、必要性以及国家政策的解读等方面的内容，可以使师范生了解教育情怀究竟"是什么"、"为什么发展"以及"如何发展"的问题。目前，我国师范教育课程设置普遍存在缺乏科学、系统的教育情怀理论课程的问题。因此，需要各级各类师范院校能够从多重维度共同入手，来实现教师教育情怀理论课程体系的搭建。

具体来说，首先，应当着力构建教师教育情怀课程的内容体系。课程内容体系是师范院校培养师范生的具体抓手。师范院校应当组织专家、团队共同研磨，开发较为系统、完备的教师教育情怀课程内容，为师范院校更有效地开展师范生教育情怀培育工作提供有力支持。其次，在师范生课程培养体系中给予教育情怀课程适当的空间。教育情怀课程最大的困境在于各师范院校未能给予充分的重视，很多学校甚至并未开设相关的课程。因此，师范院校应增加教育情怀理论在师范生职业道德课程内容中的占比，在日复一日的课程引领中催生师范生教育情怀。再次，在其他课程教学中渗透教师教育情怀相关知识，在潜移默化中催生师范生的教育情怀。最后，邀请有教育情怀的名师为师范生进行教育情怀专题授课，请其谈一谈自身的教育情怀，通过现身说法的方式促进师范生对教育情怀相关知识的理解。

就实践课程而言，师范院校应在教育教学中增设与教师教育情怀相关的实践类课程内容，从而帮助师范生获得教师教育情怀的熏陶与体悟。实践性知识依存于教育情境的经验型知识，对教师的日常教学活动起着支配作用，并且在很大程度上决定着教师教学水平①。实践性知识具有很强的灵活性和个体性，它不像理论性知识如此严密，教师的实践性知识是教师个体在实践中的感悟与反思，蕴含着教师的教育理念，是教师个体独有的教育智慧。而教师教育情怀本身就是一种内隐的实践性活动，需要实践课程给予"练兵

---

① 朱益明、秦卫东、张俐蓉编著《中小学教师素质及其评价》，广西教育出版社，2000，第89页。

场"，以此来帮助师范生通过反思自己的实践活动慢慢积累。特别需要指出的是，教师教育情怀的养成是一个缓慢的过程，需要大量扎实、细致的工作，因此，要使教师拥有较强的教育情怀，就需要从职前阶段便为师范生埋下教育情怀实践的"种子"，帮助师范生形成对教育情怀的直观感知，而后师范生通过持续的反思、实践以及从教后的持续行动，不断地生成、发展其教育情怀。

具体而言，师范院校要为师范生提供教师情怀实践的实习、体验机会。教育情怀实践类课程指的不是专门实践教育情怀的课程，而是能够为师范生提供实践教育情怀机会的课程，例如师范生见习、顶岗实习。教育情怀的发展不仅仅需要在课堂上进行理论学习，还需要在教育生活实践的沃土中孕育成长。因此师范院校除了要积极进行教育情怀理论课程的开发，还要为师范生设置教育情怀实践类课程。一是各师范院校要积极与当地的中小学达成长期、稳定的师范生教育合作关系，切实为师范生创造在教育教学生活中实践自身教育情怀的机会，从而在理论学习的基础上进一步拓展自身的教育情怀；二是要注意教育情怀理论课程与实践课程在时间设置上的连续性，实践课程要紧跟在理论课程之后或两者交叉进行，以更好地达到以教育情怀理论课程和实践类课程相结合的方式，促进师范生教育情怀攀升的目的。

三　培训跟进：积极开展职后教师教育情怀培训活动

职后教师教育情怀在很大程度上是引领、决定我国基础教育发展质量的内隐性力量。因此，职后教师也需要在教育教学实践中自觉把教育情怀相关理论与自身教育情怀在教育生活实践中的发展实际相结合，从而引领教学质量的提升。同时，教育情怀理论自觉也能够使职后教师突破教育情怀的发展困境，突破现有思想束缚，增加对教育情怀的认识深度，使其认识到自身教育情怀在教育实践中存在的问题。需要说明的是，教师通过理论自觉形成的教育情怀，是一个从理论到实践，再从理论到实践多次反复的过程。教育情怀的理论认知在最初阶段并不一定是对教育情怀相关理论系统、成熟的认识，而是经历一个递进的过程，随着教师教育情怀理论认知的深入，其教育情怀在实践中的发展也逐步趋向成熟。

然而遗憾的是，与师范生相比，在职教师并没有相对十分完整、充足的时间和精力进行教育情怀课程的系统学习，因此为职后教师打造适切的教育情怀课程体系能够有效地助力其教育情怀的塑造与攀升。从职后教师拥有的现实条件来看，设计系统的教育情怀培训内容，利用其教育教学工作内外的碎片化时间使一线教师参与教育情怀培训是有效的助推策略。

第一，通过"国培计划""省培计划"助力教师教育情怀发展。中小学教师国家级培训计划，简称"国培计划"，是教育部、财政部在 2010 年启动实施的、为了提升中小学教师特别是乡村教师队伍整体素养的措施；"省培计划"则是各个省份陆续推出的具有特色的中小学教师省级培训计划，目的在于促进本省教师队伍素质的提升。自"国培计划""省培计划"实施以来，培训机构一贯秉承"面向实践、按需施教"的原则，坚持将参与培训学员的具体需求作为贯穿国培、省培工作的主线[1]。现阶段，教师在专业发展的过程中呼唤自身教育情怀的回归，教育情怀的生成成为教师专业发展的新需求。一方面，正视与重视教师教育情怀发展需求。在开展培训之前，通过问卷调研、访谈等多形式了解学员的教育情怀发展需求，根据具体需求，有针对性地规划接下来的培训内容；另一方面，在开展培训计划的过程中，与包括省域外专家、中小学一线优秀教研员等在内的培训师资队伍沟通，合理增添教师教育情怀相关培训内容占比，通过深入讲解、交流互动等多种形式开展培训活动，以满足广大一线中小学教师教育情怀的发展需求。

第二，加大教育情怀校培力度，使更多基层教师受益。校培就是指学校培训，教育情怀校培活动可以理解为以学校为组织单位开展的为促进教师教育情怀有效成长的培训活动，与"国培计划""省培计划"每次面向有限数量的培育对象不同，学校培训基本可以确保在校的每一位教师都能够参与到培训活动之中。一方面，请本校内参与"国培计划""省培计划"的教师为学校教师进行培训，可以通过学习交流会、座谈会的形式请其具体谈一谈关

---

① 李桂荣、韩肖艳：《论"国培"文化的范式、根基与繁衍》，《中国教育学刊》2013 年第 11 期。

于教育情怀的主要培训内容，分享自身的学习心得，以最大程度扩大"国培计划""省培计划"的效益；另一方面，学校组织的培训活动不应仅仅局限于校内，而应积极寻求与兄弟学校合作，定期外派有教育情怀成长困惑的教师到其他学校进行专题学习与交流，通过参加与本校不同的教育情怀培训活动，激发教师对教育情怀新的理解。

四　适当减负：促使教师在关怀中生成教育情怀

与具体的教育教学活动相比，教师教育情怀属于较为高级的精神性教育实践活动。根据马斯洛的需求层次理论可知，人类的需求从层次结构来看，包括生理、安全、社交、尊重和自我实现五个层次。人们需要动力实现某些需要，有些需求优先于其他需求。因此，要使教师能够积极主动地生成教育情怀，可以从教师的需求层次入手，通过对教师需求层次的针对性满足，推动教师教育情怀的生成。

第一，应对教师实施精准减负，减轻教师负担。教育主管部门、学校领导层面都应当充分意识到教师过重的负担对教师从教热情的遮蔽、对教育情怀的压抑以及对教育事业产生的阻滞作用。各级各类教育部门要调动各学校、社会各界力量，坚持共同治理、共同参与，减轻教师过重的负担。具体来说，一方面，应列出具体减负清单，协调好学校管理与教育教学之间的关系，扎实推进减轻教师负担工作取得实效。另一方面，应聚焦教师过重的负担来源，整治形式主义，减少或拒绝任何可能增加教师工作负担的非教学任务。通过减少教师非必要的精力投入确保教师心无旁骛地专注于教育教学，有更多的时间去设计教学活动，且有更多精力观察学生学习动态，精准把握学生的需求，积累教育经验，提升教育质量，体味教育过程中的成就感，从而逐渐地从松弛的教育教学活动中体味教育情怀的生成与价值。

第二，要关注教师的心理健康，提供必要的心理支持。教师角色是教师的一种社会角色，但教师作为人处于不同的场域之中，又叠加了多种其他角色。因此，他们会因为多重角色的叠加而承受各种压力，如因为工作失误产生的烦闷、家长的不理解增添的委屈，也可能因为对自己家庭顾及不暇，心理无法平衡[1]。这些多重压力的积攒容易导致教师产生心理健康问题，影响教师教育教学，也会导致教师教育成就感的缺失。相应地，在这样的多重压力下，教师教育情怀的生成也容易被阻碍。"要让教师安心从教，让优秀教师长期乃至终身从教，就要帮助教师解决工作、生活、学习等方面的后顾之忧。"[2] 因此，关注教师心理健康，及时给予其必要的心理支持，使其能够在学校中体会到人文关怀，能够帮助教师增强职业认同感，帮助教师生发对教育的热爱，从而促进教育情怀的生成。具体而言，学校应当采取人性化的管理政策，建立教师心理健康疏导机制，及时把握教师的心理发展动态，准确把握教师生理、心理需要。例如，学校可以定期组织、开展多种多样的教职工集体活动，帮助教职工排解心理压力，从而在日常的工作生活中保持较好的工作状态，以平和静心、理性向上的心态去关注学生的身心发展，从而沉浸于教育教学工作之中以及对教育教学的深入体悟之中，体会到职业的幸福感、成就感，生成成人成己的教育情怀。而就教师自身而言，也应当学会自我调控，不断向内求，既要学习相关的心理健康知识帮助自己进行科学的疏导，也要用更加辩证的方式看待问题，从而走出小我，走向自我实现。

第三，增强物质支持，提高教师待遇，保证教师底层需求。人具有历史性和发展性，"个人是什么样的，这取决于他们进行生产的物质条件"[3]。从本质上来看，社会历史条件决定个人的实践水平、思维活动。因此，对教师教育情怀的养成还需要从教师的生存需求满足入手，通过适当的物质激励，提高教师践行教育情怀的积极性，增强教师生成教育情怀的价值感。具体而言，一方面，政府应当设立教师教育情怀养成的专项资金，加大对教师情怀养成的财政投入力度，通过为教师提供适度的物质奖励，如发放房补、科研启动金等改善教师的生活条件和工作环境。另一方面，学校应当给予教师教

---

① 张璐清：《高中思想政治课教师情怀的培养策略研究》，硕士学位论文，河南大学，2022。

② 张力：《推动教育事业科学发展的指针——深入学习贯彻习近平总书记关于教育的重要论述》，《中国教育报》2013年10月9日，第1版。

③ 《马克思恩格斯选集》（第1卷），人民出版社，2012，第147页。

育情怀养成的经费支持，在确保正常的行政事业经费的前提下，保障教师在教育情怀养成、学习等方面产生的经费需要。

第三节　氛围营造策略

教师教育情怀的培养不是在"真空"中进行的，而是在一个多主体交互的复杂环境中进行的。教师是社会、家庭、学校沟通的枢纽，受到社会、学校、家庭的不同环境氛围的影响，其教育情怀的发展也不可避免地会受到三者的深刻影响。若教师处于优良的环境氛围之中，那么这些环境氛围将对教师教育情怀的养成发挥积极、正向的作用，促使教师乐教、爱教、善教。但倘若教师所处的环境氛围较差，那其将会在很大程度上阻碍教师教育情怀的发展。因此，教师教育情怀的养成还应当从文化氛围营造入手，努力为教师教育情怀的生发创设更为有利的文化环境和更为肥沃的文化土壤。具体而言，可以从以下三方面入手，促进教师教育情怀的发展。

一　切实提高教师地位，形成尊师重教的社会氛围

当提到教师时，人们脑中会浮现各种溢美之语："春蚕到死丝方尽，蜡炬成灰泪始干""捧着一颗心来，不带走半根草去""教师是蜡烛，燃烧自己，点亮别人""站三尺讲台，创四化伟业""辛勤的园丁，培育出祖国的花朵""德高身正的楷模""人类灵魂的工程师""人梯""铺路石""太阳底下最光辉的职业"……顾明远先生在1990年主编的《教育大辞典》中提出，教师是学校中传递科学文化知识和技能，进行思想品德教育，把受教育者培养成社会需要的人才的专业人员。在对教师的歌颂下，人们眼中的教师保持着一种神圣的形象，教师成为"德高身正"的道德楷模，承担着教育教学的全部责任。正像日本学者岸根卓郎曾经指出的那样，教师是国家意志的传达者，因而应遵循国家意志，教化国民；教师是现代文明的传播者，因而应不断介绍和教授新的文明；教师是道德的规范者，因而是生活中必要的习惯和道德的

指导者，自身又是其体现者[①]。2018 年出台的《中共中央　国务院关于全面深化新时代教师队伍建设改革的意见》中提出，"不断提高地位待遇，真正让教师成为令人羡慕的职业"。这些对教师角色定位的正向肯定在很大程度上反映了社会对教师社会地位的认同。

尊师重教的社会氛围是教师教育情怀的催化剂。我们应当清醒地认识到，教师是具有独特生命价值和意义的生命个体。要想创设真正有利于教师教育情怀生发的环境氛围，需要从对教师单纯的话语肯定走向更加务实的行动，通过切实的行为来真正地创设尊师重教的社会氛围，具体来说可以从以下方面入手。

第一，切实提高教师地位。人民教师是神圣而伟大的职业，身上肩负着为党育人、为国育才这一光荣、伟大的使命。目前，教师所作的价值贡献与其在社会系统中所处的地位处于一种相对不相匹配的状态。这种局面已经带来了一些负面的影响，如教师行业高层次人才的流失、教师社会地位亟待提高等。为稳固教师队伍、培植教育情怀，国家要从专业地位、经济地位、文化地位等方面真正提升教师的社会地位。

首先，要提高教师的专业地位。教师的专业地位即在社会职业体系中占有的次序。我们要认可、接纳教师作为专职从事教育教学的人员与社会职业体系中如医师、律师等其他职业同等的位置，认识到教师职业的不可替代性和独特贡献。我国相关教育主管部门应该在教师社会职业体系的改革中将教师专业地位进行凸显，强化教师职业地位，提升教师职业门槛，让教师职业能够成为真正令人羡慕的职业。

其次，要提高教师的经济地位。教师从教动机、教育情怀的生成很大程度上与其专业投入与产出的比例有关，而且根据马斯洛的需要层次理论，经济地位是教师自我发展、实现的最基本动因。而当前很多教师之所以教育情怀不强烈，不愿意从事教育行业，在很大程度上是因为经济因素的影响。如有研究调查发现：以教师工资收入指数作为衡量指标，1993～2015 年，北京

---

① 〔日〕岸根卓郎：《我的教育论——真·善·美的三位一体化教育》，何鉴译，南京大学出版社，1999，第 9 页。

市中小学教师工资水平一直徘徊在本地职工平均工资线上，与教师队伍的高学历特点形成鲜明对比。研究结果表明，北京市中小学教师的工资水平在当地劳动力市场上并不具有吸引力，教师的经济地位偏低①。因此，要想塑造更适于教师教育情怀生长的环境氛围，还需要提高教师职业声誉与职业吸引力，使得劳动付出与收入水平成正比，从而吸引更多优质人才投入教育行业，在教师岗位上发光发热，在满意、和谐的氛围中为教育情怀的生成提供保障。

最后，提高教师的文化地位。教育的最终目的不是传授已有的东西，而是把人的创造力量诱导出来，将生命感、价值感"唤醒"，"一直到精神生活运动的根"。教师是文化的传播者，是具有一定文化储备量的知识分子，要充分肯定教师在社会文化、观念、道德等代际传递过程中起到的重要作用。各级教育管理部门、学校，要积极采用各类方式宣传教师在社会文化传播、人类知识文化传承中的重要价值和地位，让公众充分理解、认可教师的文化地位。

第二，营造尊师重教的社会氛围。教师是社会系统中的一分子，作为社会人存在，教育情怀的发展离不开来自社会各方面的影响。因此，教师教育情怀的培养还需要从社会氛围入手，创造尊师重教的社会氛围。在我国，古代的教师是"官师合一"。教师的社会地位很高，"天地君亲师"，教师享有至高无上的威望。"一日为师，终身为父"，师恩如山，人们对教师敬如父辈、亲如家人。我国古代对"师"也有很多界定，如"师者，所以传道授业解惑也"；"师者，教人以道者之称也"；"师也者，教之以事，而喻诸德者也"；"师者，人之模范也"；"智如泉源，行可以为表仪者，人之师也"；等等。可以说，我国有尊师重教的社会文化传统。党的十八大以来，习近平总书记多次在重要场合倡导尊师重教，提倡在全社会范围内形成尊师重教的良好氛围②。为了营造尊师重教的社会氛围，一方面，教育部门可以借助具有权威性和影响力的官方报纸、期刊等传统纸质媒介发声，对教师的先进教

---

① 周惠、龙怡：《发达地区中小学教师工资水平及变动趋势研究：以北京市为例》，《教育科学研究》2019年第5期。

② 陈宝生：《弘扬尊师重教好风尚 踏实强师筑梦新步伐——写在第35个教师节》，《人民教育》2019年第18期。

育教学事迹在社会范围内进行宣扬，如刊登全国"最美教师"事迹，定期开展优秀教师形象宣传推广工作，引导社会民众对光荣的人民教师形象重新进行认识，改变对教师职业负面的、非理性的刻板印象；另一方面，在数字媒体时代，充分发挥、利用现代网络媒体的作用，如通过创设官方微博账号、微信公众号等，向社会民众传达尊师、敬师、爱师的信号，使得尊师重教在社会上蔚然成风。

二 推动校园文化建设，营造和谐情怀成长氛围

学校作为教师日常开展教育教学工作的地方，对教师教育情怀发展的影响作用显著。校园文化以一种隐性、渗透性的方式影响着教师的教学，也影响、塑造着教师情怀的生发。所谓校园文化是以学生为主体，以校园为主要空间，以校园精神、文明为主要内容的一种群体文化。具有浓厚教育情怀的校园文化能够使置身其中的教师受到精神熏陶，在耳濡目染、潜移默化中成为一个有着浓厚教育情怀的人。因此，要想更好地助力教师培养教育情怀，需要从教师所处的校园文化氛围入手，重视校园氛围营造①。

第一，推动校园文化建设，形成和谐友爱、尊师爱生、乐教乐学的学校氛围。良好的学校氛围是教师教育情怀成长的催化剂。校园文化的建设不是一蹴而就的，而是需要有意识地着力打造。因此，学校各类人员尤其是领导管理层应当着力打造蕴含教师教育情怀的校园文化，为一线教师构建和谐友爱、尊师爱生、乐教乐学的从教氛围。首先，学校可定期组织学生、教师一起阅读《论语》等反映孔子等古代圣人先贤与其弟子相处智慧的书籍，或观看相应的影像资料，在反复、多次阅读或观看的过程中对学生、教师进行熏陶，从而构建起尊重师长、关爱学生的氛围。其次，学校可以开发各类教育教学活动。如开展教师与学生共同参与的活动，包括师生联谊活动、师生运动会等，通过组织形式丰富多彩的活动，使两者在活动过程中增进对彼此的了解。最后，学校领导要切实提高对校园氛围建设的重视程度，将校园氛围

---

① Arthur, C. P., *The Management of a City School* (New York: The Macmillan Company, 1908), p. 220.

纳入学校自评（学校评价）、教师评价的范围之中，将教育情怀作为重要指标纳入学校评价体系、教师考评体系，改变以往以成绩为导向评价教师的现象，从而形成教育合力。在考评体系上，改变主要依靠学生成绩作为晋升标准的情况，将育人情况作为重要标准，如可通过课堂效果、日常积分等方式考察教师育人情况，重视、提拔作出过突出育人贡献的教师。在奖励机制上，可让学生匿名投票，细化育人指标，让学生给教师的育人成果打分，从而促使教师重视培养学生综合素质，给予学生深厚的无差别的关怀。培训体制上，将对教师情感上的培育纳入教师队伍培训内容，培训不但要注重知识技能的提升，也应给予教师情感上的关怀与支持，加入心理辅导，解决教师心理可能面临的障碍。如此，在良好的校园环境氛围中，教师教育情怀能够更有效地实现发展。

第二，重视营造富有"仪式感"的工作环境。对于教师来说，在一定时期内，自我内驱力不足，出现职业倦怠是难免的，这时需要一些有"仪式感"的活动来激发教师的教育情怀。仪式是一种特定的场景，通过仪式可以增强教师的参与感和体验感，从而强化教师群体的认同感。虽然仪式作为一种文化形式，其本身没有明显的使用价值，可它能潜移默化地感染教师情绪，能对教师内心世界进行唤醒。例如，对于新入职的教师，可以通过举办入职欢迎仪式，增强其踏入工作岗位的自信心；对于处于职业疲倦期的教师，可以通过举办教师经历回顾活动，颁发一系列奖项，总结、认可其取得的成就，增加其归属感、获得感；对于即将离职的教师，举办欢送仪式，专门设置荣誉墙记录老教师的贡献，激励其他教师进行学习。此外，每个学期还可针对具体学科举办教师活动，如学科名家大赛、学科故事讲授，给予不同学科教师更大舞台发挥专业才能，增强其价值感。

第三，重视校园文化精神的熏陶，发挥校园文化的引领作用。校园文化是学校历史、文化、价值观、艺术等多方面的凝结，对所有在校教师都会产生潜移默化的重要影响。学校需要打造高品质的校园文化，团结所有教师，形成奋斗、智慧、勤劳、友爱、团结、人文的精神氛围，对教师的一言一行产生现实影响，这种文化上的传承与渲染显示出学校内在的发展力、推动力。同时要发挥领导队伍的示范引领作用。领导是学校管理体系的中坚力量和关键主体，紧密联系着教师与学校、与学生的关系，并把握着教师队伍的工作节奏，所以在领导聘任制度、领导策略、校园文化制定上要科学有力、协同促进，让和谐友爱、进取团结的气息融入校园文化精神建设，为教师教育情怀的生长提供良好环境。例如，通过"老带新活动"、教学研修活动、课外拓展活动、教学趣味竞技活动等给予年轻教师成长空间，给予其充分动力和信心；通过教师会议、职工聚餐、信访制度等了解教师个体生活状况，给予其充分的人文关怀；通过搭建教育教学帮扶共享平台、开展教师职业生涯规划、颁发教师奖项等关注教师专业发展，激励其事业进步，给予其足够的成就感，让教师的教育情怀在现实平台与活动中不断生根发芽、茁壮成长。

第四，通过多重手段，加强家校沟通。良好的家校关系也是营造和谐学校氛围不可或缺的一环。家长作为教师教育工作的监督者，与教师的关系是否和谐、融洽对教育情怀的发展起到直接影响，要通过多重手段，获得家长对教师、学校工作的理解与支持。一方面学校要为教师、家长搭建线上交流平台，并注重定期规范管理，以保证遇到与学生相关的问题时双方能够及时展开交流、反馈。其中，可以是学校专门研发、统一使用的沟通交流平台，也可以是微信群、QQ群等其他线上技术平台。另一方面学校要设置线下的家校沟通场所，如在学校设置专门的家长招待室、设立家校交流信箱等，保证学校、教师、家长三方沟通的顺畅性。如此，在融洽的家校关系中孕育和谐的学校氛围，从而助力教师教育情怀的顺利成长与发展。

三 注重新老成员教育情怀"传帮带"，创设良好校内传承合作氛围

文化氛围的营造除了要从社会文化环境、校园文化环境入手外，还要充分发挥教师群体内部文化的作用。教育情怀作为一种客观存在，在众多优秀教师身上都有所体现，被不同教师在具体的、个性化的教育情境中所演绎。具有深厚教育情怀的老教师，在无形之中会对新手教师教育情怀的发展产生潜移默化且重要的影响。如对一些从小出身于教育世家的教师而言，教育情

怀最先来源于从教祖辈、父辈的影响。因此，要注重学校内部良好教育情怀氛围的创设，充分发挥教师群体中老教师的影响力，形成良好的传承合作文化。

第一，注重老新教师教育情怀"传帮带"，搭建教育情怀养成的"传帮带"机制。"传帮带"工程也称为"青蓝工程"，蕴含"青取之于蓝，而胜于蓝"的思想观点①。具有专业发展需求的新教师与教育经验相对丰富的老教师结对，彼此相互帮助，老教师将自己的教育心得传授于新手教师，同时新手教师把自己在学习生活中积累的新的教育理念和心得及时传递给老教师，最终达到双赢的目的②。具体来说，首先，学校应着力搭建教师情怀养成的"传帮带"机制，使新老教师在日常教学生活中能够有平台、有机会就教师情怀的养成与发展形成良性的沟通与交流。学校可以在组织机制上搭建相应的教育情怀养成工作小组，或以嵌入的方式，将教育情怀的培养作为教师教研、学习活动的固定议题进行反复的审思与讨论。此外，学校还可以组织新老教师们协同参与教育情怀的教育教学项目，使一线教师获得针对性的指导。其次，老教师作为"传帮带"机制中的重要角色，应当积极主动地发挥自身影响力，影响年轻教师形成教育情怀。老教师在日常的学校教育生活中，要注意对周围的青年教师进行有意识的引导，引导青年教师在心中埋下教育情怀的"种子"。例如在态度方面，给予青年教师从教志向与理想的充分鼓励、肯定，尊重、欣赏青年教师立志成为教育名师的人生愿景，支持其成长为一个拥有高尚师德和教育情怀的专业从教人员，并在恰当的时候在专业知识、能力的发展方面给予点拨，助力青年教师教育情怀的有力成长。最后，就新教师而言，应该积极主动地向德高望重的优秀教师靠近，虚心求教。既要积极主动地向老教师请教经验，也要及时地搜集、整理自身以及其他有关教师教育情怀养成的素材，与老教师进行交流，在多轮的探讨之中通过老教师的引领养成自身的教育情怀。

第二，要善于利用同辈群体的影响作用催生教师教育情怀。同辈群体的

---

① 张梅：《对"青蓝工程"工作的探讨》，《科技经济市场》2007年第11期。
② 杨显彪：《"师徒制"：新手教师专业成长的必经之路》，《中小学教师培训》2006年第3期。

规范性影响使个体做出与同辈群体相似的行为或决策①。同辈群体主要是由一些年龄、兴趣、爱好、态度、价值观、社会地位等方面较为接近的人所组成的一种群体。同辈群体是一个人成长发展的重要环境因素。相应地，就教师群体而言，同辈群体也是教师群体专业发展、情怀养成的关键环境因素。同辈群体具有平等性和自发性。因此，同辈群体的成员之间容易产生较高的心理认同感，交往是在自然随意的过程中进行的，常常在彼此相互依赖和随意的冲突中实现彼此的沟通，最终获得心理归属和价值认同，这为教师情怀的养成提供了好的土壤。因此，需要善于利用同辈群体的影响作用催生教师教育情怀。发挥青年教师之间的同辈影响作用意味着要为青年教师创设好的交流环境，帮助青年教师能够有更多的机会就教师情怀进行系统、深入的交流。学校之中教龄或年龄相仿的青年教师群体，可定期在固定工作日举行教育情怀主题学习交流会。成员之间可以就彼此近期对教育情怀的认识与践行展开讨论，以帮助不同教师主体从教育情怀发展困惑、问题的束缚中解放出来，使教师能够饱含热情地开展学校教育工作，从而逐渐构建出一种持久的敬业、乐业的良好工作氛围。

第三，要推动形成自然合作文化，使教师教育情怀养成的外部力量形成自然的合力，共同促发教师教育情怀的生成。哈格里夫斯（Hargreaves）和富兰（Fullan）将教师文化分为四类。第一类是个人主义文化。教师拥有强烈的独立成功观，很少干涉其他教师，他们不喜欢变革，也不愿与同事合作，避免与他人讨论变革。第二类是派别主义文化。学校分裂为许多独立的团体，教师忠诚于、归属于某一个派别。派别内部成员之间联系紧密，但派别之间则漠不关心甚至相互竞争，因此学校中教师很难有共享的目标，革新也难以在全校范围内进行。第三类是人为合作文化。教师之间的合作是由外在行政力量控制的，是一种由某种正规而特定的科层程序强制的、可以预测的、局限于特定时空条件的合作。合作的主要目的在于满足科层制度的要求，而不是学校实践的要求和个人的本意。第四类是自然合作文化。这是经

---

① 吴愈晓、张帆：《"近朱者赤"的健康代价：同辈影响与青少年的学业成绩和心理健康》，《教育研究》2020 年第 7 期。

过人为合作文化阶段后的更高级的合作文化。它是渗透在日常教学中的教师之间自发的、自然而然的合作。教师之间相互观摩学习，互相帮助，共同克服困难①。当教师之间缺乏自然合作的文化时，教师之间很容易相互疏离，陷入对各类学校考评、绩效指标的功利化追逐的困境。在过度竞争和功利的文化下，教师处于面临高压和焦虑的状态，难以在教师岗位上体会到职业幸福感，相应地也就会忽视教育情怀的养成。因此，要想促进教师形成更深厚的教育情怀，还需要从教师文化入手，通过教师文化的引导，帮助教师之间形成自然合作文化，从而促进教师教育情怀的传承与发展。就学校层面而言，应当突出对教师的过程性评价而非结果性评价，弱化教师间的竞争，使教师们能从竞争主义中解脱出来。此外，学校还应当建立好教师协作、交流的激励机制，对于能够主动积极合作的教师予以肯定与奖励，激励更多的教师参与其中。就教师而言，要保持开放包容的心态，不要陷入个人主义的狭隘视角之中，积极地与优秀教师进行沟通交流，真诚地、敞开心扉地与老教师、同辈教师交流自身在教育情怀养成中的困惑、问题等，共同探索和寻找教师教育情怀养成的路径。

---

① 〔美〕哈格里夫斯、〔加〕富兰：《专业资本》，高振宇译，华东师范大学出版社，2015，第102页。

参考文献

一 中文类

（一）著作

〔德〕埃德蒙德·胡塞尔:《现象学的方法》,倪梁康译,上海译文出版社,2005。

〔日〕岸根卓郎:《我的教育论——真·善·美的三位一体化教育》,何鉴译,南京大学出版社,1999。

〔美〕洛伦·S.巴里特、〔美〕托恩·比克曼、〔荷〕汉斯·布利克、〔荷〕卡雷尔·马尔德:《教育的现象学研究手册》,刘洁译,教育科学出版社,2010。

《蔡元培全集》（第三卷）,浙江教育出版社,1997。

〔美〕D.A.库伯:《体验学习——让体验成为学习和发展的源泉》,王灿明等译,华东师范大学出版社,2008。

〔美〕大卫·库伯:《体验学习:如何让体验驱动学习与发展》（第2版）,伍新春等译,人民邮电出版社,2023。

杜静、张抗抗等:《走向生活:教师教育理论研究》,科学出版社,2021。

〔法〕古斯塔夫·勒庞:《乌合之众:大众心理研究》,马晓佳译,民主与建设出版社,2018。

广东、广西、湖南、河南辞源修订组等编《辞源》（修订本）（第二册）,商务印书馆,1980。

〔美〕哈格里夫斯、〔加〕富兰:《专业资本》,华东师范大学出版社,2015。

《陶行知全集》（第一卷）,湖南教育出版社,1984。

金林祥、胡国枢主编《陶行知词典》,上海百家出版社,2009。

〔英〕卡尔·波普尔:《猜想与反驳》,傅季重等译,上海译文出版社,2005。

〔英〕卡尔·波普尔:《通过知识获得解放》,范景中、李本正译,中国美术学院出版社,1996。

孔子：《论语》，陈晓芬译注，中华书局，2016。

联合国教科文组织编《反思教育：向"全球共同利益"的理念转变？》，联合国教科文组织总部中文科译，教育科学出版社，2017。

刘海藩主编《现代领导百科全书——文学与艺术卷》，中共中央党校出版社，2008。

刘义兵主编《教师专业发展》，高等教育出版社，2017。

〔德〕马丁·布伯：《人与人》，张健等译，作家出版社，1992。

〔德〕马丁·布伯：《我与你》，陈维刚译，商务印书馆，2015。

〔德〕马丁·布伯：《我与你》，徐胤译，天津人民出版社，2018。

《马克思恩格斯文集》（第1卷），人民出版社，2009。

《马克思恩格斯选集》（第1卷），人民出版社，2012。

〔德〕马克思·舍勒：《爱的秩序》，林克等译，生活·读书·新知三联书店，1995。

〔德〕马克思·舍勒：《道德意识中的怨恨与羞感》，罗悌伦、林克译，北京师范大学出版社，2004。

〔加〕马克斯·范梅南：《教学机智——教育智慧的意蕴》，李树英译，教育科学出版社，2001。

〔加〕马克斯·范梅南：《教学机智——教育智慧的意蕴》（第2版），李树英译，教育科学出版社，2014。

〔加〕马克斯·范梅南、〔中〕李树英：《教育的情调》，李树英译，教育科学出版社，2019。

〔加〕马克斯·范梅南：《生活体验研究——人文科学视野中的教育学》，宋广文等译，教育科学出版社，2003。

〔美〕麦金太尔：《德性之后》，龚群等译，中国社会科学出版社，1995。

《毛泽东选集》（第1卷），人民出版社，1991。

《孟子》，弘丰译注，中国文联出版社，2017。

〔美〕内尔·诺丁斯：《学会关心：教育的另一种模式》（第2版），于天龙译，教育科学出版社，2019。

孙培青主编《中国教育史》（第三版），华东师范大学出版社，2012。

孙培青主编《中国教育史》（第四版），华东师范大学出版社，2019。

《陶行知教育名篇》，教育科学出版社，2013。

《陶行知文集》，江苏凤凰教育出版社，2008。

〔苏〕瓦·阿·苏霍姆林斯基：《给教师的建议》（上），杜殿坤编译，教育
    科学出版社，1980。

王坤庆：《教育学史论纲》，湖北教育出版社，2000。

王萍：《教育现象学：方法及应用》，教育科学出版社，2012。

王萍：《教育现象学视域中的学校教育》，中国社会科学出版社，2020。

〔美〕威廉·F.派纳、威廉·M.雷诺兹、帕特里克·斯莱特里、彼得·M.
    陶伯曼：《理解课程》，张华等译，教育科学出版社，2003。

〔德〕沃夫冈·布雷钦卡：《教育目的、教育手段和教育成功：教育科学体
    系引论》，彭正梅译，华东师范大学出版社，2008。

萧浩辉主编《决策科学辞典》，人民出版社，1995。

许慎：《说文解字》（文白对照），喀什维吾尔文出版社，2002。

〔德〕雅斯贝尔斯：《什么是教育》，邹进译，生活·读书·新知三联书店，
    1991。

杨春茂主编《师德修养培训教材——师德修养与师德建设理论与实践》，首
    都师范大学出版社，2014。

叶澜、白益民、王枬、陶志琼：《教师角色与教师发展新探》，教育科学出版
    社，2001。

于漪：《岁月如歌》，上海教育出版社，2015。

张志平：《情感的本质与意义——舍勒的情感现象学概论》，上海人民出版
    社，2006。

中国社会科学院语言研究所词典编辑室编《现代汉语词典》（第5版），商务
    印书馆，2005。

朱益明、秦卫东、张俐蓉编著《中小学教师素质及其评价》，广西教育出版社，
    2000。

（二）期刊论文

陈宝生：《弘扬尊师重教好风尚 踏实强师筑梦新步伐——写在第 35 个教师节》，《人民教育》2019 年第 18 期。

陈太忠、皮武：《教育情怀：基于"需要—满足"框架的阐释与生成》，《教育理论与实践》2021 年第 19 期。

陈向明：《实践性知识：教师专业发展的知识基础》，《北京大学教育评论》2003 年第 1 期。

陈新汉：《认同、共识及其相互转化——关于社会价值观念与国民结合的哲学思考》，《江西社会科学》2014 年第 7 期。

杜芳芳：《马丁·布伯的"关系哲学"及其对大学教学的启示》，《黑龙江高教研究》2019 年第 1 期。

杜云、杨明：《仁道、仁人、仁政——孔子仁学的三重意涵》，《伦理学研究》2017 年第 1 期。

段宇辉：《师范专业认证导向下美术教育情怀的培养》，《教育现代化》2019 年第 6 期。

韩磊：《包容性教育情怀：师道尊严的暖色》，《中学政治教学参考》2019 年第 29 期。

韩延伦、刘若谷：《教育情怀：教师德性自觉与职业坚守》，《教育研究》2018 年第 5 期。

何克抗：《关于教育技术学逻辑起点的论证与思考》，《电化教育研究》2005 年第 11 期。

姜勇、刘静、戴乃恩：《"文化存在论教育学"视野下的教师成长》，《教师发展研究》2017 年第 6 期。

姜勇、郑楚楚：《教育是一场充满"境遇"的人生旅程——从"哲学史上的暗流"来看教育的"不可测度性"》，《基础教育》2016 年第 3 期。

李桂荣：《教育学人的生命情态与育人情怀》，《教育科学研究》2012 年第 8 期。

李桂荣、韩肖艳：《论"国培"文化的范式、根基与繁衍》，《中国教育学刊》2013 年第 11 期。

李树英、王萍：《教育现象学——一门成人与儿童如何相处的学问》，《江苏教育研究》2008 年第 9 期。

李树英、王萍：《教育现象学的两个基本问题》，《华东师范大学学报》（教育科学版）2009 年第 3 期。

李树英：《教育现象学：一门新型的教育学——访教育现象学国际大师马克斯·范梅南教授》，《开放教育研究》2005 年第 3 期。

李树英、郑曼瑶：《并非遥不可及的学问：再论教育现象学》，《教育研究》2021 年第 4 期。

李政、朱惠红：《能力本体视角下的教学能力》，《教育教学论坛》2014 年第 2 期。

林定夷：《问题学之探究与"问题"的定义——兼答魏发辰先生》，《哲学研究》1990 年第 4 期。

林高标、林燕真：《动机的自我决定理论及其对教师专业发展的启示》，《教育发展研究》2013 年第 4 期。

刘庆昌：《论教师的教育情怀》，《教师发展研究》2021 年第 4 期。

刘文英：《核心素养背景下的师范生农村教育情怀培养策略》，《创新创业理论研究与实践》2018 年第 8 期。

刘幸、陈玺：《杜威的缺位与陶行知师德形象的确立》，《南京晓庄学院学报》2022 年第 3 期。

刘炎欣、罗昱：《教育情怀的哲学思考与内蕴阐释》，《教育探索》2019 年第 1 期。

刘炎欣、王向东：《论教育情怀的生成机制和升华路径——基于文化存在论教育学的视角分析》，《中国人民大学教育学刊》2018 年第 2 期。

吕丹、吕映：《文学家的教育情怀与教育家的文学情怀——论陶行知的儿童文学创作》，《齐鲁学刊》2020 年第 2 期。

罗勇：《教师专业发展中"术"的突破与"道"的提升》，《教育理论与实践》2019 年第 23 期。

倪梁康：《爱德华·封·哈特曼与〈道德意识现象学〉》，《中国图书评论》

2010 年第 8 期。

倪梁康：《道德谱系学与道德意识现象学》，《哲学研究》2011 年第 9 期。

宁虹：《认识何以可能：现象学教育学研究的思索》，《教育研究》2011 年第
　　6 期。

宁虹、钟亚妮：《现象学教育学探析》，《教育研究》2002 年第 8 期。

裴学进：《自发与自觉：主导价值观转化为主流价值观的两种方式》，《马克
　　思主义研究》2016 年第 10 期。

沈伟等：《逆境中的坚守：乡村教师身份建构中的情感劳动与教育情怀》，
　　《教育发展研究》2020 年第 Z2 期。

孙凤、王俊菊：《孔子教师形象再发掘》，《东岳论丛》2012 年第 6 期。

孙杰远：《教学认知能力：教师专业发展核心力》，《当代教育与文化》2012
　　年第 4 期。

田旭明：《习近平关于家国情怀重要论述的精髓要义》，《马克思主义研究》
　　2020 年第 12 期。

涂俊礼：《管理员、育人者、教育家：优秀班主任成长三台阶——从陶行知
　　四颗糖故事谈起》，《河南教育》（职成教）2020 年第 12 期。

王波、鞠克亮：《特殊教育师范生特教情怀：价值意蕴、特征与培育路径研
　　究》，《中国特殊教育》2020 年第 11 期。

王萍：《"优师计划"师范生的教育情怀及养成策略》，《河南教育》（教师教
　　育）2023 年第 6 期。

王萍：《教师的教育情怀及其养成——基于教育现象学的视角》，《当代教育
　　科学》2020 年第 9 期。

王萍：《教育现象学的本真追问》，《教育科学》2010 年第 4 期。

王萍：《教育现象学视域中的教师教育》，《教育科学》2008 年第 6 期。

王萍：《教育现象学视域中的人》，《教育理论与实践》2010 年第 13 期。

王萍、李雨露：《教育情怀的情感之维及生成路径——基于情感现象学的视
　　角》，《教师教育研究》2022 年第 4 期。

王萍、翟福玲：《重回教育现象学的逻辑起点》，《河南科技学院学报》2020

年第 4 期。

王务梅：《马丁·布伯的对话伦理》，《道德与文明》2018 年第 1 期。

魏宏聚：《教育家核心价值：超越世俗的教育情怀》，《中国教育学刊》2013 年第 1 期。

吴愈晓、张帆：《"近朱者赤"的健康代价：同辈影响与青少年的学业成绩和心理健康》，《教育研究》2020 年第 7 期。

肖凤翔、张明雪：《教育情怀：现代教师的核心素养》，《河北师范大学学报》（教育科学版）2018 年第 5 期。

许昌良：《包容教育的认识与实践研究》，《思想理论教育》2008 年第 20 期。

杨葵、柳礼泉：《家国情怀：高校思想政治理论课教师的德性素养与职业自觉》，《思想理论教育导刊》2019 年第 6 期。

杨显彪：《"师徒制"：新手教师专业成长的必经之路》，《中小学教师培训》2006 年第 3 期。

姚炎昕、雷江华：《教师教育情怀：人性逻辑、德性素养与智慧生成》，《中国教育科学》（中英文）2023 年第 2 期。

俞芳、郭力平：《教师课程理解中主体意识的偏离与归正》，《教学与管理》2021 年第 24 期。

袁桂林：《派纳论"概念重构"和"理解课程"》，《外国教育研究》2003 年第 1 期。

张安义、胡雪飞：《教学引领·教育情怀·教育知识·教学能力——思政课教师提高教学素养策略管窥》，《中学政治教学参考》2021 年第 1 期。

张峰：《农村教师生存压力和缓解对策探析》，《经济研究导刊》2011 年第 10 期。

张晋一：《十九世纪德国哲学中的他人问题——以爱德华·哈特曼与亚瑟·叔本华为例》，《中国现象学与哲学评论》2017 年第 2 期。

张军：《共同体意识下的家国情怀论》，《伦理学研究》2019 年第 3 期。

张梅：《对"青蓝工程"工作的探讨》，《科技经济市场》2007 年第 11 期。

张倩：《从家国情怀解读国家认同的中国特色》，《江淮论坛》2017 年第 3 期。

赵俊、闫寒冰、祝智庭：《教师信息技术应用能力发展的可持续方略——学习生成的视角》,《电化教育研究》2016年第4期。

钟启泉:《教学实践模式与教师的实践思维——兼评"特殊教学认识论"》,《教育研究》2012年第10期。

钟晓流、宋述强、焦丽珍:《信息化环境中基于翻转课堂理念的教学设计研究》,《开放教育研究》2013年第1期。

周惠、龙怡:《发达地区中小学教师工资水平及变动趋势研究:以北京市为例》,《教育科学研究》2019年第5期。

周越、徐继红:《逻辑起点的概念定义及相关观点诠释》,《内蒙古师范大学学报》(哲学社会科学版)2006年第5期。

朱光明:《范梅南现象学教育学思想探析》,《比较教育研究》2005年第4期。

朱晓宏:《重新理解教师之爱——基于舍勒的情感现象学视域》,《教育研究》2009年第11期。

（三）学位论文

侯晶晶:《内尔·诺丁斯关怀教育理论述评与启示》,博士学位论文,南京师范大学,2004。

李雨露:《教育情怀的生成路径与养成策略研究》,硕士学位论文,河南大学,2022。

孙宽宁:《教师课程理解中的自我关怀》,博士学位论文,山东师范大学,2009。

王萍:《教育现象学方法及其应用》,博士学位论文,河南大学,2010。

徐雅宁:《历史教师的教育情怀与专业发展研究——以中学历史名师单怀俊为例》,硕士学位论文,苏州大学,2019。

叶子齐:《高中思想政治教师教育情怀的培育研究》,硕士学位论文,华中师范大学,2020。

张璐清:《高中思想政治课教师情怀的培养策略研究》,硕士学位论文,河南大学,2022。

张知博:《神性与审美:马丁·布伯关系思想研究》,博士学位论文,黑龙江大学,2017。

朱光明:《表扬与批评的意义——教育现象学的视角》,博士学位论文,北京大学，2008。

二　外文类

（一）著作

Amartya, Sen, *Commodities and Capabilities* (New York: Oxford University Press, 1999).

Arthur, C. P. , *The Management of a City School* (New York: The Macmillan Company, 1908).

Barritt, L. , Beekman, T. , Mulderij, H. , Bleeker, K. , *A Handbook for Phenomenological Research in Education* (Michigan: The University of Michigan, School of Education, 1983).

Hansen, D. T. , *Exploring the Moral Heart of Teaching* (New York: Teachers College Press, 2001).

Langeveld, M. J. , *Beknopte Theoretische Pedagogiek* (Groningen: Wolters-Noordhoff, 1979).

Sartre, J. P. , Mairet, P. , *Sketch for a Theory of the Emotions* (London: Routledge, 2002).

Scheler, M. , Bershady, H. J. , *On Feelings, Knowing, and Valuing* (Chicago and London: The University of Chicago Press, 1992).

Scheler, M. , *Wesen und Formen der Sympathie* (Berlin: Salzwasser-Verlag Gmbh, 2015).

Scheler, M. , *On Feelings, Knowing, and Valuing* (Chicago and London: The University of Chicago Press, 1992).

Simmel, G. , *The Metropolis and Mental Life* (New York: Free Press, 1950).

（二）析出文献

Noddings, N. , "Care, Justice and Equity," in Katz, M. , Noddings, N. , Stike, K. A. , eds. , *Justice and Caring: The Search for Common Ground in Education* (New York: Teachers College Press, 1999).

Van Manen, M., "Phenomenological Pedagogy and the Question of Meaning," in Vandenberg, D., ed., *Phenomenology and Educational Discourse* (Durban: Heinemann Higher and Further Education, 1996).

（三）期刊论文

Bollnow, O. F., "Lived-Space," *Philosophy Today* 5 (1961).

后　记

《教育现象学视域下的教育情怀》一书终于要出版了，这是我自 2008 年接触、喜欢并开始研究教育现象学至今的第三部著作，从《教育现象学：方法及应用》，到《教育现象学视域中的学校教育》，再到《教育现象学视域下的教育情怀》，《道德经》说"一生二，二生三，三生万物"，我想，"三"既是"多"的表现，又是无限个未来可能性的预示。因此，这本书承载着我满满的期待和希冀！

首先，这本书承载着我对教育现象学深入研究的期待和希冀。2008 年 3 月至 5 月，我到香港教育学院（今香港教育大学）跟从李树英博士做高级研究助理，第一次真切接触教育现象学。李树英博士利用一切机会给我"补课"，讲解教育现象学的理论及方法，并且让我分析他所搜集到的一个个鲜活的教育故事。那些故事总能引起我的共鸣，我从教育学的立场上提出个人的反思、疑问、思考，得到李树英博士的高度认可，而我也获得了满满的成就感。将此成就感化为动机，我用两个月时间看完教育现象学几乎所有的中英文著作和论文，直观的感受是：我喜欢教育现象学！回到学校，我向我的导师王北生教授提出要写教育现象学的毕业论文，王老师的大力支持让我从此走上教育现象学研究之路。

其次，这本书承载着我对教育理论与实践深度融合的期待和希冀。因为我中师毕业通过"特优生"考试升入大学，对基础教育一线实践有着更多的关切，我希望能尽全力弥合教育理论与实践的鸿沟，让叶澜老师所说的"思维在断裂中穿行"现象不再。我喜欢教育现象学，愿意沉浸到教育实践中去做一些事情，也是对教育理论与实践深度融合的一种尝试。在《教育现象学视域中的学校教育》导言中我提到担任河南大学附属小学校长和河南大学幼儿园园长，是在真正"做教育现象学"，将理论与实践深度融合。而本书成稿的一个重要基础，是我担任河南大学教师教育学院副院长，参与创立河南省教师教育发展研究中心、河南教育家书院和中原名师流动工作站，将优秀一线名师、名校长遴选进这些平台，让他们能和大学老师一起，共同开展教师教育的理论与实践研究，共同为师范生教育情怀的培养贡献理论和实践智慧。

最后，这本书承载着我对教育基本理论丰富性的期待和希冀。我在博士阶段的专业是教育学原理，研究方向是教育基本理论。虽然博士毕业后有六年时间在基础教育实践场域，五年时间在教师教育实践场域，但是，我一直牢记个人教育基本理论的专业立场，希望能够为中国特色教育基本理论的丰富和繁荣尽一点绵薄之力。尤其是2023年，在河南大学教育学科创立100年之际，我被任命为教育学部副部长、教育学院院长；2024年，教育学科创立的第101年，要以揭榜挂帅方式带领教育学科的发展，让我更加明确了教育基本理论研究的使命和责任。我的粗浅观点，教育基本理论的丰富和繁荣需要将理论研究、政策研究、实践研究融合，用理论研究撬动政策发展，用政策引领实践变革，用实践促成理论创生。本书也是一个粗浅的尝试。

本书是国家社科基金（教育学）一般项目"教育现象学视阈下师范生教育情怀培养研究"的成果。感谢课题开题、中期汇报时冯建军教授、臧铁军教授等专家学者提出的宝贵意见；感谢课题组全体成员的大力支持，没有大家的参与，本课题难以如期完成；感谢我的研究生李雨露，选择课题研究的组成部分"教师教育情怀生成路径研究"作为自己的学位论文；感谢王晓芳、王程程、李雨露、杨登伟、张抗抗参与书稿相应章节撰写；感谢我的博士生林利民、周悦等帮我统整书稿，提出建议。本书也是河南省高等学校哲学社会科学创新团队"高水平教师发展与评价研究"的成果之一，因为对高水平教师的关注，我关注到教育情怀并对其展开研究，又因为对教育情怀的研究，我对高水平教师发展与评价有了更深刻的认识和进一步研究的浓厚兴趣，未来也会持续深入研究。

感谢社会科学文献出版社经济与管理分社的恽薇社长和孔庆梅老师，让本书得以顺利出版。

由于水平和精力所限，书中纰漏在所难免，敬请前辈、同人、读者批评指正，以便我们进一步修改完善。

王 萍

2024年7月29日

图书在版编目（CIP）数据

教育现象学视域下的教育情怀／王萍等著.--北京：
社会科学文献出版社，2025.5.--ISBN 978-7-5228
-5318-5

Ⅰ.G451.2

中国国家版本馆 CIP 数据核字第 2025GN1777 号

教育现象学视域下的教育情怀

著　　者／王萍 等

出 版 人／冀祥德
组稿编辑／恽　薇
责任编辑／孔庆梅
文稿编辑／尚莉丽
责任印制／岳　阳

出　　版／社会科学文献出版社·经济与管理分社（010）59367226
　　　　　地址：北京市北三环中路甲 29 号院华龙大厦　邮编：100029
　　　　　网址：www.ssap.com.cn
发　　行／社会科学文献出版社（010）59367028
印　　装／三河市龙林印务有限公司

规　　格／开 本：787mm×1092mm　1/16
　　　　　印 张：14.75　字 数：225 千字
版　　次／2025 年 5 月第 1 版　2025 年 5 月第 1 次印刷
书　　号／ISBN 978-7-5228-5318-5
定　　价／98.00 元

读者服务电话：4008918866